Karl-Dieter Bünting
Unter Mitarbeit von Zofia Bilut-Homplewicz, Erkan Gürsoy,
Anastasia Moraitis, Nelly Schymiczek und Lampros Tsoutsas

Grammatik

Alles, was GrundschullehrerInnen wissen müssen

Kompaktwissen
Schnellinfos von A bis Z
Kopiervorlagen auf CD-ROM

Verlag an der Ruhr

Titel
Grammatik - Alles, was GrundschullehrerInnen wissen müssen

Autor
Karl-Dieter Bünting, unter Mitarbeit von Zofia Bilut-Homplewicz, Erkan Gürsoy, Anastasia Moraitis, Nelly Schymiczek und Lampros Tsoutsas

Verlag an der Ruhr
Mülheim an der Ruhr
www.verlagruhr.de

Geeignet für die Klassen 1 – 4

Unser Beitrag zum Umweltschutz
Wir sind seit 2008 ein ÖKOPROFIT®-Betrieb und setzen uns damit aktiv für den Umweltschutz ein. Das ÖKOPROFIT®-Projekt unterstützt Betriebe dabei, die Umwelt durch nachhaltiges Wirtschaften zu entlasten.
Unsere Produkte sind grundsätzlich auf chlorfrei gebleichtes und nach Umweltschutzstandards zertifiziertes Papier gedruckt.

ISBN 978-3-8346-0865-9

Printed in Germany

Mit diesem Symbol sind Kopiervorlagen auf der CD-ROM gekennzeichnet, mit denen Sie den grammatischen Bereich mit den Kindern erarbeiten können.

1 Vorbemerkungen zur menschlichen Sprache und zur deutschen Sprache

In deutschen Grundschulen gibt es heute kaum noch Klassen, in denen ausschließlich Kinder mit Deutsch als Muttersprache lernen. Deshalb ist es sinnvoll, eine Grammatik des Deutschen, die Lehrerinnen und Lehrer in der Grundschule unterstützen soll, mit einigen allgemeinen Bemerkungen einzuleiten, und zwar

- über das, was allen Sprachen gemeinsam ist,
- darüber, worin sich Sprachen unterscheiden,
- über den unterschiedlichen Sprachgebrauch in Deutschland und die mit ihm verbundenen Normvorstellungen.

Man versteht dann besser, warum wer wie spricht und schreibt. Und man kann besser helfen. In **Kapitel 5** wird dann darauf hingewiesen, wie sich die Formen, Muster und Regeln in wichtigen Migrantensprachen und im Englischen vom Deutschen unterscheiden.

1.1 Alle Sprachen sind gleich, nur ganz anders

- Alle Sprachen sind gleich, weil die Menschen **gleich geformte Gehirne** haben.
- Alle Sprachen gründen sich auf die gleichen Voraussetzungen, weil die Menschen prinzipiell **gleich geformte Sprechwerkzeuge** (Artikulationsorgane) haben. Allerdings sind diese bei jedem Menschen etwas anders, deshalb hat jeder die eigene „Stimme".
- Die Sprachen klingen verschieden, weil in den einzelnen Sprachen unterschiedlicher Gebrauch von den Artikulationsorganen gemacht wird, sodass die Laute unterschiedlich klingen. Denken Sie z.B. an die französischen Nasale.
- Und sie klingen verschieden, weil die Sprachgemeinschaften auf diese Weise unterschiedliche Laute im Sprachsystem (Fachbegriff: Phoneminventar) und unterschiedliche Kombinationsregeln für Laute entwickelt haben. Genaueres finden Sie im **Kap. 1.4.1** zu Lauten.
- Alle Sprachen sind gleich, weil sie für die Menschen gleiche Aufgaben erfüllen, **gleiche Funktionen** haben.
  - Sprache dient der Verständigung: **kommunikative Funktion**.
  - Mit Sprache regeln wir das Miteinander in der Gesellschaft: **soziale Funktion**.
  - Mit Sprache sichern wir unsere Identität in der Gesellschaft: **psychosoziale Funktion**.
  - Mit Sprache handeln wir anderen gegenüber: **pragmatische Funktion**.

- Mit Sprache drücken wir Gefühle aus: **emotionale Funktion**.
- Mit Sprache benennen und gliedern wir die Wirklichkeit um uns, erinnern Erfahrungen mit der Welt: **semantische Funktion**.
- Sprache und Denken sind untrennbar miteinander verknüpft: **kognitive Funktion**.
- Alle Menschen spielen mit Sprache – in Reimen, im Rhythmus, mit Wortspielereien usw.: **ästhetische Funktion**.

- Alle Sprachen sind gleich, weil die Sprachen grundsätzlich aus den **gleichen Einheiten** aufgebaut werden, aber die Einheiten sind oft unterschiedlich gestaltet und werden unterschiedlich kombiniert.

- **Laute und ihre Kombinationsregeln** sind teilweise gleich und teilweise anders. Im Deutschen kann man z.B. mehrere Konsonanten hintereinanderstellen: Strumpf, Blumenstrauß, Streichholzschächtelchen, …
  Im Türkischen kann man keine Konsonanten kombinieren, deshalb sagt ein Türke oft „Bulume".

- Silben des mündlichen Sprechens sind in allen Sprachen um Vokale oder Diphthonge gebildet; die Anzahl von Konsonanten in einer Silbe ist im Deutschen oft verschieden: E-sel, Um-lei-tungs-schil-der, Streich-holz-schäch-tel-chen, …

- In jeder Schrift gibt es Schriftzeichen, die in verschiedenen Schreibkulturen oft aus Anlauten von Bildwörtern zu Lautzeichen entwickelt worden sind. Unsere lateinische Schrift geht zurück auf die der Römer, aber das I wurde zu I und J ausdifferenziert und das V zu U, V und W. Auf römischen Steintafeln lesen wir AVGVSTVS.

- Die Sprachen haben Morpheme als **kleinste bedeutungstragende Einheiten**:
  Um | leit | ung | s | schild | er, Esel, Streich | holz | schächtel[1] |chen.
  Mehr dazu in den Kapiteln Wortbildung, **Kap. 3.2.3**, und Wortgrammatik, **3.4**.

- Alle Sprachen haben **Wörter**:
  Bitte • beachten • Sie • die • Umleitungsschilder • am • Weg.
  Wir werden sehen, dass es da deutliche Unterschiede gibt:
  deutsch: auf die Schule, in die Schule, zur Schule
  türkisch: okulda (zu okul – Schule)
  deutsch: aus der Schule, vor der Schule
  türkisch: okuldan

---

[1] *Schächtel als Umlautvariante zu Schachtel; das liegt am -chen. Vergleiche Hand → Händchen, Sohn → Söhnchen, Stuhl → Stühlchen usw.*

- Und alle Sprachen haben **Satzglieder**:

  Bitte beachten Sie die Umleitungsschilder am Weg.

  Aber die Stellung der Satzglieder ist unterschiedlich.

  Das geht ja schon im Deutschen los:

  Bitte umfahren Sie dieses Schild, sonst fahren Sie es um!

1.2 Wie vergleicht man Sprachen?

Wenn man Sprachen vergleicht, geht man zwei Wege:

1. Man sucht historische Beziehungen zwischen Sprachen und spricht von **Sprachfamilien**.

- Das Deutsche gehört zur indogermanischen Sprachfamilie mit den Untergruppen der germanischen, slawischen, romanischen, indoarischen, iranischen usw. Sprachen. International verwendet man statt „indogermanische Sprachen" den Begriff „indo-europäische Sprachen". Auch Griechisch und Kurdisch gehören dazu. Das Albanische ist ein eigener Sprachzweig. Das Arabische in seinen Varianten gehört wie das Hebräische zu den semitischen Sprachen. Ganz verschieden dazu ist das Türkische als Turksprache, zu der auch die Sprache der Uiguren im Westen Chinas gehört. Eine besondere Verwandtschaft besteht in Europa noch zwischen dem Finnischen und dem Ungarischen, die zu den Uralsprachen gehören. Diese Hinweise sollen nur zeigen, wie in unserer heutigen Welt solch verschiedene Sprachen mit Migranten als ihren Muttersprachlern wandern.

- Für Sprachhistoriker sind diese historischen Zusammenhänge von Interesse, und man kann auch allerhand Verbindungen im Wortschatz und in der Grammatik finden.
  Für das Deutsche ist beispielsweise die Verbindung zum Englischen, dem Angelsächsischen, im norddeutschen Dialektraum des Platt lebendig geblieben:
  Piep wie pipe statt Pfeife, maken wie make statt machen usw.

- Aber in den modernen Sprachen gibt es so viele Wörter aus anderen Sprachen, dass die Verwandtschaft als Sprachfamilie da weniger ins Gewicht fällt. Wirtschafts- und Kulturkontakte und oft auch kriegerische Auseinandersetzungen haben über die Jahrhunderte auch die Sprachkontakte befördert.
  Fremdwörtern merkt man ihre Herkunft aus einer anderen Sprache noch an:
  Pizza, Chauffeur, Ski, Taifun, Jogurt, Döner, …
  Lehnwörtern merkt man das nicht mehr an, z.B. den Wörtern aus der römischen Bautechnik: Fenster aus fenestra, Pfeiler aus pilarium usw. Mehr dazu in **Kap. 3.2.4**, Aufnahme von Wörtern aus anderen Sprachen.

2. Man vergleicht grundsätzliche formale Muster in der **Sprachtypologie**.
Das ist mehr als eine abstrakte Theorie für Linguisten, weil wir beispielsweise mit dem Türkischen als Migrantensprache eine typologisch zum Deutschen sehr verschiedene Sprache im Land haben. Auch spielt mit dem Englischen eine zwar typologisch ähnliche, aber doch vom Deutschen abweichende Sprache eine wichtige Rolle in der Grundschule. Wiederum einige Hinweise.

- Grundsätzlich unterscheidet man **analytische Sprache**n, bei denen grammatische Gegebenheiten eher durch einzelne Wörter ausgedrückt werden, und **synthetische Sprachen**, bei denen dies eher durch Flexion der Wörter geschieht.
- Das Deutsche ist eine Mischung aus einer **analytischen Sprache** mit Hilfsverben, Artikeln, Präpositionen und einer **synthetischen Sprache** mit der Beugung durch Endungen, dem Präfix ge- beim Partizip, Fugenlauten (wie in „Kind**er**kopf" und „Kind**s**kopf"), mit Umlauten (B**a**rt → B**ä**rte) und mit Ablauten bei den starken Verben (b**i**nden, b**a**nd, geb**u**nden).
- Das Englische hat weniger Flexion und deshalb strengere Regeln der Wortstellung. Das Lateinische ist stärker synthetisch, hat daher noch genauere Beugungsformen und deshalb weniger Regeln der Wortstellung.
- Ganz anders das Türkische als synthetische, so genannte agglutinierende (anheftende) Sprache, bei der einzelne grammatische Funktionen durch jeweils eigene Flexionsendungen repräsentiert werden.
- Bei solchen Sprachvergleichen schaut man selbstverständlich auch auf die Wortbildung und Grammatik. Das Deutsche ist z.B. eine ausgesprochene Wortbildungssprache, etwa im Gegensatz zum Englischen. Auch darum setzen sich Anglizismen so durch. Versuchen Sie einmal, Jetlag ins Deutsche zu übertragen: Düsenflugzeugszeitsprungmüdigkeit?

1.3 Die deutsche Sprache: Varietäten und Normvorstellungen

Von der deutschen Sprache haben wir schriftliche Zeugnisse etwa aus den letzten 1200 Jahren.

„thiutisce gellit" lautet die erste bekannte Erwähnung, in einen lateinisch geschriebenen Text eingefügt; das bedeutet „deutsche Landessprache". Das Wort gellit haben wir mundartlich noch, z.B. in Wir kalle Kölsch. Es ist verwandt mit Englisch call „nennen, rufen". Deutsch gab es in dieser Zeit, die wir die Althochdeutsche nennen, nur in Dialekten. Es hat bis Mitte des 17. Jahrhunderts gedauert, bis es eine allgemein gedruckte Hochsprache gab. Die Rechtschreibung ist erst seit 1901 verbindlich geregelt und, wie wir selbst miterlebt haben, 1996 bzw. 2006 überarbeitet worden.

Im Laufe der etwa 1200-jährigen Sprachgeschichte des geschriebenen Deutsch haben sich **Normvorstellungen** entwickelt, was gutes und richtiges Deutsch ist. Aus der lebhaften und kontroversen Diskussion um die neue Rechtschreibung konnte man gut nachvollziehen, dass es verschiedene Normvorstellungen gibt und dass die Rechtschreibung nicht selten mit der Sprache schlechthin verwechselt wird.

Es lohnt sich, einmal die verschiedenen Verwendungsweisen des Deutschen und den damit verbundenen unterschiedlichen Sprachgebrauch zu ordnen. Man versteht dann auch die Normvorstellungen besser.

1.3.1 Die deutsche Sprache – eine Vielfalt von Varietäten

Die Sprachwissenschaft ordnet die Vielfalt des Sprach- und Schreibgebrauchs und spricht von **Sprachvarietäten**. Unter Sprachvarietäten versteht man einen unterschiedlichen Sprachgebrauch in Aussprache, Wortformen, Satzbau und Wortschatz, der mit außersprachlichen Gegebenheiten in einem funktionalen Zusammenhang steht. Diese Varietäten sind nicht scharf abgegrenzt, sondern stehen in ständigem Austausch miteinander. Schauen wir uns die wichtigsten Varietätengruppen und die außersprachlichen Gegebenheiten etwas genauer an.

■ Zeit und Sprachgeschichte

Das Deutsche ist historisch aus **Dialekten** – auch **Mundarten** genannt – entstanden, die es noch heute gibt. Hier nur ein kurzer Abriss, der zeigt, wie technische, politische und andere Entwicklungen sich in der Sprache niedergeschlagen haben.

Die Schriftkundigen des Mittelalters waren vorwiegend Mönche und Nonnen. Sie haben zunächst Lateinisch geschrieben und nach und nach auch deutsche Texte mit den lateinischen Buchstaben. Bekannt und überliefert sind aus dieser Zeit des **Althochdeutschen** neben Urkunden unter anderem ein lateinisch-deutsches Wörterbuch, weiter Zaubersprüche, das „Hildebrandlied" und eine Leben-Jesu-Geschichte (das Evangelienbuch von Otfrid von Weißenburg).

Die Sprachhistoriker setzen die Grenze zwischen diesem Althochdeutschen und dem **Mittelhochdeutschen** etwa um das Jahr 1050. Mittelhochdeutsche Texte kann man ohne besondere Sprachkenntnisse einigermaßen verstehen. Hier als Beispiel ein kleines anonymes Gedicht aus den so genannten Tegernseer Briefen (um 1180).

Du bist mîn, ich bin dîn:
des solt dû gewis sîn.
dû bist beslozzen in mînem herzen:
verlorn ist daz slüzzelîn,
du muost immer drinne sîn.[2]

Die nächste Stufe, das **Frühneuhochdeutsche**, beginnt etwa um 1350 und wird bis etwa 1650 angesetzt. Für die Entwicklung des Deutschen spielt dabei die Erfindung des Buchdrucks durch Gutenberg Mitte des 15. Jahrhunderts eine entscheidende Rolle. Es kam vieles dazu: die Gründungen weltlicher Schulen und Universitäten, ein neues Rechtssystem, das schriftliche Zeugenaussagen zuließ, ein neues Weltbild und neue wissenschaftliche und künstlerische Rahmenprinzipien (Humanismus und Renaissance), die Entwicklung eines Banksystems, Handel über weite Wege und damit Handelskorrespondenz und Buchhaltung. Handelskorrespondenz soll im Norden wie im Süden, im Osten wie im Westen verstanden werden, es entsteht eine **kommunikative Normvorstellung**. Der Buchdruck brachte auch ein Zeitungswesen mit sich. Buchdrucker wollten Geld verdienen und verlangten nach **Normen im Sinne von verbindlichen Standards**. Einige der ersten gedruckten Bücher waren Grammatiken.

Aus den deutschen Dialekten wurde so langsam eine gemeinsame Sprache entwickelt. Die **Bibelübersetzung Luthers** spielte eine wichtige Rolle, und Luther wiederum orientierte sich an der sächsisch-meißnischen Kanzlei. So wurde die mitteldeutsche Sprache wichtig für die Norm.

Im **17. Jahrhundert** hatte sich eine Schriftsprache herausgebildet, Wörterbücher, Grammatiken, Stillehren und poetische Texte entstanden, und selbstverständlich wurde in Kanzleien für die Wirtschaft, die Politik und das Rechtswesen geschrieben. Texte des Barock verstehen wir relativ problemlos, als Beispiel mag der Anfang eines Sonetts von Andreas Gryphius (1616–1664) gelten. Er schrieb es mitten in den grausamen Wirren des Dreißigjährigen Krieges. Die Schrägstriche markieren Pausen im Versmaß des Alexandriner.[3]

Threnen des Vatterlandes / Anno 1636
Wir sindt doch nuhmer gantz / ja mehr den gantz verheret!
Der frechen voelcker schaar / die rasende posaun
Das vom blutt fette schwerdt / die donnernde Carthaun
Hatt aller schweis / und fleis / und vorraht auff gezehret.

[2] *Echtermeyer (2006) S. 4.*
[3] *Echtermeyer (2006) S. 102 f.*

In diesem 17. Jahrhundert wurden nach italienischem und niederländischem Vorbild Sprachgesellschaften gegründet, die der deutschen Sprache gegenüber dem an den Höfen vorherrschenden Französisch stärkeres Gewicht geben wollten. Es entstand so eine Normvorstellung, dass Sprache ein zu pflegendes Gut sei: eine **Wertenorm**.

Im **18. Jahrhundert** gab Johann Christoph Adelung unter anderem ein Wörterbuch heraus, in dem unter **Hochdeutsch** noch regional die Verbindung des Mitteldeutschen mit dem Oberdeutschen verstanden wird.[4] Dann wurde dieses Wörterbuch zur Norm. Goethes „Die Leiden des jungen Werthers" (so in der Erstaufgabe 1774) ist noch davor erschienen und später, noch zu Goethes Lebzeiten, umgeschrieben worden. Die ersten Conversations-Lexika erschienen. Der Titel verweist darauf, dass es um Allgemeinwissen ging. Der erste Brockhaus erschien dann 1805. Und es wurden weiter Schulen eingerichtet.

Einen Blick sollten wir im **19. Jahrhundert** noch auf die Sprache und Rechtschreibung der **Brüder Grimm** werfen. Die Grimms waren ja nicht nur Märchensammler, sondern neben anderem auch Sprachwissenschaftler, besonders Jacob. Der erste Band ihres großen Wörterbuchs erschien 1854, der letzte, 16. Band wurde schließlich 1960 fertig. Sie lesen richtig: neunzehnhundertsechzig. Jacob Grimm benutzte die radikale Kleinschreibung. Er war an historischen Texten geschult und schimpft im Vorwort seines Wörterbuchs „über den albernen gebrauch groszer buchstaben für die substantiva". Sie erfahren hier im Übrigen auch, warum wir das ß so nennen, wie wir es nennen.

Mit den Grimms entwickelte sich eine Normvorstellung, dass das Ältere das Bessere sei. Zwar hat sich ihre an mittelhochdeutschen Texten geschulte Vorstellung einer guten Rechtschreibung nicht durchgesetzt, aber eine Sicht, dass man Überliefertes bewahren müsse, führt zu einer **historischen Normvorstellung**. Verbunden mit der **Macht der Gewohnheit**, dem Sprach- und somit Schreibgebrauch einer Generation und jedes Einzelnen, ist dies eine sehr starke Kraft. Auch das konnte man deutlich bei der Diskussion um Änderungen der Rechtschreibung feststellen.

Nun zu **weiteren Entwicklungen** im Überblick:

- Nach und nach führten die deutschsprachigen Länder die **allgemeine Schulpflicht** ein. Und dann mussten sie auch für eine **verbindliche Orthografie** sorgen. Nach der Gründung des Deutschen Reiches 1871 gab es 1876 eine erste „Orthografische Konferenz" in Berlin, aber man einigte sich nicht, zumal Kanzler Bismarck deutlich machte, er werde das nicht mitmachen. Der Gymnasialdirektor Konrad Duden (1829–1911) hatte für sein Gymnasium in Schleiz (Thüringen) eine Wörterliste eingeführt. Preußen und Bayern forderten ihn auf, ein Wörterbuch nach ihren Regeln zu verfassen. Der erste „Duden" erschien 1880 mit 187 Seiten. 1901 wurde eine

[4] *Grammatisch-kritisches Wörterbuch der Hochdeutschen Mundart, mit beständiger Vergleichung der übrigen Mundarten, besonders aber der Oberdeutschen, von Johann Christoph Adelung, Churfürstl. Sächs. Hofrathe und Ober-Bibliothekar.*

Folgekonferenz in Berlin einberufen. Duden, der inzwischen Direktor in Bad Hersfeld war, war Sekretär der Konferenz und wurde beauftragt, die neuen Regeln in sein Wörterbuch einzuarbeiten. Ein Zitat aus dem Vorwort von 1902 zeigt, wie problembewusst man damals war:

> *Das zunächst und vor allen Dingen zu erstrebende Ziel war die Einheit der Rechtschreibung [...] Indem ich von Fortschritt spreche, deute ich schon an, daß [...] jetzt keineswegs und für alle Zeiten ein Stillstand eintreten soll. Nur ein Zwischenziel ist erreicht worden.*[5]

Bis zur 9. Auflage 1915 gab es parallel den Schul-Duden und einen komplexeren Buchdrucker-Duden. Dann wurden sie zusammengeführt. Bis 1996 wurde der Rechtschreib-Duden (Band 1) von den jeweiligen Regierungen als Norm gesetzt. Es gab parallel einen Duden-Ost (Verlagsort Leipzig) und Duden-West (Verlagsort Mannheim). 1991 wurden sie zusammengeführt. Seit 1996 gibt es die **Amtliche Regelung der deutschen Rechtschreibung an Schulen**, die 2006 noch einmal überarbeitet wurde. Der Duden 1 hat seine Funktion als amtlicher Normsetzer verloren, dürfte aber noch lange als faktischer Normsetzer verstanden werden, zumal er bei erlaubten verschiedenen Schreibweisen jeweils eine Schreibweise vorschlägt. Das tun zwar andere Wörterbücher auch, aber die alte Normfunktion des Duden 1 dürfte bei vielen Menschen sowie bei Zeitungen und in Schulbüchern noch greifen.

- Die Erfindung und schrittweise Verbesserung des **Rotationsdrucks** im 19. Jahrhundert in Verbindung mit der allgemeinen Schulpflicht führte zu einer alphabetisierten Gesellschaft. **Zeitungen** fanden immer größere Verbreitung, Bücher wurden gedruckt, auf den Brockhaus als großes Lexikon wurde schon hingewiesen.

- Im **20. Jahrhundert** haben zunächst Radio und Fernsehen, die größere Mobilität durch Eisenbahn und Auto, die Wanderungen durch Industrialisierung und Kriegsfolgen den Sprachgebrauch und damit die Sprache geändert. Das betraf kaum die Grammatik, aber den Wortschatz einschließlich der Redewendungen und Redensarten. Jetzt, im **21. Jahrhundert**, ändern PC, Laptop, Handy mit SMS sowie das Internet mit E-Mails, Chatrooms, Blogs, sozialen Netzwerken usw. wieder einmal den Sprachgebrauch und die Schreibgewohnheiten. Schrift, Grafik, Bilder stehen zur Verfügung, mündliche Sprachwendungen und Smileys als Elemente der Comic-Sprache durchdringen eine reine Schriftsprache. Wörter wie googlen, simsen und twittern verändern die Gesichter vieler älterer Menschen zu Fragezeichen. Nicht zufällig kommen diese Wörter aus dem Englischen, das erstens als Weltsprache weit verbreitet ist und das durch seine kurzen Wörter und seine nicht sehr

---

[5] *Duden (1902).*

schwierige Grammatik sehr flexibel verwendet werden kann. Im Englischen kann man z.B. ein Substantiv ohne weitere Wortbildungsendungen als Verb verwenden. Und so entstehen eben to mail und to google und werden dann ins Deutsche übernommen als mailen und googeln.

Und noch etwas bringt das Internet: Wer heute nicht lesen und schreiben kann, ist mehr denn je Außenseiter. Schriftsprache und mit ihr die Rechtschreibung und die Grammatik der Schriftsprache sind unverzichtbare Kulturtechniken.

Geografischer Raum – Dialekte, regionale Umgangssprachen, Arealsprachen

Aus Luthers „Tischreden"[6]

Deutschland hat so viele Dialekte, dass die Leute in einem Abstand von 30 Meilen einander nicht verstehen. Die Österreicher und Bayern behalten keine Diphthonge, denn sie sagen e-ur, fe-ur, bro-edt für feuer, euer, brodt. Die Franken reden so eintönig und dick, dass die Sachsen besonders die Sprache in Antwerpen nicht verstehen …

Ganz so extrem ist es heute nicht mehr. Dennoch beeinflussen die Dialekte, die Mundarten, als regional geprägte Umgangssprache auch heute unsere mündliche Sprache und damit die Muttersprache der Kinder. Durch die Medien gelangt diese regional geprägte Sprache auch in andere Regionen. Das Kölsch der Gruppe BAP wie das Bairisch (die Mundart schreibt man mit i) der Biermösl Blosn fristen kein Dasein im Heimatverein.

Hier eine kurze Klärung der Begriffe:

- **Dialekte** sind alte regionale Sprachen, gebunden an Volksstämme und ihre politischen Grenzen. Dialekte – auch Mundarten genannt – leben in reiner Form heute nur noch in Heimatvereinen und in alten Dialekttexten weiter; ihr Wortschatz kennt moderne Wörter, wie Fernseher, Handy, Computer, Internet usw., nicht oder nimmt sie in der Form auf, wie sie in der regionalen Umgangssprache gesprochen werden. Das kann z.B. auf einer Heimatbühne geschehen.
- **Regionale Umgangssprachen** nennt man den heutigen, von den Dialekten geprägten mündlichen Sprachgebrauch einer Region. Bei manchen kommt der Dialekt stärker zum Ausdruck (z.B. Bairisch, Schwäbisch, Sächsisch), bei manchen ist er durch historische Entwicklungen weniger deutlich, z.B. die Ruhrgebietssprache in einem geschichtlich noch jungen Ballungsraum und Industriegebiet. Die Menschen snacken, kallen, küren, praten, plaudern, schwätzen, babbeln, reden eben verschieden im deutschen Sprachraum. Man kann diese regionalen Umgangssprachen gut an Verstärkungswörtern entdecken:
  Wa! – Woll! – Jaaa? – Gelle? – Ha noi! – Oder?

---

[6] *Aus Luthers Tischreden. Lauterbachs Sammlung B, Nr. 6146.*

- **Arealsprachen** oder **Landessprachen** nennt man Sprachen in politisch definierten Grenzen: Deutsch in Deutschland, in Österreich, als Schriftsprache in der Schweiz auch Schweizer Hochdeutsch genannt; in den kleineren Ländern werden die darunterliegenden alten Dialekte besonders in der Umgangssprache deutlich, also in Österreich der bairische Dialektraum und in der Schweiz der alemannische.
  Im Standarddeutschen heißt es Johannisbeeren, Aprikosen, Mais, grüne Bohnen, Blumenkohl, Tomaten, Quark, Gehacktes und in Österreich Ribiseln, Marillen, Kukuruz, Fisolen, Karfiol, Paradeiser, Topfen, Faschiertes.
  In Deutschland heißt es Dienstag, Wendeplatz, Umleitung, Guten Tag! bzw. Grüß Gott!, Auf Wiedersehen! und in der Schweiz Zischtig, Kehrplatz, Umleitig, Grüezi wohl! Auf Wiederluegi! Wörter wie Broiler, Datsche, Plaste, Zentralkomitee waren Umgangssprache oder Amtssprache in der DDR.[7]

Die regionale Umgangssprache und die Arealsprachen beeinflussen die **Sprache der Kinder** und die Unterrichtssprache beim Tonfall, bei speziellen Wörtern und auch in der Rechtschreibung und der Grammatik.

Gesellschaft – Soziolekte (Gruppensprachen) und Fachsprachen (Berufssprachen)

Neben Zeit und Raum sind die Menschen selbst, wie sie sich sozial und politisch organisieren oder wie sie organisiert sind, eine starke sprachgestaltende Kraft. Hier wiederum die Klärung einiger Begriffe:

- Um gemeinsame Lebensgestaltung geht es bei **Sondersprachen**: Gruppensprachen (oft an den Freizeitbereich gebunden), Familiensprachen, Schüler-/Jugendsprache. Diese Sprachen haben eine Solidarfunktion nach innen und eine Abgrenzungsfunktion nach außen: Wer sie spricht, gehört dazu. Häufig kommen andere Dinge dazu: Kleidung, Haarschnitt, Vorliebe für eine bestimmte Musik usw.
- Eine sehr aktuelle Varietät hat sich in unserem Einwanderungsland entwickelt, die **Kanak Sprak**. Das ist ein in letzter Zeit von oft jüngeren Migranten verwendeter Begriff, um ihre mündliche Umgangssprache zu bezeichnen, in der sprachlicher Einfluss ihrer Muttersprache von ihnen bewusst gebraucht wird, um besondere Wirkungen zu erzielen. „Aba, hör mal Alder, was kuckst du krass? Isch hab gelernt Spraach von mein Freund."[8]
- Bei **Fach- und Berufssprachen** geht es um präzise Verständigung. Man unterscheidet in einem Schichtenmodell zwei Abgrenzungen.
  - In der **horizontalen Schichtung** wird zwischen den Fächern unterschieden; dabei kommt es durchaus zu interdisziplinären Überlagerungen. In der Sprache

---

[7] *Das „Variantenwörterbuch des Deutschen", erarbeitet von Ulrich Ammon und vielen Mitautoren (Berlin 2004), führt auf 954 Seiten „Die Standardsprache in Österreich, der Schweiz und Deutschland sowie in Liechtenstein, Luxemburg, Ostbelgien und Südtirol" (Untertitel) mit ihren Wörtern und einer reichhaltigen Quellenliste auf.*

[8] *Das Buch „Kanak Sprak" von Feridun Zaimoglu (Rotbuch Verlag Berlin, 1995) wurde zu so etwas wie einem Kultbuch.*

der Juristen und der Verwaltung beispielsweise findet man neben der juristischen Fachsprache auch die Fachsprachen der jeweils geregelten Bereiche. Da heißt es dann im TÜV-Bericht: „Fahrtrichtungsanzeiger defekt".

- In der **vertikalen Schichtung** geht es um Kommunikationsbereiche und ihnen zugehörige Textsorten. Auf der **Theorieebene** haben wir definierte Fachbegriffe und Formeln in Fachbüchern, Monografien (z.B. Dissertationen) und Fachzeitschriften. In der Rechnung der Autowerkstatt steht dann: „Blinkgeber erneuert." Am Arbeitsplatz haben wir die mündliche **Werkstattsprache**, und da sagen wir: „Der Blinker ist kaputt." Ganz wichtig ist die **Verteilerebene**, in der Fachmann und Laie sich verständigen wollen und müssen. Sachbücher, Ratgeber, die Presse, Werbematerialien, Beratungs- und Verkaufsgespräche und nicht zuletzt Lehrwerke und die mündliche Unterrichtssprache sind die Domänen der Verteilerebene.
  Wie führt man grammatisches Wissen in der Schule ein? Welche Fachbegriffe verwendet man? Verb oder Tu(n)wort? Adjektiv oder Wiewort oder Eigenschaftswort?

Wenn Sie einmal einen Beipackzettel zu einem Medikament anschauen, finden Sie eine Mischung aller Ebenen: Fachbegriffe und zum Teil Formeln für Ärzte und Apotheker, Anweisungen für diejenigen, die die Medikamente einnehmen, ein bisschen Werbung, außen auf der Packung sogar die Blindenschrift Braille.

Sprachspiel und ästhetische Wirkung: poetische Sprache

Man singt Kinder in den Schlaf, man spielt „Hoppe, hoppe Reiter ..." mit ihnen, später benutzen sie Abzählreime – Sprachspiele und poetische Mittel, wie Reim und Rhythmus (technisch: Versmaß), sind eine in jeder Sprache vorhandene Varietät des Sprechens und Schreibens. Das soll hier nicht weiter ausgeführt werden, weil es hier um Grammatik geht. Nur ein Hinweis: In poetischer Sprache darf man schon einmal gegen Regeln verstoßen und die Sprachebenen mischen, wie Goethe das im Gedicht „Beruf des Storches" macht. Dort schreibt er um des Reimes willen „genung", und die drei Punkte lassen sich leicht durch ein weniger poetisches Wort ersetzen.

Der Storch, der sich von Frosch und Wurm
An unserm Teiche nähret,
Was nistet er auf dem Kirchenturm,
Wo er nicht hingehöret?
Dort klappt und klappert er genung,
Verdrießlich anzuhören;
Doch wagt es weder alt noch jung
Ihm in das Nest zu stören.
Wodurch – gesagt mit Reverenz –
Kann er sein Recht beweisen
Als durch die löbliche Tendenz,
Aufs Kirchendach zu ...

Johann Wolfgang Goethe[9]

[9] *Conrady (1977), S. 274.*

1.3.2 Normvorstellungen und Ordnungsmuster

Die Normvorstellungen seien hier noch einmal kurz zusammengefasst und ergänzt durch Ordnungsmuster, die den Sprachgebrauch als Muster und Möglichkeiten skizzieren.
Als **Normvorstellungen**, so haben wir bei der Darstellung der Varietäten gesehen, wirken heute:

- „Wie ist es richtig?" – **Technische Normen** im Sinne verbindlicher Standards.
- „Wie werde ich überall im deutschen Sprachgebiet verstanden?" – Die **Kommunikative Norm** sorgt dafür, dass Änderungen vorangetrieben werden, neue Wörter schnell aufgenommen werden.
- „Wie habe ich es einmal gelernt?" – Aus dem **Schreibgebrauch**, der **Gewohnheitsnorm** einzelner Menschen entsteht über Generationen hinweg eine **historische Norm**.
- „Wie ist es gut?" – Die **Wertenorm** begreift Sprache als Kultur- und Bildungsgut, Änderungen werden oft als Sprachverfall gebrandmarkt.
- „Wie ist es schön?" – **Ästhetische Norm**, die oft subjektiv ist: „Flussschifffahrt sieht doch hässlich aus!" Deshalb darf man ja auch Fluss-Schiff-Fahrt schreiben.

Den verschiedenen Normvorstellungen entsprechend, hat man teilweise unterschiedliche Vorstellungen davon, was **die deutsche Sprache** ist, insbesondere davon, was **gutes Deutsch** oder was in einer Situation **angemessenes Deutsch** ist. Hier ein kurzer Überblick über Kommunikationsmuster und Varietäten:

- **Standardsprache** drückt aus, dass es sich um eine Bezugssprache für die anderen Varietäten handelt, die regionalen Umgangssprachen, Berufs- und Fachsprachen usw. Diese gehören ja ebenfalls zur deutschen Sprache, auch wenn man sie gewöhnlich nicht mitdenkt, wenn man von der deutschen Sprache spricht.
- **Gemeinsprache** drückt aus, dass es sich um eine überregional und von allen Bevölkerungsgruppen und -schichten verstandene und – zumindest als Schriftsprache – gebrauchte Sprache handelt (kommunikative Norm).
- **Hochsprache** drückt aus, dass es sich um eine vorbildliche Sprache handelt, die einen Wert darstellt und die zu pflegen ist. Dieser Begriff entspricht der Wertenorm-Vorstellung.
- **Schriftsprache** ist die für den schriftlichen Sprachgebrauch als richtig angesehene Sprache; für sie gelten Rechtschreib- und Grammatikregeln und die Standardform der Wörter (Guten Tag! nicht Tach auch!).
- **Dialekte** sind alte regionale Sprachen, die in reiner Form heute nur noch in Heimatvereinen und in alten Dialekttexten weiterleben.

- **Regionale Umgangssprachen** nennt man den heutigen, von den Dialekten geprägten mündlichen Sprachgebrauch einer Region.
- **Arealsprachen** oder **Landessprachen** nennt man Sprachen in politisch definierten Grenzen.
- **Schulsprache** ist die in der Schule gelehrte Schriftsprache, für sie sind die Rechtschreibregeln verbindlich. Man muss schließlich einen Standard haben, um Leistungen zu bewerten.
- **Unterrichtssprache** ist die mündliche Sprache des Schulunterrichts, sie ist die Gemeinsprache, enthält aber regionale Elemente, z.B. in Grußformeln.
- **Amtssprache** ist die Sprache der Gesetze und der Verwaltung, für sie sind wie für die Schulsprache die Rechtschreibregeln verbindlich.
- **Poetische Sprache** hat zusätzliche Regeln, z.B. für Reimmuster und Versmaße.

In einem Land wie Deutschland, in dem aktuell in vielen Schulen ein Viertel oder mehr der Schülerinnen und Schüler Deutsch nicht als erste Sprache sprechen, helfen die folgenden Unterscheidungen, den Sprachgebrauch und die Probleme dieser Schüler zu verstehen:

- **Muttersprache** nennt man die Sprache, die ein Kind in der Familie lernt (natürlicher Spracherwerb). Ein Kind hört diese Sprache schon im Bauch der Mutter. Diese Sprache wird auch **Erstsprache** genannt.
- **Fremdsprache** ist eine Sprache, die man in der Schule oder in Kursen lernt, z.B. Englisch, Französisch, Spanisch, Italienisch, Russisch, Polnisch, und auch Latein und klassisches Griechisch.
- **Zweitsprache** nennt man eine zweite, also fremde Sprache, die man aber in dem Land lernt, in dem sie die Landessprache ist. Diese Zweitsprache wird von den Migranten zunächst auf der Straße, im Kindergarten und aus den Medien erworben und erst in der Schule und vielleicht im Kindergarten systematisch gelehrt und also gelernt. Es entsteht so zunächst das **Ausländerdeutsch** der Migranten und Immigranten, die einen Akzent haben, grammatische Fehler machen, Elemente ihrer Muttersprache einstreuen usw. Man nennt solche Überlagerungen einer Sprache durch eine andere **Interferenzen**.

Für alle diese Sprachvarietäten gilt: **Bezugssprache** ist die **Standardsprache/Gemeinsprache/Hochsprache**.
Und für alle gilt: Die Rechtschreibung ist der einzige amtlich geregelte Bereich für die Schulsprache und Amtssprache.

1.4 Einige typologische und strukturelle Eigenheiten der deutschen Sprache

In diesem Kapitel geht es um die für das Deutsche besonders charakteristischen typologischen und damit strukturellen Merkmale. Wenn man sich diese einmal bewusst macht, versteht man oft besser, warum Menschen anderer Muttersprache gewisse Probleme haben, besonders dann, wenn es in ihrer Sprache ganz anders aussieht.

1.4.1 Laute und Buchstaben

- Im Hochdeutschen gibt es etwa 40 Laute als bedeutungsunterscheidende Laute (Phoneme)[10]: **B**ett – **f**ett – **n**ett, B**e**tten – b**i**tten, bi**tt**en – bi**nn**en usw.
  Zur Ermittlung einer genauen Anzahl muss man entscheiden, ob man die Unterschiede zwischen dem **ich**-Laut und dem **ach**-Laut, weiter beim langen e zwischen B**ä**ren und B**ee**ren und beim kurzen e zwischen **betontem** und unbetontem e, wie in B**e**tt**e**n, gesondert zählt oder als Stellungsvarianten. Zwischen langem ä und ee wird beim normalen Sprechen nicht unterschieden, schon gar nicht regional. Die genaue Anzahl ist auch in diesem Zusammenhang nicht wichtig, sondern die deutschen Besonderheiten.

  Die Bären fressen Beeren, das ist wahr.
  Wenn Beeren Bären fräßen, wär' das sonderbar!

- Das Deutsche hat einen wichtigen, weil bedeutungstragenden Unterschied zwischen langen und kurzen Vokalen, den es in vielen Sprachen nicht gibt: B**ah**n – B**a**nn, B**ee**t – B**e**tt, B**ie**st – b**i**st, **O**fen – **o**ffen, H**öh**le – H**ö**lle, M**u**s – m**u**ss, f**üh**len – f**ü**llen.
  Hier haben Muttersprachler aus dem türkischen und slawischen Sprachraum und auch andere erhebliche Probleme. Und die fangen nicht erst beim Sprechen an, sondern beim Hören.

  Es nützt wenig, wenn man einem solchen Kind sagt: „Hör doch bitte genau zu!" Das Kind hört zunächst den Unterschied nicht, da muss man Geduld haben. Die Kinder lernen es besser, wenn man sie selbst sprechen lässt. Bei den kurzen Vokalen ist der Kieferwinkel immer geschlossener, der Mund etwas weniger weit geöffnet als bei den langen.

---

[10] *Beispiele werden in Buchstabenschrift notiert, eine phonetische Notation ist für das Verständnis nicht nötig. Anders in Kapitel 5.*

- Das Deutsche hat nicht nur durch Länge und Kürze viele Vokale, sondern mit den **Umlauten** ä, ö, ü und mit den **Zwielauten** (Diphthongen) au, ei/ai, eu/äu auch mehr Vokale als viele andere Sprachen.

- Die **Kennzeichnungen der Vokallänge** sind im Deutschen nicht einheitlich. Leider hat man in der deutschen Schreibgeschichte die Lösung des Mittelalters, über einen langen Vokal ein Dach bzw. einen langen Strich zu setzen, nicht beibehalten. Hier beispielhaft die ersten Zeilen der Klage des alt gewordenen Walther von der Vogelweide:

> *Owê war sint verswunden alliu mîniu jâr!*
> *ist mir mîn leben getroumet, oder ist ez wâr?*[11]

Nun haben wir also:

- Kennzeichnung von **kurzen Vokalen** durch doppelten Folgekonsonanten, was zu den Verdoppelungen führt, wenn nicht schon ein zweiter Konsonant da ist:
  ba**ld** – Ba**ll**, Ba**nd** – Ba**nn**, Ra**st** – Ra**ss**e – Ra**tt**e usw.
- keine Markierung der Länge in **offenen Silben**:
  ba-den, le-ben, lo-ben, Bru-der, mü-de, …
  … und dann auch nicht in abgeleiteten Wörtern, wie:
  Bad zu ba-den, Rat zu ra-ten, Ge-bet zu be-ten
- keine Markierung der Länge in **Fremdwörtern**:
  Datum, Bibel, Kilo, Kino, Klima, Chrom, Döner, Kur
- teilweise Markierung der Länge durch h oder Doppelvokal:
  fa**h**ren, se**h**r, O**h**r, Fu**h**re, fü**h**ren, …; Boot, Saal, Meer, …

A, AA oder AH?

- Die regelhafte Schreibung des lang gesprochenen i als ie.
  Und dann kommt manchmal noch ein h dazu:
  fliehen oder in Flexionsformen, wie sehen → du siehst

> *Da war der fleißige Ausländer, der Deutsch lernte und die Pronomen durchnahm: **ich, duh** – denn vom Dehnungs-**h** hatte er gehört. Er wurde verbessert, kurze Wörter meistens ohne **h**. Also gut: du, **er, si** … Halt, bei langem **i** normalerweise **ie**. Also weiter: er, sie, es, wier … Halt, bei Pronomen **wir, dir** usw. auch ohne **ie**. Gut: **wir, ir** … Halt! Große Ausnahme: **ihr, ihm, ihn, ihnen** mit **h**. Und dann wollte er aber vorher wissen: **wir, ihr** und nun **si, sih** oder **sie**?*

---

[11] *Conrady (1977), S. 24.*

- Im Deutschen haben wir bei den Konsonanten eine weitere Besonderheit, die so genannte **Auslautverhärtung**. Die stimmhaften, weichen Konsonanten werden am Wortende nicht gesprochen, sondern „verhärtet“: lieben /li:ben/, aber lieb /li:p/, leiden, aber das Leid /leit/, lügen /lü:gen/, aber er log /lo:k/.
  Auf die s-Laute wird noch gesondert eingegangen, aber auch da haben wir lesen /le:sen/, aber sie liest /ließt/.
- Auf die **Konsonantenhäufung**, wie in **Str**ei**chh**o**lzsch**ä**cht**e**lch**en, wurde oben bereits verwiesen.
- Das deutsche **Alphabet** hat die 26 Buchstaben des internationalen lateinischen Alphabets. Hinzu kommen die Umlautbuchstaben Ä/ä, Ö/ö und Ü/ü und das nur klein geschriebene ß. Seinen Namen hat es aus der Zeit, als es noch sz geschrieben wurde. Groß schreibt man es hingegen SS: LANDSTRASSE. Das ist auch eine Spezialität der deutschen Rechtschreibung. In der Schweiz schreibt man immer ss, also Grüsse, Strasse, heissen usw.
- Die **Schreibung der s-Laute** ist zwar ein Rechtschreibproblem, sei aber hier trotzdem behandelt, weil sie im Deutschen besonders schwierig ist. Hier fallen nämlich mehrere Dinge zusammen.
  - Wir haben bei anderen Konsonantenlauten für die weichen (behauchten) und die harten (unbehauchten) Laute zwei Buchstaben zur Verfügung: b – p, d – t, g – k. Das lateinische Alphabet hatte sie bereits zur Verfügung gestellt. Für den weich gesummten und den scharfen s-Laut gab es keine zwei Buchstaben, im Mittelalter hat man z geschrieben. In den folgenden Jahrhunderten ging es hin und her. Seit 1996/2006 gilt die letzte Anpassung.
  - Beim s-Laut kommt nun zum gesummtem und scharfen s noch das Problem, dass wir kurze Vokale durch doppelte Folgekonsonanten markieren: bi**bb**ern, kä**mm**en usw., also auch bla**ss**, ke**ss**, Ri**ss**, Flo**ss**e, kü**ss**en.
  - Das s als Laut taucht dann noch im x-Laut auf: Max, fix, mixen. Dieser Laut wird aber auch anders geschrieben: Sachsen, Kekse, Kleckse, Ochse, flugs, …
  - Schließlich taucht der Buchstabe s auch noch im sch auf:
    Schule, **Sch**nee, **Sch**wester, aber **sp**ielen und **St**uhl.
    Da wollte man das Schriftbild einmal vereinfachen, war aber nicht konsequent. Die Römer hatten den sch-Laut nicht. Daher haben verschiedene Sprachgemeinschaften jeweils eigene Verschriftungen gefunden. Wörter aus anderen Sprachen werden entsprechend der fremdsprachigen Schreibung übernommen:
    Champagner, **Sh**orts, **Sk**i, Pasta**sc**iutta, War**sz**awa (War**sch**au auf Polnisch), **Š**koda (tschechische Schreibweise der Automarke), şiş kebap (Türkisch).

- Beim Sprechen artikulieren wir zudem Laute, die wir aber nicht in gleicher Weise wahrnehmen wie die Phoneme und Allophone, weil sie uns nicht über die Rechtschreibung bewusst geworden sind. Da ist z.B. der Knacklaut, der den Unterschied zwischen Spiegelei (mit Knacklautpause zwischen el und ei) und Eulenspiegelei (ohne Knacklautpause) kennzeichnet. Vergleiche auch vereisen und verreisen. **Knacklaut** nennt man das Geräusch, das entsteht, wenn man die Luft in der Stimmritze kurz anhält und dann schnell freigibt. Das geschieht immer, wenn ein Wort mit einem Vokal oder Diphthong beginnt. Diesen Knacklaut gibt es nicht in allen Sprachen.
  Bei k, p und t fügen wir im Anlaut ein h hinzu – wenn man die Artikulation in phonetischer Umschrift genau wiedergeben will, schreibt man in eckigen Klammern [k^h], [p^h], [t^h].

Silben und Rhythmus

- Im Deutschen sprechen wir **betonte und unbetonte** Silben: **Va**-ter, **Mut**-ter, **Blu**-men-**va**-se. Durch diesen Wechsel gestalten wir den Rhythmus. Das wird besonders deutlich, wenn ein regelmäßiger Wechsel stattfindet, wie das in Versen (Gedichten, Liedern) gestaltet wird, bei denen dann auch noch der Endreim hinzukommt:

Das Fräulein stand am Meere

*Das **Fräu**lein **stand** am **Mee**re*
*Und **seuf**zte **lang** und **bang**,*
*Es **rühr**te **sie** so **seh**re*
*Der **Son**nen**un**ter**gang**.*

*„Mein **Fräu**lein! **Sein** Sie **mun**ter,*
*Das **ist** ein **al**tes **Stück**;*
*Hier **vor**ne **geht** sie **un**ter*
*Und **kehrt** von **hin**ten **zu**rück."*

Heinrich Heine[12]

- Hinzu kommen noch das **Heben und Senken der Stimme** (Prosodie):
  - Stimme heben am Ende einer Frage:
    Kommst du mit?↑ Du kommst mit?↑
    Das wird in praktisch allen Sprachen gemacht.
  - Stimme heben, wenn ein Nebensatz (Gliedsatz folgt):
    Isabel fragt↑, ob sie noch mit ihrer Freundin Svenja im Garten spielen darf↑, weil das Wetter so schön ist.↓

---

[12] *Echtermeyer (2006), S. 337.*

Auch hierdurch wird Rhythmus mitgestaltet, wie auch durch die Länge der Wörter und die Satzmuster. Darauf wird in Kapiteln zu Wortarten (**Kap. 3.4.7**, Partikel) sowie zur Syntax (**Kap. 4.3.3** und **4.3.5**) eingegangen.

1.4.2 Wörter und Sätze

Wortschatz

Die deutsche Sprache hat aus mehreren Gründen einen sehr umfangreichen Wortschatz. Darauf wird in **Kap. 3.1** und **3.2** genauer eingegangen, hier nur einige Hinweise:

- Das Deutsche ist aus **Dialekten** hervorgegangen, die als regionale Umgangssprachen und als Landessprachen in den deutschsprachigen Ländern auch im Wortschatz Spuren hinterlassen haben.
  Brötchen heißen in Berlin Schrippen, in Hamburg Rundstücke, in Frankfurt Wecken, in Würzburg Kipf(e)l, in München Semmeln, in Österreich Laibchen, in der Schweiz Bürli, Mutschli und Weggen/Weggli.
- Deutschland liegt mitten in Europa und hat viele Sprachnachbarn. In den **Kulturkontakten** sind immer wieder Wörter aus anderen Sprachen übernommen worden. Dazu gehören historisch gesehen auch die Kontakte mit den Römern und damit dem Lateinischen sowie durch die Kreuzzüge mit dem Arabischen. Auch die europäischen Wissenschaftssprachen mit ihren Quellsprachen Griechisch und Lateinisch haben dem deutschen Wortschatz viele Wörter geliefert, die gewöhnlich Internationalismen sind. Hinzu kommen heute die internationalen Wörter der Weltsprache Englisch.
  Man muss sich dabei keine Sorgen vor einer Überfremdung machen. Diese Prozesse gehören seit weit über 1000 Jahren zur Sprachgeschichte. Wörter werden übernommen, wenn die Welt sich ändert, über die man sich verständigt.

Andere Sprache – anderes Wort?

Wortbildung

Das Deutsche ist eine ausgesprochene Wortbildungssprache. Auf die Systematik wird in **Kap. 3.2.3** eingegangen. Hier sei nur an einigen Beispielen gezeigt, dass die Wortbildung dafür sorgt, dass wir viele Wörter haben, wo z.B. das Englische dann mehrere Wörter nebeneinanderstellt:
Hauptbahnhof – main station, Windrichtung – wind direction, Windrose – wind rose, Windstoß – gust of wind, Wintergarten – winter garden, Wirtschaftskrise – economic crisis.
Und solche tollen Wörter wie besorgniserregend, Umleitungsempfehlung, Wettervorhersage oder gar Bundesausbildungsförderungsgesetz wird man

selten in anderen Sprachen finden. Beim Bundesausbildungsförderungsgesetz steht auch schon im Gesetz in Klammern „BAFöG".

Wortformen

Die Grammatik der Wortformen ist im Deutschen stark ausgebaut und nutzt mehrere Möglichkeiten. Anders gesagt: Sie verlangt Menschen, die in ihrer Muttersprache nicht alle diese Möglichkeiten kennen, so einiges ab. Schauen wir uns nur die Verben an:

- Wir haben die so genannten starken, besser: **unregelmäßigen Verben**; in **Kap. 7** finden Sie eine Tabelle. Englisch als verwandte Sprache hat sie auch. Und wir haben die **schwachen, regelmäßigen Verben**, die sprachgeschichtlich jünger sind und zu denen manche starken Verben im Laufe der Zeit hinübergewechselt sind. Einige Beispiele zeigen, dass bei Verben der gleichen Wortfamilie die neueren, abgeleiteten dann die schwachen sind; es handelt sich um so genannte kausative Verben, also Verben des Verursachens und Veranlassens:
  hängen, hing, gehangen – hängen, hängte, gehängt im Sinne von „hängen machen"; liegen, lag, gelegen – legen, legte, gelegt im Sinne von „liegen machen"
  Bei den starken Verben haben wir zugleich den Ablaut als Wechsel des Stammvokals in den Zeitstufen.

Verben in der Vergangenheit

- Wir hängen **Endungen** an: häng**e**, häng**st**, häng**t**, häng**en**, häng**t**.
  Dabei gibt es dann manchmal wiederum Lautänderungen im Vokal als Umlaute f**a**hren, f**ä**hrst, f**ä**hrt oder als so genannte Tonerhöhung w**e**rfen, w**i**rfst, w**i**rft usw.
- Wir benutzen **Präfixe** im Partizip: **ge**fahren, **ge**legt ... Bei trennbaren Wortbildungspräfixen werden sie dann zu Infixen (Wortbausteinen im Inneren): ab**ge**fahren, um**ge**fahren. Bei nicht trennbaren Präfixen entfällt das ge-: verfahren. Vergleiche auch im Partizip trennbares um**ge**fahren gegenüber umfahren; dazu kommen dann noch Betonungsregeln.
- Wir benutzen **Hilfsverben**: **bin** gefahren, **habe** geholt, **werde** abgeholt **werden**, **wird** abgeholt **worden sein**, ...
- Wir benutzen **Modalverben**: **darf** spielen, **will** lesen, **soll** geholt haben, ...
- Bei den Substantiven haben wir die **Artikel** der, die, das zur Kennzeichnung des grammatischen Geschlechts und die vier **Fälle**, die wir über den Artikel und teilweise Endungen anzeigen:
  der Mann, **des** Mann**es**, **dem** Mann, **den** Mann.

Beim Plural kommen dann manchmal noch Umlaute dazu:
der M**a**nn, die M**ä**nner; der H**o**f, die H**ö**fe, der F**u**ß, die F**ü**ße.
Und mit vorangestelltem Adjektiv wird es noch komplizierter:
der kleine Junge, eines kleinen Junge; die kluge Frau, einer klugen Frau, das kleine Kind, eines kleinen Kindes.
Das wird in **Kap. 3.4.4** im Einzelnen behandelt.

Satzbau

Im Satzbau ist das Deutsche im Prinzip eine Subjekt-Prädikat-Objekt-Sprache (SPO-Sprache), aber mit allerhand Besonderheiten, die besonders deutlich werden, wenn man das Englische zum Vergleich heranzieht. Hier folgen wiederum nur Hinweise zu auffallenden Besonderheiten, im Syntax-Kapitel, **Kap. 4**, wird das genauer dargestellt. Auf das Englische wird in **Kap. 5.1.3** eingegangen.

- Subjekt-Prädikat-Objekt (S-P-O) bedeutet, dass im normalen Satz die notwendigen, vom Verb geforderten Satzglieder entsprechend angeordnet sind:
  Die Kinder lernen das Alphabet. – Kenan hilft Leon.
  Timo bringt dem Vater die Hausschuhe.

- Zeitangaben sind freie Angaben, außer bei einigen Verben, wie bei dauern.
  Sie stehen oft vorn:
  Heute machen wir einen Ausflug.

- Ganz fest ist die Zweitstellung des Verbs, besser gesagt: der Personalform des Verbs. Eine Besonderheit im Deutschen, die es in anderen Sprachen nicht gibt, sind die Verbklammern. Drei Typen haben wir:
  - Hilfsverb + Infinitiv oder Partizip:
    Wir **werden** morgen einen Ausflug **machen**.
    Wir **haben** gestern einen Ausflug **gemacht**.
  - Modalverben:
    Wir **wollen** morgen einen Ausflug **machen**.
  - trennbare Präfixe:
    Timo **nimmt** einen Rucksack **mit**.

Diese deutsche **Verbklammer** oder **Prädikatsklammer** ist für viele Ausländer ein großes Problem, weil sie in ihrer Sprache das sinntragende Verb zusammen mit dem Hilfsverb oder dem Modalverb benötigen und im deutschen Text auf die Suche gehen müssen. Vergleiche:
Heute Nachmittag **wollen** die Kinder mit dem Bus ins Schwimmbad **fahren**.
This afternoon the kids **want to ride** by bus to the swimming pool.

- Im Deutschen wird ausgenutzt, dass die Funktionen der Satzglieder, die durch den Kasus (den Fall) angezeigt werden, an den Wortformen und den begleitenden Artikeln zu erkennen sind. Nur wenn das nicht der Fall ist, gilt die strikte S-P-O-Reihenfolge.
  Vergleiche: Der Fritz liebt die Friederike. – Fritz liebt Friederike.
  Den Fritz liebt die Friederike. – Aber: Friederike liebt Fritz.

Diese Hinweise und Beispiele mögen genügen, um sowohl eine gewisse Bewusstheit gegenüber strukturellen Merkmalen des Deutschen zu wecken als auch neugierig zu machen, wie das im Einzelnen aussieht.

2 Sprache und Grammatik

2.1 Sprachregeln und grammatische Regeln

Wenn wir sprechen und schreiben, buchstabieren wir die Wörter nicht einfach aus dem Wörterbuch unseres Gehirns in beliebiger Reihenfolge heraus, sondern wir ordnen sie.
Nicht: Wen ließe er tun man würde Verwirrung Kopf einrennen bald sich den vor wolle was der.
Sondern: Wen man tun ließe, was er wolle, der würde sich vor Verwirrung bald den Kopf einrennen.[13]
Wir folgen beim Sprechen und noch genauer beim Schreiben Regeln in verschiedenen Bereichen:

- Wir **formen viele Wörter**: wen und nicht wer, ließe und nicht lassen, wolle und nicht wollen, würde und nicht werden usw.
- Wir stellen eine grammatische **Wortfolge** her; wenn man genau hinschaut, ist sie doppelt geordnet:
  - als **Wortfolge in Satzgliedern**: den Kopf und nicht Kopf den, vor Verwirrung und nicht Verwirrung vor

[13] *So Robert Musil in: Der Mann ohne Eigenschaften.*

- sowie als **Folge der Satzglieder**, wobei es einige Freiheiten gibt: der würde sich vor Verwirrung bald den Kopf einrennen oder auch: der würde sich bald den Kopf vor Verwirrung einrennen; aber nicht: der sich den Kopf würde einrennen vor Verwirrung bald.

- Der Beispielsatz zeigt überdies, dass man kurze Sätze zu **komplexen Sätzen** verbinden kann. Die Kommas und bei noch komplexeren Sätzen auch das Semikolon zeigen uns optisch die Gliederung. Beim Sprechen gibt die Satzmelodie Hinweise.

Diese Regeln haben wir beim Sprechen, Zuhören, Schreiben und Lesen im Kopf. Wir folgen ihnen eher unbewusst. Man kann sie **Sprachregeln** nennen. In **Kap. 1.3.2** wurde darauf hingewiesen, wie sich hier Regeln der Erstsprache und einer zweiten oder dritten Sprache überlagern können.

Die Menschen in vielen Sprachgemeinschaften und Kulturen haben die sprachlichen Muster, die in den jeweiligen Sprachen in Texten entdeckt und analysiert wurden, begrifflich erfasst. Wir nennen eine solche Beschreibung der sprachlichen Regeln **Grammatik** und die Regeln also **grammatische Regeln**. Das Wort weist auf die von uns übernommene Tradition: Über das lateinische *ars grammatica* mit der Bedeutung „Sprachlehre" kommt es aus dem Griechischen von *grammatikē téchnē* zu *gramma* „Geschriebenes, Buchstabe". Das bedeutete erst einmal „Kunst des Lesens und Schreibens" und später dann „Sprachlehre". Das ist durchaus von praktischer Bedeutung, denn die Römer haben ihre lateinische Grammatik an der griechischen orientiert, die deutsche orientiert sich an der lateinischen. Das schlägt sich nicht nur in Begriffen nieder, sondern auch in der Systematik, z.B. in der Anzahl der Wortarten. Die Griechen hatten acht Wortarten: Substantiv, Pronomen, Adjektiv (schloss Numerale ein), Artikel, Verb, Präposition, Konjunktion, Adverb. Im Lateinischen gibt es keinen Artikel, die Römer wollten aber auch acht Wortarten haben und fügten die Interjektion (das Empfindungswort) hinzu. Das haben wir übernommen, und die übliche deutsche Schulgrammatik weist gewöhnlich die Numerale (Zahlwörter) gesondert aus, sodass wir auf zehn Wortarten kommen.

Begriffsinhalt und Begriffsname (Terminologie)

Es ist auch interessant, sich einmal mit dem Zusammenhang zwischen **Begriffsinhalt** und **Begriffsname** zu beschäftigen. Gerade in der Grammatik geben die Begriffsnamen oft Hinweise auf Begriffsinhalte, sie sind aber nicht immer aus der gleichen Perspektive entwickelt, und das geht dann in die Begriffsnamen ein. Dieses ist von Bedeutung, wenn man bei didaktischer und methodischer Umsetzung zu berücksichtigen hat, welche Abstraktionen man den Lernenden zumuten kann.
Das betrifft in besonderer Weise die Wortarten, und gerade die sind ja für die Grundschule wichtig.

- Das *nomen substantivum* der lateinischen Grammatik wird in deutschen Grammatiken und Orthografien entweder *Nomen* oder *Substantiv* genannt. Im Lateinischen bezeichnete *nomen* die deklinierbaren Wörter. Die deutschen Entsprechungen für *nomen substantivum* sind dann *Namenwort* oder *Dingwort*. Beide greifen auf **Bedeutungsaspekte** zurück: Wörter, die Namen geben, oder Wörter für Dinge. *Dingwort* ist ein Begriffsname, der einen zu engen Begriffsinhalt erfasst. Mit *Namenwort* kommt man weiter, wenn man über die Eigennamen und geografischen Namen hinausgeht. Außerdem lässt sich der Zusammenhang zum Begriff *Nomen* gut herstellen. Methodisch gesehen ist dann *Namenwort* zunächst ein Arbeitsterminus. Der alte Begriffsname *Hauptwort* zielt auf die spezifisch deutsche Großschreibung, ist also ein orthografischer Zugriff und im Grunde eine Zirkeldefinition: Hauptwörter werden groß geschrieben und sind darum Hauptwörter.

- Das lateinische *nomen adiectivum* erfasst nun einen ganz anderen Aspekt eines Wortes, das auch dekliniert wird: „das Hinzugefügte". Der Zugriff ist also syntaktisch. Das deutsche *Eigenschaftswort* wiederum greift auf einen Bedeutungsaspekt zu. *Wiewort* zielt methodisch auf den Bedeutungsaspekt über eine Frage.

- Das lateinische *verbum* bedeutet zunächst ja nur „Wort". *Verb* ist für das Deutsche grammatischer Terminus, ohne dass man einen Bedeutungsaspekt erfasst. *Zeitwort, Tätigkeitswort, Tunwort* und *Tuwort* erfassen wiederum nur einen Teil der für die Verben passenden Bedeutungsaspekte.

- Der Begriffsname *Adverb* hat ebenfalls einen syntaktischen Zugriff, und das gilt erst recht für die *Präposition*, also „die Stelle davor". Hier ist der Zugriff auf reine Stellungssyntax reduziert, nicht auf zu Grunde liegende Strukturen.

- *Partizip* zielt auf noch einen anderen Aspekt. Es bedeutet ja „teilhabend" und erfasst somit den Aspekt, dass die beiden Partizipien einerseits in der Verbkonjugation eine Rolle spielen, aber andererseits wie Adjektive gebraucht werden können: die **blühenden** Blumen, die **verblühten** Blumen. Bei diesem Gebrauch spricht man deshalb auch vom Verbaladjektiv.

Das mag genügen, um zu zeigen,

- dass man bei Begriffsnamen immer auch an den damit verbundenen Begriffsinhalt denken sollte; das gilt besonders für die einführenden deutschen Termini,

- dass die Begriffsnamen keinen einheitlichen Zugriff auf die sprachlichen Phänomene gewährleisten.

2.2 Überblick zur Grammatik: Wie kommen die Wörter in die Texte?

<table>
<tr><th colspan="2">Die Wörter ...</th></tr>
<tr><th>Wörter</th><th>Wortschatz</th></tr>
<tr><td>Wörter erfassen, was wir sehen, hören, riechen, schmecken, tasten, denken und fühlen. Wir haben Wörter für:
○ Lebewesen
○ Dinge und Sachen
○ Sachverhalte
○ Tatbestände
○ Gedanken und Begriffe
○ Pläne
○ Träume und Hoffnungen
○ Fantasien
○ Erinnerungen
○ Gefühle

Der Wortschatz wird in Wörterbüchern gesammelt.

Das Weltwissen mit vielen Eigennamen wird in Enzyklopädien und Fachlexika gesammelt. Siehe z.B. das kleine Grammatiklexikon in Kap. 6.</td><td>Zusammengestellt in Lexika
○ im Rechtschreib-Duden mit laut Vorwort „rund 130 000 Stichwörtern"
○ im Großen Brockhaus mit den Eigennamen, geografischen Namen usw., ca. 330 000 Stichwörter

Ständiger Wandel und Ausbau
○ durch Aufnahme von Wörtern aus anderen Sprachen, die Fremdwörter
○ durch Umdeutung, Bedeutungswandel und Bedeutungsübertragung:
Bein für Knochen wie in Schienbein, Nasenbein usw., später Gehgliedmaße und davon Stuhlbein, Tischbein, Stativbein
○ durch Wortbildung:
wandern – die Wanderung;
Abend – abends – abendfüllend – allabendlich
○ durch syntaktischen Wortartwechsel:
Das Wandern ist des Müllers Lust.</td></tr>
</table>

<table>
<tr><th colspan="2">Wortregeln
Jedes Wort gehört zu einer Wortart.</th></tr>
<tr><th>Wortarten mit Beugung</th><th>Wortarten ohne Beugung</th></tr>
<tr><td>

Konjugation bei Verben (Tuwörter, Tunwörter):
Person und Zahl → 6
Tempora → x 6
Aktiv und Passiv[14] → x 2
Indikativ, Konjunktiv[15] → x 2
→ 144
Infinitiv, 2 Partizipien → +3
Formen: → 147

Deklination in 4 Kasus (Fälle)
Nominativ (WER/WAS-Fall), Genitiv (WES-Fall), Dativ (WEM-Fall), Akkusativ (WEN/WAS-Fall)
in Singular und Plural bei
O **Nomen/Substantiv** (Namenwort)
O **Artikel** (Geschlechtswort, Beiwort) bestimmt/unbestimmt
O **Adjektiv** (Eigenschaftswort, Wiewort) zusätzlich Steigerung
O **Numeral** (Zahlwort), teilweise ungebeugt
O **Pronomen** (Fürwörter) Personal-, Possesiv-, Reflexiv-, Demonstrativ-, Relativ-, Frage-, Indefinitpronomen, nicht alle gebeugt

</td><td>

O **Adverb** (Umstandswort)
O **Präposition** (Verhältniswort)
O **Konjunktion** (Bindewort) gleichordnend/unterordnend
O **Interjektion** (Ausrufewort)

</td></tr>
</table>

[14] *Nicht alle Verben können ein Passiv bilden, s. Kap. 3.4.2 zu den Verben.*

[15] *Hier wird nicht zwischen Konjunktiv 1 und Konjunktiv 2 unterschieden, weil das ein nicht ganz einfaches Wechselspiel der Formen ist. Auch der Imperativ ist nicht enthalten. Faktisch haben wir also noch mehr Formen.*

... in Sätzen

Satzglieder

Subjekt (Satzgegenstand)
WER? WAS?

Objekte (Satzergänzungen):
- Akkusativobjekt → WEN? WAS?
- Dativobjekt → WEM?
- Genitivobjekt → WES? (selten)
- Präpositionales Objekt → AUF WEN? WORAUF? MIT WEM? usw.

Adverbiale Bestimmung
(Umstandsbestimmung)
- WANN? WIE LANGE? (Zeit und Dauer: temporal)
- WO? WOHER? WOHIN? (Ort und Richtung:lokal)
- WIE? AUF WELCHE WEISE? WOMIT? (Art und Weise: modal)
- WARUM? WESHALB? WOZU? (Grund, Zweck: kausal)

Attribut (Beifügung)
als Satzglied 2. Ordnung
- WIE? WAS FÜR EIN? (Adjektiv, Partizip, präpositionale Gruppe)
- WESSEN? (Genitivattribut)
- Apposition (nominale Gruppe im gleichen Fall): Berlin, die Hauptstadt, ...

- **Prädikativ**
  Ergänzung bei den Verben sein, werden, bleiben → Wie/Was ist ...?

Stellungsregeln

- **Wortstellung** im Satzglied
- **Satzgliedstellung** im Satzbauplan
- Stellungsregeln der **Satzarten**

Satzbaupläne

einfacher Satz:
notwendige Satzglieder
(Zahl und Art der Objekte abhängig von der Verbvalenz)

erweiterter Satz:
einfacher Satz erweitert um weglassbare Satzglieder

Kurzsatz (Satzellipse):
grammatisch unvollständiger Ausdruck als Satz im Text

komplexer Satz:
- Satzreihe gleichgeordneter Sätze
- Satzgefüge aus Hauptsatz und untergeordneten Nebensätzen (Gliedsätzen)
- Satzreihe + Satzgefüge (Gliedsatz/Nebensatz steht für ein Satzglied im übergeordneten Teilsatz)

Satzarten

Aussagesatz (Mitteilungssatz): Personalform des Verbs in 2. Position

Aufforderungs-, Befehls-, Wunschsatz: Verb im Imperativ in 1. Position

Fragesatz:
- Entscheidungsfrage (Verb in 1. Position)
- Ergänzungsfrage (W-Frage mit Fragewort in 1. Position)

Betonungsregeln

beim Sprechen

Satzschlusszeichen und Kommaregeln

beim Schreiben

... in Texten

Textverknüpfung

Sprache verläuft linear. Das ist zunächst trivial, weil wir das selbstverständlich finden und dabei nach unserer Schreibkonvention denken: von links nach rechts. Arabisch und Hebräisch werden von rechts nach links geschrieben. Genauer ist es aber die Dimension der Zeit, denn wir können beim Sprechen die Laute nur nacheinander artikulieren, und das machen wir in der Schrift dann nach.

Text: das Wort ist von *textere* = „weben, flechten, verknüpfen, kunstvoll zusammenfügen" abgeleitet wie das Wort Textil.
Einige **Verknüpfungstechniken**:

- die einfache **Aneinanderreihung**
- Verknüpfung durch **Konjunktionen**,
  - syntaktische Nebenordnung oder Unterordnung
  - semantisch durch die Bedeutung der Konjunktionen viele Möglichkeiten:
    und, denn, oder, sondern, sowohl … als auch, weder …, noch,
    aber, als, bis, dass, nachdem, obwohl, um … zu, während, weil …
- Wiederaufgreifen durch **Pronomen**, bei Relativpronomen syntaktische Unterordnung: Der **Hund**, **er** saß vor **seiner** Hütte, die …
- Verknüpfung durch **Adverbien** mit vielen semantischen Möglichkeiten: bald, dann, darum, deshalb …
- Verknüpfung durch Wiederaufgreifen eines Wortes, entweder wörtlich oder inhaltlich (**semantische Isotopie**):
  Der Hund saß in der Sonne vor seiner Hütte. Der große Setter winselte und bellte, wenn jemand vorbeikam.
- In technischen Texten und Lexika Verknüpfung durch **Verweise**, durch Anmerkungen usw.

2.3 Grammatik im Text

In zwei Schritten soll verdeutlicht werden, wie die Wortarten und Sätze in einen Text eingebunden sind. Beispiel ist die Kalendergeschichte „Der kluge Richter“[16] von Johann Peter Hebel (1760–1826). Sie ist in die neue Rechtschreibung umgesetzt.

2.3.1 Wortarten

Der kluge Richter	Wortarten
Dass nicht alles so uneben **sei**, was im Morgenlande **geschieht**, das **haben** wir schon einmal gehört. Auch folgende Begebenheit **soll** sich daselbst **zugetragen haben**.	Das mächtige **Verb**, ○ das ausdrückt, was geschieht, getan wird, sich ereignet, ○ mit seinen 147 Formen
Ein reicher **Mann** hatte eine beträchtliche **Geldsumme**, welche in ein **Tuch** eingenäht war, aus **Unvorsichtigkeit** verloren. Er machte daher seinen **Verlust** bekannt und bot, wie man zu tun pflegt, dem ehrlichen **Finder** eine **Belohnung**, und zwar von hundert **Talern** an. Da kam bald ein guter und ehrlicher **Mann** dahergegangen.	Das starke, vielseitige **Nomen/ Substantiv**, ○ das Lebewesen, Dinge, Gedanken, Begriffe, Gefühle benennt und ordnet, ○ mit dem Artikel und einigen Pronomen als Begleiter, ○ in den 4 Kasus in Singular und Plural, ○ das im nominalen Satzglied viele Rollen im Satz einnimmt.
„Dein Geld habe **ich** gefunden. **Dies** wird’**s** wohl sein! So nimm dein Eigentum zurück!“ So sprach **er** mit dem heitern Blick eines ehrlichen Mannes und eines guten Gewissens, und *das* war schön. Der andere machte auch ein fröhliches Gesicht, aber nur, weil **er** sein verloren geschätztes Geld wieder hatte. Denn wie *es* um seine Ehrlichkeit aussah, *das* wird sich bald zeigen.	Die **Pronomen**, die wie Weberschiffchen einen Text miteinander verflechten. ○ Sie begleiten die Nomen, ○ sie **vertreten** die Nomen, ○ sie *knüpfen* Fäden von Satz zu Satz, ○ sie binden einen Text in die Situation des Sprechens, Hörens, Schreibens und Lesens ein: Sprecher ich, wir; Angesprochene(r) du, ihr; Gegenstand: er, sie, es, sie.

[16] *http://gutenberg.spiegel.de/buch/327/1 (03.11.2011)*

Er zählte das Geld und dachte unterdessen *geschwinde* nach, wie er den **treuen** Finder um seine **versprochene** Belohnung bringen könnte. „**Guter** Freund", sprach er hierauf, „es waren *eigentlich* 800 Taler in dem Tuch eingenäht. Ich finde aber nur noch 700 Taler. Ihr werdet also wohl eine Naht aufgetrennt und Eure 100 Taler Belohnung schon herausgenommen haben." Das war nicht schön.	Die präzisierenden **Adjektive**, ○ die ausdrücken, **wie etwas ist** oder wie etwas bewertet wird. ○ die gebeugt und gesteigert werden können. ○ die auch *adverbial* eingesetzt werden können und dann nicht gebeugt werden. ○ die prädikativ genutzt werden können.
Aber wir sind **auch noch nicht** *am* Ende. Ehrlich währt *am* längsten, und Unrecht schlägt seinen eigenen Herrn. Der ehrliche Finder, dem es weniger *um* die 100 Taler als *um* seine unbescholtene Rechtschaffenheit *zu* tun war, versicherte, dass er das Päcklein **so** gefunden habe, wie er es bringe, und es **so** bringe, wie er's gefunden habe. *Am* Ende kamen sie *vor* den Richter. Beide bestanden **auch hier noch** *auf* ihrer Behauptung, der eine, dass 800 Taler seien eingenäht gewesen, der andere, dass er *von* dem Gefundenen nichts genommen und das Päcklein nicht versehrt habe. **Da** war guter Rat teuer.	Die unflektierbaren Wortarten: ○ **Adverbien** (Umstandswörter), die die Umstände eines Geschehens näher bestimmten; ○ Konjunktionen (Bindewörter), die Sätze und Satzteile miteinander verbinden; ○ *Präpositionen* (Verhältniswörter), die Satzglieder in den Satz einfügen, die Verhältnisse des Raumes, der Zeit, der Art und Weise etc. festlegen und die den Kasus der nachfolgenden Nomen bestimmen, die den Infinitiv zu einleiten.

2.3.2 Sätze

HS = Hauptsatz

H ... S = Hauptsatz, in den ein Gliedsatz eingebettet ist

GS = Gliedsatz, der oft auch Nebensatz genannt wird

G ... S = Gliedsatz, in den ein anderer Gliedsatz eingebettet ist

Aber der kluge Richter,	H ...,
der die Ehrlichkeit des einen und die schlechte Gesinnung des andern zum voraus zu kennen schien,	der GS,
griff die Sache so an:	... S.
Er ließ sich von beiden über das,	H ...,
was sie aussagten,	was GS,
eine feste und feierliche Versicherung geben und	... S.
tat hierauf folgenden Ausspruch:	
„Demnach,	„H ...,
und wenn der eine von euch 800 Taler verloren,	und wenn G,
der andere aber nur ein Päcklein mit 700 Talern gefunden hat,	der andere Reihung S,
so kann auch das Geld des letztern nicht das nämliche sein,	... S,
auf welches der erstere ein Recht hat.	auf welches GS.
Du, ehrlicher Freund, nimmst also das Geld,	H,
welches du gefunden hast,	welches GS,
wieder zurück und behältst es in guter Verwahrung,	... S (mit Reihung),
bis der kommt,	bis GS,
welcher nur 700 Taler verloren hat.	welcher GS.
Und dir da weiß ich keinen andern Rat,	HS,
bis derjenige sich meldet,	bis GS,
der deine 800 Taler findet.	der GS.
So sprach der Richter,	HS,
und dabei blieb es.	HS.

3 Wortlehre

Der Wortschatz des Deutschen ist in 3-facher Weise strukturiert:

- Die grammatische Ordnung des Wortschatzes wird über die **Wortarten** hergestellt. Sie bringen auch grundlegende Bedeutungsleistungen und über die Flexion genauere Bedeutungen ein, z.B. über zeitliche Einstufungen in den Tempora usw. Das wird in **Kap. 3.4** dargestellt. Die Wortarten stellen aber auch die Verbindung zum Satzbau dar: Das Prädikat verlangt ein Verb, das Subjekt und die Objekte verlangen ein Nomen/Substantiv oder Pronomen usw.

- Die deutsche Sprache ist eine ausgesprochene **Wortbildungssprache**. Die Wortbildung dient einerseits dem Wortartwechsel und dadurch dem Ausbau des Wortschatzes (fahren → Fahrt, Fahrer; Hammer → hämmern; groß → Größe, vergrößern), andererseits nur dem Ausbau des Wortschatzes (Fahrt → Abfahrt, Anfahrt, Ausfahrt, Einfahrt, Vorfahrt; Fahrer → Fahrerin; fahren → Fahrschule, Fahrlehrer, Busfahrer usw.). Die Muster des Wortartwechsels und der Wortbildung werden in **Kap. 3.2.3** dargestellt.

- Schließlich gibt es **Ordnungsmuster in den Bedeutungen der Wörter**; sie werden nicht in allen Grammatiken behandelt, sind aber **für die Wortschatzarbeit** in der Schule von großem Nutzen. Deshalb werden sie hier in **Kap. 3.3** vorgestellt, und zwar am Anfang der Wortlehre, weil die anderen Kapitel dann die grammatischen Merkmale dieser Wörter im Detail behandeln.

- Zum Wortschatz im weiteren Sinne gehören feste Wendungen, sprichwörtliche Redensarten usw., die in **Kap. 3.3.5**, geordnet nach Bildbereichen, behandelt werden.

3.1 Allgemeine Vorbemerkungen

3.1.1 Sprache und Welt (Wirklichkeit)

Mit Sprache verständigen wir uns über die Welt und über das, was wir denken, fühlen, wollen usw. Zwischen den Bedeutungen der Wörter einer Sprache und der Welt, der uns umgebenden Wirklichkeit, herrscht ein gewisses Spannungsverhältnis.

- Einerseits nehmen wir die Welt mit allen fünf Sinnen wahr und lernen, sie mit den Wörtern unserer Muttersprache zu benennen. Genauer: Wir lernen, die Welt zu einem guten Teil so wahrzunehmen, wie es uns unsere Sprache lehrt:
  Baum, Tür, Klingel, Turm, Glocke, Schmerzen, Hunger, …
  Und so kann es sein, dass wir entdecken, dass es in einer anderen Sprache nur ein Wort gibt, wo wir im Deutschen zwei haben. Z.B. sind Klingel und Glocke im Engli-

schen beide bell. Und andersherum hat Himmel im Deutschen ein Wort, aber im Englischen sky für die Spatzen und heaven für die Engel. Die **Sprachen** vermitteln also teilweise eine **andere Sicht auf die Welt**.

- Andererseits haben wir für nicht wenige Dinge in der Welt **mehrere Wörter**. Hier eine Reihe mit Stilvarianten für Kopf: Birne – Deez – Haupt – Rübe – Schädel. Und hier eine Reihe mit regionalen Varianten für Brötchen: Brötli – Laibchen – Mutschli – Rundstücke – Schrippen – Semmeln – Wecken.

In **Kap. 3.3** sollen Ordnungsmuster des Wortschatzes vorgestellt und die didaktischen Möglichkeiten der Wortschatzarbeit erörtert werden. Vorab sind jedoch noch einige Aspekte der Semantik vorzustellen.

3.1.2 Grundbedeutung und Nebenbedeutung

Wenn die Bedeutung eines Wortes von der Sache her gesteuert wird, spricht man von der **Grundbedeutung (Denotation)** eines Wortes. Man meint damit neutrale Bezeichnungen, wie Kind, Hund, Schuh usw.

Oft benutzt man aber Wörter wie Schätzchen, Engelchen, Liebchen, die eine positive **Nebenbedeutung (Mitbedeutung, Konnotation),** oder Frechdachs, Bengel usw., die eine negative Mitbedeutung haben.

Wortbedeutungen

3.1.3 Allgemeine Bedeutung und spezielle Bedeutung

Wenn ein Wort eine sehr **allgemeine Bedeutung** hat, spricht man von einer hohen **Bedeutungsextension**; es kann für vieles verwendet werden: „Gib mir mal das Ding da drüben." Wenn es eine sehr **spezielle Bedeutung** hat, spricht man von einer hohen **Bedeutungsintension**: „Gib mir mal den Bleistiftspitzer."

Da es sich hier zugleich um das Verhältnis von Oberbegriffen zu Unterbegriffen handelt, kommen wir in **Kap 3.3** bei den Ordnungsmustern des Wortschatzes darauf zurück.

3.2 Der Ausbau des Wortschatzes

Der Wortschatz einer Sprache ändert sich ständig. Im Laufe der Sprachgeschichte wächst er dabei, aber einige Wörter veralten auch und werden seltener oder nicht mehr gebraucht.

Die drei wichtigsten Prinzipien des Ausbaus sind

- Umdeutung im metaphorischen Prozess (**Kap. 3.2.1**)
- Wortbildung (**Kap. 3.2.3**)
- Aufnahme von Wörtern aus anderen Sprachen (Fremdwörter, die teilweise zu Lehnwörtern werden) (**Kap. 3.2.4**)

Diese Prinzipien und Muster lassen sich leicht auch von Kindern erfassen und entsprechend didaktisch zur Wortschatzarbeit nutzen.

Bildhafte Ausdrücke
Wörter bilden
Andere Sprache – anderes Wort?

3.2.1 Der metaphorische Prozess: mehrdeutige Wörter, bildhafte Sprache

Menschen erfassen Ähnlichkeiten und reagieren sprachlich, indem sie **Metaphern** bilden. Sie übertragen ein Wort aus einem Wirklichkeitsbereich bzw. Bedeutungsbereich in einen anderen; griechisch *metaphorein* bedeutet „hinübertragen".

- So entstehen **mehrdeutige Wörter**. Die Maus ist nicht mehr nur ein Tier, sondern ein Gerät, mit dem man Computerfunktionen steuert. Das Auge ist nicht nur das Sehorgan, sondern bei Früchten (wie Kartoffeln oder Obst) ein Knospenansatz, auf dem Spielwürfel ein Punkt; es schwimmt als Fettauge auf der Brühe, und es ist die windstille Mitte eines Sturmes, was sich durch die Satellitenbilder von Sturmsystemen gut nachvollziehen lässt.

- Und so entsteht **bildhafte Sprach**e, nicht nur in den Texten der Dichter, deren Dichtung eine etwas andere ist als die Dichtung am Wasserhahn – auch im Alltag sind Texte mit roten Backen wirkungsvoll.

- In theoretischen Abhandlungen wird das Spannungsverhältnis zwischen Welt und Sprache noch genauer erfasst. Das gilt auch für den metaphorischen Prozess: Wenn die Ähnlichkeit in den Gegenständen gesehen wird, spricht man von **Metonymien** (Gleichnamigkeiten): Ein Beispiel wäre Bein (bei Lebewesen), dazu Tischbein – Stuhlbein – Stativbein. Wenn die Ähnlichkeit eher über die Vorstellungskraft und das Denken hergestellt wird, spricht man von „echten" **Metaphern,** wie etwa beim Herbst des Lebens für das Alter. Das ist aber für die **Wortschatz**- und **Textarbeit mit Kindern** nicht wichtig. Hier zählt die Kreativität, dass man über die Welt in bildhafter Sprache sprechen und Texte damit lebendig machen kann.

Diese Fähigkeit, Metaphern zu bilden, führt zu einem ständigen Ausbau des Wortschatzes, wenn neue Gegenstände, Erfahrungen usw. sprachlich benannt werden müssen oder wenn sich bildhafte Ausdrücke so verfestigen, dass ein Wort eine weitere Bedeutung erhält.

Am Beispiel Maus für das Tier und die Computermaus wurde das oben schon gezeigt. Es gibt weitere feste Bedeutungen: Maus wird auch der Handballen unterhalb des Daumens genannt. In der medizinischen Fachsprache gibt es noch die Gelenkmaus. Methaphern im Sinne eines bildhaften Sprachgebrauchs, der sich verfestigt, sind Maus und Mäuschen für ein kleines, liebes Mädchen und die Redensart keine Mäuse mehr haben (kein Geld).

Bildhafte Ausdrücke

3.2.2 Mehrdeutige Wörter und gleich lautende Wörter

Ob es sich bei mehrdeutigen Wörtern sprachgeschichtlich gesehen um eine Umdeutung und somit Bedeutungserweiterung handelt oder ob zwei verschiedene Wörter heute lediglich gleich klingen und geschrieben werden, ist sprachwissenschaftlich von Belang, nicht aber für Kinder. In Wörterbüchern gibt es bei sprachgeschichtlich verschiedenen Wörtern mehrere Stichwörter, bei mehrdeutigen Wörtern ein Stichwort und dann mehrere Bedeutungen. Hierzu als Beispiel Strauß mit einer alten und heute veralteten Bedeutung „Kampf, Streit" wie in einen Strauß ausfechten, dann mit der Bedeutung wie in Blumenstrauß und schließlich der Vogel Strauß. Die Wörter haben jeweils andere sprachgeschichtliche Wurzeln.

Ein besonderer Fall ist die Bank; das Geldinstitut ist vom italienischen Wort banca abgeleitet, und das war auf dem Markt das Sitzmöbel mit dem Tisch des Geldhändlers. Und bankrott kommt von banca rotta; das war die zerstörte Bank, weil der Händler zahlungsunfähig war. Überhaupt kommen viele Wörter des Geldwesens aus dem Italienischen (s. **Kap. 3.2.4**).

Für den Wortschatz wichtiger sind solche Wörter, wenn sie in der **Rechtschreibung** unterschieden werden, also die Seite im Buch und die Saite eines Musikinstrumentes, das gesungene Lied und das Augenlid.

Hier eine kleine Liste:

der Band (Buch)	das Band (zum Binden) die Band (als Anglizismus, andere Aussprache)
der Bauer (Landwirt)	das Bauer (Vogelbauer)

der Heide (Nicht-Christ)	die Heide (Kraut und Landschaft mit Heide)
der Kiefer (für die Zähne)	die Kiefer (Nadelbaum)
der Tor (dummer Mensch)	das Tor (Eingang, große Tür)

Kinder spielen mit mehrdeutigen und bedeutungsgleichen Wörtern gern das Teekesselspiel. Dabei lernen sie zugleich, Bedeutungen durch Merkmale zu beschreiben.

Teekesselchen

3.2.3 Wortbildung

Die deutsche Sprache ist eine ausgesprochene Wortbildungssprache. In der deutschen Wortbildung haben wir folgende Muster:

- **Komposita** (Zusammensetzungen)
  Haustür, Türschlüssel, Schlüsselbund, dunkelrot, heimkommen, …

- **Ableitung** (Derivation und Expansion)
  Umleitung, kindlich, abends; lachen → lächeln, auslachen, …

- **Umformung** (Konversion): lachen → das Lachen, hoch → das Hoch, gut → das Gut, …

- **Abkürzungen** längerer Wörter zu Kurzwörtern:
  Automobil → Auto, Universität → Uni, Fotografie → Foto, …
  Abkürzung von Wortgruppen oder Langwörtern zu Buchstabenwörtern:
  Arbeitsgemeinschaft der Rundfunkanstalten Deutschlands → ARD, …

Komposita

Bei den Komposita gibt es zwei Muster dafür, wie die Bedeutung des zusammengesetzten Wortes sich aufbaut:

♦ **Determinativkompositum (Bestimmungskompositum):**
Vorne steht das Bestimmungswort dafür, hinten das Grundwort.
Blume + Topf → Blumentopf, Topf + Blume → Topfblume
Bei Blumentopf wird noch ein **Gleitlaut** – hier ein n – eingeschoben.
Er wird auch **Fuge** genannt. Er kommt bei vielen Wörtern vor, aber nicht bei allen, wie Topfblume zeigt.

Weitere Beispiele: Alter**s**heim, Schokolade**n**eis, Straße**n**bahn, Tanne**n**zapfen, …
Aber häufiger ohne Gleitlaut: Besenstiel, Butterblume, Mittagessen, Schulhof, Wasserhahn, …
Regeln lassen sich nicht aufstellen. Und manchmal gibt es zwei Muster mit Bedeutungsunterschieden: Nicht jeder Sonne**n**tag ist ein Sonntag.

Bei den bis jetzt gegebenen Beispielen sind zwei Substantive kombiniert. Es gibt weitere Muster: dumm + Kopf → Dummkopf, rot + Kohl → Rotkohl, der aber regional auch Blaukraut genannt wird usw.

Wenn Verben kombiniert werden, sollte man im Wörterbuch nachschauen, ob sie als Zusammensetzung zusammengeschrieben werden oder auseinander. Manchmal sind auch beide Möglichkeit nach den geltenden Rechtschreibregeln erlaubt. Der Rechtschreibduden macht dann einen Vorschlag, der im Beispiel unterstrichen ist: kennen lernen – <u>kennenlernen</u>, <u>liegen lassen</u> – liegenlassen. Bei zwei Bedeutungen wird in der Rechtschreibung unterschieden: sitzenbleiben und sitzenlassen (in der Schule, oder wenn man jemanden verlässt) und sitzen bleiben, sitzen lassen (auf einem Stuhl).

Aufpassen muss man, wenn zwei Farbwörter zusammengesetzt werden. Es kommt darauf an, ob es sich um einen oder mehrere Farbtöne handelt:
Handelt es sich um zwei verschiedene Farben, z.B. in einem Muster, dann schreibt man der Übersichtlichkeit halber meist mit Bindestrich: rot-blau <u>gestreift</u>, blau-gelb <u>kariert</u> usw. Viele Sportvereine haben ihre Namen nach den Vereinsfarben benannt: Rot-Weiß Essen, Schwarz-Weiß Essen, Blau-Weiß Leipzig usw.
Eine Mischfarbe wird zusammengeschrieben: blaugrün (grüner Farbton, der ins Blaue spielt) oder grünblau (blauer Farbton, der ins Grüne spielt); entsprechend blaugrau ↔ graublau, gelbrot ↔ rotgelb usw.

Wenn Adjektive oder andere Wörter mit Verben (Infinitivform oder Partizipform) kombiniert werden, gibt es nach der geltenden Rechtschreibung meist zwei mögliche Schreibungen: gelbfärben oder <u>gelb färben</u>, engmachen oder <u>eng machen</u>, glückbringend oder <u>Glück bringend</u>, gesundmachen oder <u>gesund machen</u>, getrenntgeschrieben oder <u>getrennt geschrieben</u> usw. Der Rechtschreibduden empfiehlt Getrenntschreibung, die deshalb unterstrichen ist.

Ein spezieller Fall ist großschreiben und kleinschreiben (mit großen bzw. kleinen Anfangsbuchstaben nach den Rechtschreibregeln bzw. im übertragenen Sinn) oder groß schreiben und klein schreiben (in einer großen oder kleinen Schrift).
Bei Komposita vom Typ <u>zugrunde</u> oder zu Grunde, <u>zugunsten</u> oder zu Gunsten u. Ä. sollte man im Wörterbuch nachschlagen. Für Kinder sind das keine wichtigen Wörter, und hier steht ja nicht die Rechtschreibung im Mittelpunkt, sondern es geht um die Wortbildung als Wortschatzerweiterung.

Schließlich gibt es die **Langwörter** aus drei und mehr Teilen, z.B. Fußballtorwart, Sommerferienlager, Kindergartenleitung Flughafenparkhaus usw. Das sei der Vollständigkeit halber hier erwähnt.

♦ **Kopulativkompositum (Kopplungskompositum)**

Hier werden zwei quasi gleichwertige Wörter miteinander verbunden; ob eine Strumpfhose eher eine Hose ist oder ein Strumpf, lässt sich schlecht entscheiden, und das ist beim Hosenrock kaum anders. Das betrifft aber nur wenige Wörter; die Reihenfolge ist eher zufällig entstanden.

Für Komposita kann man viele Übungen entwickeln. Ein Beispiel finden Sie auf der CD-ROM.

Zusammengesetzte Wörter

Ableitungen

Bei den Ableitungen gibt es drei Grundmuster und grammatisch gesehen zwei Typen:

1. Ableitungen mit **Suffixen**; sie werden auch Nachsilben genannt, sind aber nicht immer Silben, sondern Wortbausteine (Morpheme). Grammatisch haben wir zwei Typen.
   - Ableitungen mit Wortartwechsel (Derivationen):
     binden → Binde, Bindung; fahren → Fahrt, Fahrer; fahren, fuhr → Fuhre; leiten → Leiter, Leitung; Glas → glasig, gläsern; Abend → abends; gut → das Gute, die Güte; faul → faulen, Faulheit; finster → Finsternis, Hammer → hämmern, ...
   - Ableitungen ohne Wortartwechsel (Expansion):
     Fahrer → Fahrerin; Kind → Kindchen; Bäcker → Bäckerei; klein → kleinlich, drei → dreifach, dreimal; lachen → lächeln, ...
2. Ableitungen mit **Präfixen**; sie werden auch **Vorsilben** genannt. Silben sind es gewöhnlich auch, aber es geht nicht um die Silbenstruktur, sondern darum, dass sie Wortbausteine sind. Diese Ableitungen kommen besonders häufig bei **Verben** vor, und da gibt es drei Typen:
   - Ableitungen mit nicht trennbaren Präfixen: grüßen → begrüßen, Partizip 2 begrüßt.
     Hier die nicht trennbaren Präfixe mit jeweils einem Beispiel:
     be- befahren, ent- entmutigen, er- ermutigen, ge- gebrauchen, hinter- hinterfragen, miss- missverstehen, ver- verschenken, zer- zerreißen.

- Ableitungen mit **trennbaren Präfixen**: fahren → abfahren. Diese Verben bilden dann im Satz die Verbklammer: Der Bus fährt um 10 Uhr ab. Allerdings erscheinen sie dann wieder als ein Wort im Partizip 2 abgefahren und in der Form abzufahren.
  Hier eine Liste von trennbaren Präfixen mit jeweils einem Beispiel: ab- abfahren, an- anfahren, auf- auffordern, aus- ausreisen, bei- beilegen, ein- einkaufen, her- herhören, hin- hinhören, los- losfahren, mit- mitbringen, nach- nachkommen, vor- vorfahren, weg- wegfahren, zu- zuhören, zurück- zurückfahren.

- Ableitungen, bei denen es sowohl **trennbare** als auch **nicht trennbare** Varianten gibt, die dann aber verschiedene Bedeutung haben und anders betont werden: **durch**laufen (Wir sind drei Stunden ohne Pause **durch***ge*laufen.) – durch**laufen** (Wir haben den Wald ohne Pause durch**laufen**.)
  Weitere: über- (Die Fähre hat uns **über***ge*setzt. – Wir haben den Text ins Englische über**setzt**.); unter- (Wir haben uns beim Regen **unter***ge*stellt. – Da hat man uns etwas Falsches unter**stellt**.)
  Lesen Sie einmal laut: Wenn wir das Schild nicht umfahren, werden wir es umfahren.

Diese Präfixverben und ihre Verbklammern sind für Ausländer und Migranten ein besonderes Problem. Deshalb wird bei der Wortlehre der Verben (**Kap. 3.4.2**) und bei den Prädikaten (**Kap. 4.3.2**) noch einmal genau darauf eingegangen.

Ableitungen mit Präfixen gibt es auch bei **anderen Wortarten**.

- Zum einen sind es dann oft Ableitungen von Präfixverben:
  Abfahrt, Anfahrt, Ausfahrt, Einfahrt, Bedarf, Bedürftigkeit, …

- Zum anderen haben wir die Negation durch Un/un-:
  Unsinn, unschön, unruhig, …

- Ein spezielles Muster sind Ableitungen von Nomen/Substantiven mit dem Präfix Ge-. Hier haben wir einmal Wörter vom Typ Gefahr, Gericht, Gewissen.
  Sodann haben wir den so genannten kollektiven Plural Berg → Gebirge gegenüber dem summativen Plural Berge; Wasser → Gewässer gegenüber die Wasser; Stuhl → Gestühl gegenüber Stühle.
  Schließlich haben wir Ableitungen von Verben mit negativer Konnotation: das Gebrüll, das Gedudel, das Gejaule, das Geschrei, das Geschwätz, …

- Die bisher angeführten Beispiele enthalten Präfixe und Suffixe der grundständigen deutschen Sprache. Es gibt nicht wenige Präfixe, die der **lateinischen oder griechischen**

Sprache entnommen sind. Schon das Prä- in Präfix ist ja ein solches. Diese Wörter sind oft Fachwörter, aber eben deshalb auch internationale Wörter (Internationalismen). Da haben wir schon wieder eines: inter-. Die Wissenschaftssprache des Abendlandes ist aus dem Griechischen und Lateinischen entwickelt worden. Dabei kann es durchaus Umwege über andere Sprachen gegeben haben. Den Computer sprechen wir englisch aus, aber das Wort stammt von Lateinisch *computare* „rechnen".

- Es folgt eine Liste ausgewählter **fremdsprachlicher Präfixe** mit Beispielen; die Präfixe werden in der Liste kleingeschrieben, die Beispielwörter je nach Wortart klein oder groß:
  ab- absolut, ad- adoptieren, amphi- Amphitheater, am- Ambivalenz, ante-/anti- Antiquariat, apo- Apotheke, auto- autonom, bi- binär, bio- Biologie, co-/ko- Koalition, contra-/kontra- kontraproduktiv, de- definieren, dif- Differenz, dis- Distrikt, ex- Exemplar, extra- Extrablatt, hetero- heterosexuell, hyper- hyperkorrekt, hypo- Hypothek, il- illustrieren, in- Institut, inter- international, intra- intramuskulär, kombi- Kombination, mega- Megafon, meta- Metapher, mikro- Mikrowelle, mono- Monokultur, multi- multiplizieren, öko- Ökoladen, omni- omnipotent, ortho- Orthografie, para- Paragraf, per- perfekt, poly- Polyfonie, post- Postmoderne, prä- Präteritum, pro- Produkt, semi- Semifinale, sub- Substanz, super- Superlativ, tele- Telefon, trans- Transport, ultra- Ultraschall

- Und nun noch eine Liste mit **fremdsprachlichen Suffixen**:
  -at Literat, -ent Student, -fikation Klassifikation, -fizieren infizieren, -ias Ischias, -ibel sensibel, -ie Familie, -ieren studieren, -ion Funktion, -is Praxis, -ismus Magnetismus, -ität Qualität, -itis Telefonitis, -iv Stativ, -loge/-logie Astrologe/Astrologie („Sternendeutung"), -mus Rhythmus, -nom/-nomie Astronom, Astronomie („Sternenkunde"), -one Zitrone, -ose Psychose, -us Diskus

Ableitungen zu Adverbien und Herkunft der Adverbien

Hier gibt es mehr Muster, als man meint. Bei nicht wenigen muss man ein wenig in der Sprachgeschichte zurückgehen. Sie werden jeweils mit einigen Beispielen vorgestellt.

- Endung -e: gern → gerne, lang → lange, …

- Endung -s: abends, morgens, tags, links, rechts, abwärts, eilends, vergebens, …

- Erstarrte Dativ- und Akkusativformen:
  allenthalben, einstweilen, sintemalen, … (Dativ)
  allzeit, kreuz und quer, weg, … (Akkusativ)

- alte Demonstrativ- oder Interrogativpronomen: da, dann, wann, wo, …

- Komposita aus zwei Adverbien: dahin, dorthin, daher, dorther, hierher, hierhin, woher, wohin, …
- Komposita aus Präposition und Substantiven: abhanden, zurück, zuweilen, unterwegs, übermorgen, …
- Komposita aus Substantiven und Präpositionen: bergab, bergauf, jahrein … jahraus, flussab, flussauf, tagsüber, …
- Komposita aus Pronomen und Substantiven: diesseits, jenseits, …
- Komposita aus Adverbien und Präpositionen: davon, hierauf, daran, dazu, dagegen, dabei, …
- Ableitungen mit Suffixen:
  endlich, neulich (das sind Adverbien und keine adverbiell gebrauchten Adjektive, wie glücklich); glücklicherweise, einigermaßen, unterhalb, allerhand, keinesfalls, keineswegs, …

Umformung (Konversion)

Wortbildung mit Wortartwechsel **ohne Wortbausteine**; hier haben wir wiederum verschiedene Muster, z.B.:

- Umformung: schreiben → das Schreiben; anschreiben → das Anschreiben, gut → das Gut usw.
- Bei starken Verben wird auch aus Vergangenheitsformen direkt abgeleitet: binden, band → das Band, der Band; gebunden → der Bund; schreiben, schrieb → der Schrieb usw.

Abkürzungen, Wortgruppen und Buchstabenwörter

Bei Abkürzungen haben wir mehrere Typen; die gängigsten werden hier vorgestellt. Wie sie jeweils ausgesprochen werden, hängt teilweise damit zusammen, wie sie sich sprechen lassen und teilweise mit einer Gewohnheit bzw. Tradition.

- Abkürzungen von Wörtern in der Umgangssprache, die teilweise in die Gemeinsprache eingegangen sind: Auto (Automobil), Bus (Omnibus), Cafete (Cafeteria), Uni (Universität), Klo (Klosett), …
- Abkürzungen beim Schreiben, die aber beim Sprechen und demgemäß beim lauten Lesen als ganzes Wort oder Wortgruppe gesprochen werden: bzw. – beziehungsweise, Hbf. – Hauptbahnhof, usw. – und so weiter, u.U. – unter Umständen, z.B. – zum Beispiel, …
- Abkürzungen in der modernen Kommunikation, wie SMS (Short Message System), www (world wide web), E-Mail (Electronic Mail, oft schon nur noch Mail), Fon oder wie früher Tel. und Fax usw.

- Maße und Gewichte, die ohne Punkt geschrieben werden: mm, cm, cm^2, cm^3, m, m^2, m^3, km; g, kg, in Österreich Deka oder dag (Dekagramm = zehn Gramm); km/h, °C, …

- Autokennzeichen: AC (Aachen), B (Berlin), DD (Dresden), HH (Hansestadt Hamburg) usw.; Länderkennzeichen A (Austria), CH (Confoederatio Helvetica), D (Deutschland), TR (Türkei) usw.

- Firmen, wie BMW (Bayerische Motorenwerke), VW (Volkswagen); EDEKA (Einkaufsgemeinschaft Deutscher Kaufleute), RWE (aus Rheinisch-Westfälisches Elektrizitätswerk entstanden), ...

- Abkürzungen langer Wörter und Wortgruppen in Gesetzen und anderen juristischen Texten; sie stehen oft schon in den Gesetzen selbst: AG (Aktiengesellschaft), BGB (Bürgerliches Gesetzbuch), …

- Einrichtungen, wie ARD (Arbeitsgemeinschaft der Rundfunkanstalten Deutschlands), RTL (Radio Television Luxemburg oder Lëtzebuerg) und andere Sender; BVG (Berliner Verkehrsgesellschaft), EVAG (Essener Verkehrs-AG und Erfurter Verkehrsbetriebe AG), …

- Vereine, wie ADAC (Allgemeiner Deutscher Automobilclub), oder Sportvereine, wie BVB (Ballsportverein Borussia), VfB (Verein für Bewegungsspiele), VfL (Verein für Leibesübungen) usw.

- Fachformeln, wie NaCl, H_2O in der Chemie; N, S, O, W, NO, SW, H, T in der Geografie und Wetterkunde

Die Beispiele mögen als Hinweise und Anregungen genügen, die Schüler und Schülerinnen einmal selbst auf die Suche zu schicken und dann herausfinden zu lassen, was die Abkürzungen bedeuten.

3.2.4 Aufnahme von Wörtern aus anderen Sprachen: Fremdwörter und Lehnwörter

Die Sprachgemeinschaften sind ständig in Kontakt miteinander: als Nachbarn, auf Reisen, durch Handel, durch Sport, heute in großem Maße durch moderne Kommunikationsmittel, leider auch durch Kriege. Das führt zu Sprachkontakten und zur Übernahme von Wörtern aus anderen Sprachen.

Die Wörter werden dabei nach und nach in die phonetischen und graphematischen Muster der neuen Sprache übernommen und werden so zu Lehnwörtern, denen man ihre Herkunft aus einer anderen Sprache nicht mehr ansieht.

Alle Wörter müssen in die Grammatik integriert werden, im Deutschen z.B.

- durch Zuweisung eines Genus: **die** E-Mail, **das** Internet, …
- durch Konjugationsformen: jobben, jobbte, gejobbt; simsen, simste, gesimst, …
- durch Regelung der Deklination: des Internetbanking/des Internetbankings, beige/beigefarbene Schuhe, ein pink/pinkfarbenes Kleid (Duden), aber oft auch schon pinkes Kleid, …

Manchmal werden die Wörter auch übersetzt, man nennt sie **Lehnübersetzungen**: lateinisch dies lunae → Mon(d)tag, englisch steam engine → Dampfmaschine. Dabei kann es zu Abweichungen kommen: englisch sky scraper → Wolkenkratzer und nicht Himmelskratzer.

Wenn man bei den Wörtern noch eine fremdartige Phonetik und Schreibweise bemerkt, nennt man sie **Fremdwörter**:
Algebra, Demokratie, Chor, Pizza, Döner, Ski, Baby, …
Viele Wörter werden in vielen Sprachen ähnlich übernommen, man nennt sie dann **Internationalismen**: Kaffee, Theater, Computer, Internet, …

Die Übernahme hat auch etwas mit dem **Prestige** einer Sprache zu tun. Im 17. und 18. Jahrhundert war Französisch eine Sprache mit hohem Prestige. Heute ist **Englisch** die Weltsprache Nummer eins, daher werden viele Wörter aus dem Englischen übernommen.

Ein kurzer Blick in die Geschichte der Übernahme von Wörtern

Unsere germanischen Vorfahren kamen in Kontakt mit der **römischen Kultur** und Zivilisation. Das spiegelt sich bis heute in Ortsnamen wieder, z.B. Porta Nigra („Schwarzes Tor") in Trier. Weitere römische Ortsnamen: Bonn zu bonna, Kassel zu castellum = Kastell, Köln als römische Siedlung Colonia Claudia Ara Agrippinensium. In der **Bautechnik** übernahmen die Germanen mit der Technik auch die Wörter von den Römern: porta = Pforte, murus = Mauer, pilarium = Pfeiler, cementum = Zement, mortarium = Mörtel, cellarium = Keller, fenestra = Fenster. Die Wörter sind Lehnwörter geworden.

Die **christliche Mission** des griechisch-byzantinischen Kulturkreises durch die Arianer brachte uns die Wörter Christ, Bischof, Engel, Pfaffe, Pfingsten, Taufe, Teufel, Kirche, Woche, Samstag, …

Die **von Rom ausgehende Mission** brachte die Wörter Abt, Kapelle (s. auch unten, klassische Musik), Klause, Kloster, Mönch, Münster, Nonne, Papst, Pater, Priester, Probst, Zelle, …
Und davon kommen dann Ortsnamen wie Celle (zu cella), Münster, München, Mönchengladbach, Mönkeberg (Stadtteil von Hamburg), Klosters, …

Die **Kreuzritter** kamen in Kontakt mit der **arabischen Kultur und Zivilisation** und brachten arabische Waren und die entsprechenden Wörter mit, die auch über Spanien zu uns kamen: Estragon, Mokka, Safran, Sirup, Zucker; Alkohol, Natron, Talkum; Karmesin; Algebra, …

Im **höfischen Leben** des Mittelalters orientierte man sich an der **burgundisch-französischen Kultur** und übernahm aventiure = Abenteuer, fleute = Flöte, lance = Lanze, tornier = Turnier, …

In **Italien** wurde in der Renaissance, also vom 14. bis 16. Jahrhundert, das **Bankwesen** entwickelt und brachte die Wörter:
Agio, Bank, bankrott, Disagio, Giro, Kasse, Konto, Valuta, …

Die **französische Küche** gilt als vorbildlich, und also ist die Fachsprache der Köche aus dem Französischen hergeleitet: blanchieren, flambieren, frittieren, pürieren, servieren; Aperitif, Baguette, Champagner, Konfitüre, Dessert, Fond, Kasserolle, Menü, Mousse, Pommes frites, Sauce/Soße, …

Aber **Speisen und Getränke** hat das Deutsche aus vielen Sprachen übernommen:
aus Italien Pizza, Spagetti, aus der Türkei Döner und Jogurt; aus dem Indonesischen Bami Goreng, Lumpia; aus dem Ukrainischen Borschtsch; aus dem Spanischen Paella; aus dem Griechischen Feta, Tsatsiki; aus dem amerikanischen Englisch den Hamburger, der nichts mit Hamburg zu tun hat, sondern mit ham = Schinken usw.

Die **klassische Musik** wurde in **Italien** entwickelt und brachte uns die italienische Fachsprache ins Deutsche: Adagio, Allegro, Alt, Bariton, Bass, Cello, crescendo, forte, Kantate, Kapelle (nach dem Spielort), Konzert, Largo, Oper, Operette, piano, Quartett, Solo, Sopran, Tenor, Trio, Violine, Virtuose, …

Die **Jazz-, Rock-, Pop- und Soulmusik** kommt aus Amerika und später auch England und brachte **amerikanisch-englische Wörter** mit: Beat, Blues, Drive, Drummer, Gig, Gospel, Jam Session, Jazz, Keyboard, Lead, Leader, Percussion, Pop, Rap, Rock, Song, Sound, Stage Show, …

Die **Computertechnologie** wurde in den USA zur Großtechnologie. Die entsprechenden **englischen Wörter** gehen teilweise auf griechische und lateinische Wörter zurück, teilweise sind sie Abkürzungen, die man meistens gar nicht mehr aufschlüsseln kann:
Backup, Bit (aus binary digit „Zwei-Ziffern-Zählung"), booten, Byte (eine Einheit von acht Bits, scherzhaft angelehnt an bite = „Bissen, Happen"), Browser und browsen, Chip, Computer, Directory, Domain, einloggen, Hacker, Hardware, Input, Internet, Laptop, Online, Personal Computer (PC), Provider, Scanner, Server, Website, Twitter/twittern, …

Beispiele zur Übernahme von Wörtern aus anderen Sprachen

- **Chinesisch:** Taifun, Tee über das Malaische
- **Eskimosprache:** Anorak, Kajak
- **Finnisch:** Sauna
- **Indianersprachen,** meistens über das Spanische: Mais, Mokassin, Tabak, Tomahawk, Totem, …
- **Japanisch:** Bonsai, Futon, Geisha, Judo, Kimono, Tsunami, …
- **Jiddisch:** Chuzpe, Knast, meschugge, Maloche, Tinnef, Zores, …
- **Hebräisch:** Kabale, Kibbuz, Serafim, …
- **Malaiisch:** Gong, Orang-Utan (Bedeutung „Waldmensch"), Sarong
- **Niederländisch:** Aktie, Besansegel, lecker
- **Norwegisch:** Loipe, Ski
- **Persisch/Dari:** Basar/Bazar, Kaftan, Schah, davon Schach, Turban, …
- **Polnisch:** Panje-Wagen, Peitsche, …
- **Polynesisch:** Tabu, tätowieren, …
- **Portugiesisch:** Barock, Karavelle, …
- **Russisch:** Balalaika, Glasnost, Perestroika, Taiga, Wodka, …
- **Sanskrit/Indische Sprachen:** Avatar, Punsch, Yoga, …
- **Serbisch/Kroatisch:** Cevapcici, Sliwowitz, …
- **Spanisch:** Canasta, Kargo, Moskito, Mustang, Paella, …
- **Tschechisch:** Roboter
- **Türkisch:** Diwan, Döner, Jogurt, Serail, …
- **Ungarisch:** Csardas, Gulasch, Tokaier/Tokajer, …

Eindeutschungen im Laufe der Sprachgeschichte

Es hat immer wieder Bestrebungen gegeben, Fremdwörter abzuwehren und sie durch deutsche zu ersetzen. Oft war das Resultat, dass nun zwei Wörter in unserem Wortschatz vorhanden sind, die es nicht selten gestatten, sich stilistisch oder in Bedeutungsnuancen präziser auszudrücken. Es folgen einige Beispiele:

Eindeutschungen im 17. Jahrhundert	
neu	**für**
Abstand	Distanz
Anschrift	Adresse
Augenblick	Moment
Bücherei	Bibliothek
Entwurf	Projekt
Gesichtskreis	Horizont
Grundstein	Fundament
Jahrbücher	Annalen
Leidenschaft	Passion
lustwandeln	spazieren
Mundart	Dialekt
Rechtschreibung	Orthografie
Tagebuch	Journal
Trauerspiel	Tragödie
Verfasser	Autor
Vertrag	Konvention
Vollmacht	Plenipotenz
Wahlspruch	Devise

Eindeutschungen im 18. Jahrhundert	
neu	**für**
altertümlich	antik
befähigen	qualifizieren
bevorrechtigen	privilegieren
dienstunfähig	invalid
einschließlich	inklusive
Erdgeschoss	Parterre
Ergebnis	Resultat
folgerichtig	konsequent
fortschrittlich	progressiv
geeignet	qualifiziert
gegenteilig	konträr
Kerbtier	Insekt
Lehrgang	Kursus
Feingefühl	Delikatesse
Örtlichkeit	Lokalität
Stelldichein	Rendezvous
Voraussage	Prophezeiung
Zerrbild	Karikatur

Eindeutschungen im 19. Jahrhundert (Post- und Bauwesen, Eisenbahn)	
neu	**für**
Abteil	Coupé
Bahnsteig	Perron
Briefumschlag	Couvert
durch Eilboten	per Express
Fahrrad	Velo (in der Schweiz noch üblich)
Fahrschein	Passagebillet

Fernsprecher	Telefon
Gang	Korridor
Nebenbahn	Sekundärbahn
postlagernd	poste restante
Rückfahrkarte	Retourbillet
Schranke	Barriere

Die Schule sollte der Ort sein, wo man Sprachbewusstheit entwickelt. Das kann schon in der Grundschule beginnen. Aber ganz einfach ist es nicht, Wörter wie cool und fair zu ersetzen. Und Sport kann man gar nicht mehr durch Leibesübungen ersetzen. Team ist passender als Mannschaft, denn oft sind ja Frauen und Mädchen dabei.

In der Grundschule kann man bei der Wortschatzarbeit an drei Punkten ansetzen:

- Man kann Migrantensprachen daraufhin abklopfen, welche Wörter sie ins Deutsche gebracht haben und warum. Das werden nicht viele sein, aber doch einige.

Andere Sprache – anderes Wort?

- Man kann einmal zusammenstellen, welche internationalen Wörter in mehreren Sprachen vorkommen.
- Man kann den Englischunterricht in der Vokabelarbeit mit Wortschatzarbeit ergänzen.

3.3 Bedeutungslehre: Ordnungsmuster im deutschen Wortschatz

3.3.1 Umfang des deutschen Wortschatzes

Der Umfang des Wortschatzes einer Sprache kann nur in Größenordnungen betrachtet werden. Hier einige Stichworte:

- Das Duden-Rechtschreibwörterbuch enthält rund 130 000 Stichwörter.
- Enzyklopädien, wie der „Brockhaus", enthalten etwa 300 000 Wörter.
- Der gesamte Wortschatz mit allen Wörtern und Eigennamen umfasst etwa 500 000 Wörter.

- Der aktive Wortschatz mit Wörtern, die man gebraucht, ist sehr verschieden. In Goethes Werken beträgt er etwa 21000 Wörter als lexikalische Wörter; im laufenden Text mit grammatischen Formen und Wiederholungen sind es selbstverständlich viel mehr. Im Vergleich: Der Wortschatz in Kants Werken beträgt etwa 9000 Wörter.

- Der passive Wortschatz mit Wörtern, die man versteht, ist sehr viel umfangreicher als der aktive Wortschatz. Deshalb soll man beim Schreiben Wörterbücher benutzen.

- Grundwortschatz als didaktischer Begriff:
  Im Rechtschreibunterricht der Grundschule umfasst er etwa 1 200 lexikalische Wörter am Ende der Grundschulzeit, entsprechend mehr mit den grammatischen Formen. Im Fremdsprachenunterricht, z.B. Deutsch als Fremdsprache, umfasst er in der Grundstufe 1500 Wörter und in der Mittelstufe 3000 Wörter.

Eine grundlegende Unterscheidung ist zu treffen zwischen Wörtern mit allgemeinen Bedeutungen und Eigennamen.

3.3.2 Eigennamen und geografische Namen

Zu den Eigennamen gehören Personennamen, geografische Namen, Firmennamen, Markennamen. Diese Wörter haben zunächst einmal nur eine Bezugsgröße in der Welt: Isabel Schmidt, Bundespräsident Wulff, Berlin, der Rhein, die Alpen, Deutschland, VW, Maggi, …
Zwar kann es viele Menschen mit dem gleichen Namen geben, aber zunächst ist jeweils ein bestimmter Mensch, ein bestimmtes Tier usw. gemeint. Bei den Familiennamen (Nachnamen) haben wir es oft mit Namen zu tun, die einmal aus normalen Wörtern abgeleitet worden sind und nicht selten regionale Schreibungen haben.

Rufnamen/Taufnamen/Vornamen

- Hier gibt es als typische Quellen die Bibel bzw. die jüdisch-christliche Tradition (Adam, Eva, Christian/Christiane, Josef/Josefine/Yussuf, Maria, Markus usw.) oder auch den Koran (Mohammed); alte germanische Namen (Dietrich/Dietlinde, Siegfried/Sieglinde usw.) und Namen aus anderen Sprachen, die aber teils auch wieder auf lateinische oder griechische Namensformen zurückgehen:
  z.B. englisch Bennet, französisch André, italienisch Leonardo, russisch Boris, skandinavisch Lars, Svenja, …

- Spitznamen, Kosenamen: Bubi, Mausi, …
  Liebe Kinder haben viele Namen, sagt man. Das weist auf Menschen mit vielen sozialen Kontakten hin.

Familiennamen/Nachnamen[17]

Diese Namen wurden nötig, als die Bevölkerung zunahm, als die Städte größer wurden. Sie wurden aus Beinamen abgeleitet. Hier einige weit verbreitete Typen:

- **Berufe:** Bäcker/Becker, Bauer, Förster, Jäger, Maier/Mayer/Meier/Meyer, Müller, Schmied/ Schmieder/Schmidt/Schmitt/Schmitz, Schneider/Schneyder, Schumacher/Schuster, Zimmermann usw.
- **Eigenschaften:** Groß/Grosse, Klein/Kleinert, Schön/Schöne/Schöneck/ Schönhaar/Schönherr usw.
- **Ortsnamen und landschaftliche Herkunft:** Adenauer, Hamburger, Münchinger, Berg/Berger, Tal/Thal/Talheimer, von Wiese usw.
- **Herkunftssprachen** bei Einwanderern, wobei dort nicht selten ähnliche Benennungsprinzipien zu Grunde liegen: Kowalski (= Schmied im Polnischen), Lafontaine (= Brunnen im Französischen).

Hinzu kommen noch **Künstlernamen** (Novalis hieß eigentlich Georg Friedrich Philipp Freiherr von Hardenberg) und **erfundene Namen** in der Literatur: Pippi Langstrumpf, Bibi Blocksberg, Winnetou, …

Wo kommen die Vornamen her?
Wo kommen die Familiennamen her?

Geografische Namen

Dazu gehören Städtenamen, Namen von Ländern, von Gewässern, von Bergen und Tälern usw. Hier einige Beispiele:

- **Ortsnamen:** Berlin, Dresden, Düsseldorf, Stuttgart, Witzenhausen, …
- **Länder, Erdteile:** Italien, Polen, die Türkei; Europa, Afrika, Asien, …
- **Regionen**, die auch Bundesländer sein können, und Landschaften: Bayern, Niederrhein, Sibirien, Anatolien, …
- **Gewässer:** Donau, Rhein, Ruhr (im Ruhrgebiet), Rur (in der Eifel, wird in den Niederlanden zur Roer), Amazonas, Ganges, Jangtsekiang, Nil; Bodensee, Edersee, Müggelsee; Nordsee, Ostsee, Atlantik, Pazifik, …
- **Berge** und Gebirge: Alpen, Eifel, Harz, Kahler Asten, Schwarzwald, Zugspitze, Kilimandscharo, Himalaja, Nanga Parbat, …

---

[17] *In manchen Sprachkulturen stehen die Familiennamen zuerst, etwa in China (Wang Jingping) oder auch im Bairischen (Maier Sepp).*

Sehr viele Orte liegen in anderen Ländern und haben ihren Namen in und aus anderen Sprachen. Wenn diese Sprachen mit lateinischer Schrift geschrieben werden, übernimmt man oft das Wort: Paris, London, Den Haag usw. Nicht selten haben sich aber im Laufe der Geschichte deutsche Varianten entwickelt: Milano → Mailand, Roma → Rom, Lisboa → Lissabon, Warszawa → Warschau usw. Manchmal wird auch eine Eindeutschung zurückgenommen: New York → Neu York → New York.

Wenn diese Sprachen in einer anderen Schrift geschrieben werden, hat man eingedeutscht; das sind dann oft historische Zufälle. Moskau (Москва), Kairo (al-Qãhira – „die Starke" oder „die Eroberin"), ...

Aktuell muss auch ständig eingedeutscht oder übernommen werden, wenn irgendwo in der Welt ein Vulkan ausbricht, ein neuer Präsident gewählt wird, ein neues Musikinstrument um die Welt dröhnt (Vuvuzela) usw. Die deutschsprachigen Presseagenturen haben dazu eine zentrale Einrichtung, die das sofort macht, die also sofort festlegt, wie das Wort geschrieben und ausgesprochen werden soll.

Hier kann man im Unterricht einmal nachforschen, wie das in den Herkunftsländern der Kinder ist – einmal, wie es mit Eindeutschungen aussieht, und einmal, wie es in den Herkunftssprachen aussieht.

3.3.3 Semantische Felder

Die Ordnungsmuster der semantischen Felder kann man für Wortschatzarbeit sehr gut nutzen, denn die Ordnungsprinzipien sind unmittelbar zugänglich und verständlich. In der Sprachwissenschaft hat man als zentralen Begriff den der Felder eingeführt.

■ Wortfamilien (historische Felder)

Wortfamilien sind **Gruppen von Wörtern**, die im Laufe der Sprachgeschichte **aus einer Wurzel** hervorgegangen sind, entweder als Ableitungen oder als Zusammensetzungen oder als Mischung aus beidem. Zwei Beispiele zeigen die Kreativität der Sprachgemeinschaft im Laufe der Sprachgeschichte – gerade in einer Sprache wie der deutschen, in der die Wortbildung eine solch wichtige Rolle spielt. Hier zunächst ein starkes, also altes Verb, von dem noch ein anderes Verb abgeleitet worden ist, das dann ein schwaches ist (zu starken und schwachen Verben, s. **Kap. 3.4.2**):

liegen		
liegen Liege anliegend Anliegen ausliegen daliegen darunterliegen davorliegen durchliegen einliegen Einlieger erliegen gegenüberliegen zurückliegen zusammenliegen	**(ich) lag** Lage, Lager, Ablage, ablagern, Anlage, Ablagerung, Auflage, anlagern, Anlagerung, Auslage, auslagern, Auslagerung, Belag, belagern, Belagerung, Beilage, Einlage, einlagern, Einlagerung, Gelage, Niederlage, Rücklage, Umlage, umlagern, Unterlage, Widerlager, veranlagen, Veranlagung, Verlag, Vorlage, Wiedervorlage, Zulage	**legen, gelegen** ablegen, Ableger, abgelegen, anlegen, Anleger, angelegen, Angelegenheit, angelegentlich, auflegen, Aufleger, auferlegen, auslegen, Auslegung, belegen, Beleg, belegbar, beilegen, Beilegung, darlegen, Darlegung, einlegen, Einleger, entlegen, erlegen, Gelege, Gelegenheit, gelegentlich, herauslegen, hereinlegen, hinlegen, hineinlegen, hinterlegen, Hinterlegung, loslegen, nachlegen, niederlegen, überlegen, Überlegenheit, umlegen, ungelegen, ungelegt, unterlegen, unwiderlegbar, Unwiderlegbarkeit, unwiderleglich, verlegen, Verlegenheit, Verleger, verlegerisch, weglegen, widerlegen, widerlegbar, Widerlegung, zerlegen, Zerlegung, zurücklegen, zurückverlegen, zusammenlegen, Zusammenlegung

Und nun noch ein Wort, bei dem man sehr schön aus den Komposita Gruppen nach Merkmalen bilden kann.

Ring

- nach dem **Material**: Brillantring, Zwiebelring(e), Goldring, Gummiring, … Ringelpulli, Ringelsocke
- nach dem **Vorkommen** in der Natur: Hexenring (Ring von Pilzen, die aus einem Myzel wachsen, aus einem Fadengeflecht unter der Erde), Jahresring(e), Zwiebelring(e), Ringelblume, Ringelnatter, Ringeltaube
- nach **Funktion** und Gebrauchszusammenhang: Boxring, Cityring, Einweckring, Gardinenring, Kolbenring, Nasenring, Ohrring, Rettungsring, Siegelring, Verteidigungsring, Zirkusring, … Ringkampf
- nach dem **ideellen Wert**: Ehrenring
- nach gedanklicher oder gesellschaftlicher **Zusammengehörigkeit**: Agentenring, Besucherring, Spionagering, Theaterring, … Ringelpiez

Für Wortfamilien-Felder, wie das zu liegen, lag, gelegen, kann man gut mit den Verben binden, band, gebunden und fahren, fuhr, gefahren arbeiten.

Wörter bilden

Wortfelder in Sinnbezirken

Dieses Muster ist 1931 von dem Sprachwissenschaftler Jost Trier entwickelt und später von Leo Weisgerber weiterentwickelt worden. Es geht um ein Bedeutungsfeld in einer sprachgeschichtlichen Zeit, also für uns in der Gegenwartssprache. Es sind Wörter, die gedanklich als Gruppe erfasst werden, weil sie einen **Wirklichkeitsbereich gemeinsam** haben. Aber anders als im Sachfeld (s.u.) ist es eine gedankliche Gemeinsamkeit, die Wörter erfassen spezifische Varianten derselben Sache. Insofern sind diese Felder etwas Ähnliches wie die Ober- und Unterbegriffe (s.u.).

Als Beispiel dienen hier **Wörter des Sagens und Meinens**. Sie sind für die Textgestaltung sehr wichtig, weil sie in der direkten und indirekten Rede als Wörter der Redeeinleitung benötigt werden. In der Pragmatik, dem Zweig der Linguistik, der das sprachliche Handeln beschreibt, werden sie als performative Verben eingestuft: Das will sagen, sie drücken eine sprachliche Handlung aus. Sie werden hier in drei Gruppen geordnet, manche kommen mehrmals vor.

- **Sprechweise, Stimmlage, Artikulation oder das Schreiben kennzeichnend:**
  brüllen, dazwischenrufen, donnern, flüstern, grölen, hauchen, kreischen, meckern, nölen, nuscheln, quengeln, raunen, rufen, schmieren, schreiben, schreien, sich versprechen, sprechen, stottern, unterschreiben, unterzeichnen, wettern, wispern, zurufen, zwitschern, …

- **Den Gang der Rede ordnend:**
  antworten, ansagen, dazwischenfragen, dazwischenreden, dazwischenrufen, einwerfen, erwidern, erzählen, fortfahren, rufen, sagen, sich äußern, sprechen, unterbrechen, zugeben, zurückweisen, zurufen, …

- **Ausdrückend, wie es gemeint ist, wie es aufgefasst wird:**
  anklagen, anmerken, auffordern, ausführen, zu bedenken geben, befehlen, befürchten, begrüßen, bestreiten, bitten, drohen, befehlen, behaupten, berichten, bitten, diagnostizieren, drohen, erklären, erwidern, festhalten, fragen, hinzufügen, informieren, kommentieren, kritisieren, lamentieren, lügen, mahnen, meinen, meckern, mitteilen, mutmaßen, nachweisen, nörgeln, predigen, prognostizieren, quengeln, resümieren, salbadern, schwören, sich verbitten, spekulieren, unken, verbieten, vermuten, versprechen, voraussagen, warnen, zugeben, zurückweisen, …

Mit Wortfeldern lässt sich im Unterricht gut arbeiten. Die gesammelten Wörter können in der Klasse ausgehängt werden und zum Texteschreiben genutzt werden.

Wortfelder

Sachfelder in Ausschnitten der Wirklichkeit

Diese Felder sind für Kinder unmittelbar einsichtig, weil sie die Wirklichkeitsbereiche als solche wahrnehmen. Hier als Beispiel **Bahnhof**:

Zug, IC®, ICE®, S-Bahn, Bahnsteig, Gleis, Lautsprecher, Fahrkarte, Fahrplan, Verspätung, ankommen, aussteigen, abfahren, Abfahrt, ...

In Lehrwerken werden durch die jeweiligen Sachthemen solche Sachfelder entwickelt. Besonders in Fremdsprachenlehrwerken ist das ein wichtiges Konstruktionsprinzip, weil hier auch festgelegt wird, wie viele neue Vokabeln pro Kapitel gelernt werden sollen bzw. können (Vokabelprogression).

Sachfelder lassen sich besonders gut sammeln, wenn ein bestimmtes Thema ansteht, z.B. beim Schreiben oder im Sachunterricht.

Welche Wörter gehören hierher?

Logische Felder von Ober- und Unterbegriffen

Auch diese Felder sind unmittelbar einsichtig, daher finden Sie hier ein knapp gehaltenes Beispiel, das sich leicht erweitern lässt.

Spiele		
Ballspiele	**Brettspiele**	**Kartenspiele**
Fußball	Dame	Quartett
Handball	Mühle	Memory®
Basketball	Schach	17 und 4
Tennis		Skat
Tischtennis		Rommé

Ober- und Unterbegriffe

3.3.4 Bedeutungsbeziehungen zwischen Wörtern

Diese semantischen Relationen sind für die Ausdrucksschulung wichtig. Zwei Zugriffsweisen sind zu unterscheiden:

■ Sinnverwandte Wörter (Synonyme)

Der Begriff Synonym bedeutet eigentlich „gleichbedeutend", aber mindestens in den Konnotationen unterscheiden sich die Wörter, wie etwa Hautarzt (Umgangssprache) – Dermatologe (Fachsprache). Für Kinder sind Reihen mit sinnverwandten Wörtern einsichtiger, die mehrere Begriffe umfassen und die an die Ober- und Unterbegriffe angrenzen – nur findet man nicht so schnell einen Oberbegriff: Dunst, Nebel, Rauch, Qualm; dick, beleibt, fett, feist, pummelig, mollig, drall, stämmig, stark, vollschlank (!) und dann mit anderer Bedeutungsrichtung aufgetrieben, aufgedunsen, geschwollen, aufgebläht, …

■ Gegenwörter (Antonyme)

Gegenwörter, die Kindern sofort einsichtig sind, findet man im Bereich der Adjektive. Adjektive haben zwei Bedeutungsdimensionen: Sie beschreiben oder sie bewerten. Hier jeweils einige Beispiele:

beschreibend		bewertend	
groß	klein	klug	dumm
hell	dunkel	schön	hässlich
hoch	tief	interessant	langweilig
alt	jung oder neu	frech	brav

Wer ist am größten?

3.3.5 Der zweite Wortschatz: feste Wendungen

In jeder Sprache gibt es eine Fülle fester Wendungen, die so etwas wie ein zweiter Wortschatz sind. Die Sprachwissenschaft nennt sie **Phraseologismen**. Sehr oft sind es bildhafte Ausdrücke. Hier ein Überblick:

- **Floskeln und Formeln des Alltags:**
  Guten Morgen! – Hören Sie mal!

- **Sprichwörtliche Redensarten** müssen syntaktisch ergänzt werden:
  etwas an den Haaren herbeiziehen – das fünfte Rad am Wagen sein

- **Sprichwörter**, also in sich abgeschlossene Äußerungen, die nicht selten eine Volksweisheit und Moral enthalten:
  Wer nicht kommt zur rechten Zeit, der muss sehn, was übrig bleibt.

Sprichwörter gehen oft auf Lebenserfahrungen zurück, und die können gegensätzlich sein. So entstehen auch gegensätzliche Sprichwörter:
Eile mit Weile. ↔ Wer rastet, rostet.
Eh' wäg's, dann wag's. ↔ Wer wagt, gewinnt.

- **Geflügelte Worte und Zitate:**
  Alles fließt. Man kann nicht zweimal im selben Fluss baden. (Heraklit)
  Der brave Mann denkt an sich selbst zuletzt. (Schiller, Wilhelm Tell)

- **Bauernregeln:**
  Wenn der Hahn kräht auf dem Mist, Regen zu erwarten ist;
  kräht er auf dem Hühnerhaus, hält das Wetter lange aus.

Schüler kennen schon allerhand solcher Wendungen. Geflügelte Worte oder Bauernregeln gehören eher weniger zu ihrer Sprache. Floskeln erfinden sie hingegen selbst, sie sind ein Merkmal der Schülersprache.

- Bei **Redensarten** sind **Körperteile** oft die Bildquelle. Hier Beispiele aus dem Bildbereich Haare: Haare auf den Zähnen haben, kein gutes Haar an jemandem lassen, Haare lassen müssen, etwas an den Haaren herbeiziehen, …

- Auch **Tiere** sind eine beliebte Bildquelle: sich krümmen/winden wie ein Aal, geschmeidig/glatt sein wie ein Aal, dem Affen Zucker geben, vom tollen Affen gebissen sein, ein Affentheater aufführen, …

Eine dritte Gruppe von sprichwörtlichen Redensarten verweist auf **Berufe**, nicht selten auf alte Berufe, die es so gar nicht mehr gibt:

- von Tuten und Blasen keine Ahnung haben (Nachtwächter und Turmwächter)
- etwas geschickt einfädeln (Schneider)
- das Eisen schmieden, solange es heiß ist (Schmied)

Redensarten und Sprichwörter vom Körper
Redensarten mit Tieren

3.4 Grammatik der Wortarten

3.4.1 Die Wortarten und ihre verschiedenen Aspekte

Die Wortarten sind mehrfach bestimmt:

- Alle Wörter einer Wortart haben eine bestimmte Art einer Bedeutung. Das wird in einigen Fachbegriffen aufgegriffen, ist aber nicht selten irreführend bzw. greift zu kurz, wie in **Kap. 2.1** angesprochen und wie die folgenden Beispiele zeigen:

- **Substantive**, also **Dingwörter**, bezeichnen zwar oft Gegenstände, wie Messer, Gabel und Schere, aber eben nicht nur, sondern auch Lebewesen, wie Kind, Katze, Vogel, Gefühle, wie Schmerz, Freude usw.

- **Verben** als **Zeitwörter** haben zwar Tempusformen, aber auch andere Wörter verweisen auf die Zeit; und als **Tu(n)wörter** oder **Tätigkeitswörter** werden dann Vorgangsverben, wie wachsen und blühen, oder Zustandsverben, wie sein und heißen, ausgeklammert.

- **Numeralia** sind in der Tat **Zahlwörter**, aber grammatisch gehören sie im Grunde verschiedenen Wortarten an; die **Ordinalzahlen** erste, zweite, ... und die **Wiederholungszahlen** zweifach, dreifach, fünffach, ... sind z.B. deklinierbar wie Adjektive, aber nicht steigerbar.

- Die Wörter einiger Wortarten bilden die gleichen Formen: Flexion (Beugung) als **Konjugation** der Verben und als **Deklination** der nominalen Wörter sowie **Steigerung** der Adjektive.

- Die Wortart legt fest, in welche Satzglieder ein Wort eingefügt werden kann. Begriffsnamen, wie **Adjektiv** („angeheftet"), **Adverb** („zum Verb"), greifen diese Leistung auf. Wenn ein Wort nicht die richtige Wortart hat, kann man es durch Wortbildung (umleiten → Umleitung, Mist → ausmisten, Abend → abends, heute → heutig) oder syntaktischen Wortartwechsel in das gewünschte Satzglied einfügen: Das Baden ist hier verboten. Es fängt schon an, zu tagen. Der Begriffsname **Präposition** („davorstehend") sagt etwas zur Stellung im Satzglied. Präpositionen stehen zwar meistens davor, aber einige sind manchmal Postpositionen immer der Nase **nach**, und es gibt auch Circumpositionen **um** des lieben Friedens **willen**.

Es empfiehlt sich deshalb, für die **Begriffsnamen** recht früh **die lateinischen Fachbegriffe** einzuführen. Grammatisches Wissen ist nicht natürliches Sprachgefühl, sondern abstraktes Wissen, das zwar auf konkrete sprachliche Äußerungen und Texte zielt, aber man redet eben mit Sprache (Fachbegriffe) über Sprache (Texte und Wörter) als Sprache.

In **Kap. 2.2** wurde in tabellarischer Form ein Überblick über die Wortarten und grammatischen Kategorien gegeben. In diesem Kapitel werden Einzelheiten der Grammatik der Wortarten behandelt. Schwerpunkte bilden diejenigen Bereiche, in denen Menschen besondere Probleme haben, die Deutsch nicht als Muttersprache sprechen, sondern als Zweitsprache in Deutschland (Migranten und ihre Kinder) und auch als Fremdsprache.[18]

[18] *Bei den Ausführungen zu den Verben wird hin und wieder auf Bünting/Eichler (2006) zurückgegriffen. Für die Schwerpunkte bei den nominalen Wortarten in den Kapiteln 3.4.2 und 3.4.4 haben Dr. Yurdakul Cakir und Gaby Boorsma wertvolle Hinweise gegeben.*

Vorab der Hinweis, dass Adverbien (Umstandswörter), Präpositionen (Verhältniswörter) und Konjunktionen (Bindwörter) keine grammatischen Formen bilden. Auch bei den Numeralia (Zahlwörtern) bilden einige keine grammatischen Formen. Die Präpositionen bestimmen aber den Folgekasus und werden in dieser Hinsicht behandelt. Zunächst werden die Wortarten behandelt, die gebeugt werden.

Zwei Muster sind zu behandeln: Verben mit der Konjugation und nominale Wörter mit der Deklination, wobei Adjektive zusätzlich gesteigert werden.

3.4.2 Die Verben

Die deutsche Sprache

Kann die deutsche Sprache schnauben,
schnarchen, poltern, donnern, krachen;
kann sie doch auch spielen, scherzen,
liebeln, gütteln, kürmeln, lachen.

Friedrich von Logau [19]

Verben bezeichnen **Tätigkeiten** und **Handlungen** (Die Kinder spielen Fußball.), **Vorgänge** (Die Blumen blühen dieses Jahr sehr früh.) und **Zustände** (Es ist kalt heute.). Nach der grammatischen Funktion und Verwendung unterscheidet man:

- **Vollverben**, die den Kern jedes Prädikates bilden, z.B. lesen, schreiben, sprechen, hören, laufen, kaufen, schneiden, ...

- **Hilfsverben**, die im Deutschen bei der Konjugation benötigt werden: sein, haben, werden.

- die **Modalverben** können, dürfen, müssen, sollen, wollen, mögen/möchten, die zusammen mit Vollverben benutzt werden:
  Darf ich bitte noch länger lesen?
  Sie können auch allein benutzt werden: Magst du Himbeereis?

- **reflexive Verben**, die ein notwendiges Reflexivpronomen bei sich haben. Vergleiche:
  Wir halten **uns** hier nicht lange auf. (notwendig)
  Wir waschen **uns**. – Wir waschen **unsere Hände**.
  Im 2. Beispiel ist das Reflexivpronomen Akkusativobjekt.

[19] *Echtermeyer (2006), S. 82.*

Verben werden **konjugiert (gebeugt)**. Die **Konjugation** erfolgt nach folgenden Kategorien:

- **Person** (1., 2., 3.) und **Numerus** (Singular, Plural)
- **Tempus** (Präsens, Präteritum, Perfekt, Plusquamperfekt, Futur I, Futur II)
- **Genus Verbi** (Aktiv, Passiv)
- **Modus** (Indikativ, Konjunktiv, Imperativ)
- Als Formen kommen noch der **Infinitiv** (sprechen, hören) und die **Partizipien 1 und 2, Präsens** (sprechend, hörend) und **Perfekt** (gesprochen, gehört), hinzu.

Die Verben sind im Prädikat zusammen mit dem Subjekt die tragenden Satzglieder eines Satzes. Bei den Ausführungen zur Konjugation wird deshalb auch hin und wieder auf die Syntax hingewiesen.

Im Deutschen gibt es die mehrteiligen, so genannten **umschriebenen Verbformen**. In Sätzen bilden sie als Prädikat oft eine Klammer, die man **Verbklammer** oder **Prädikatsklammer** nennt. Es gibt drei Typen:

- **Verbformen mit Hilfsverben:**
  Anna **ist** auf das Klettergerüst **geklettert**.
- **Sätze mit Modalverben:**
  Sie **will** noch die Rutschbahn **hinunterrutschen**.
- **Verbformen mit trennbaren Präfixen:**
  Sie **springt** vom Klettergerüst **hinunter**.

Diese Klammern sind charakteristisch für das Deutsche. Deshalb machen sie Migranten und Ausländern erhebliche Schwierigkeiten.

In der Wortbildung, **Kap. 3.2.3** (Ableitungen) sind die Typen der Präfixverben vorgestellt worden, s.a. in der Satzlehre, **Kap. 4.3.2** und **4.4.3**.

Formentypen

In der Konjugation unterscheidet man zwischen den **starken** und den **schwachen Verben**. Diese Begriffe gehen auf Jacob Grimm (1785–1863) zurück, der die sprachgeschichtlich älteren Muster der **Verbkonjugation** mit Ablaut (singen, sang, gesungen) **„stark"** nannte und die neueren **„schwach"**. Die starken Formen der Verben sind in mehreren Sprachen erhalten geblieben, z.B. auch im Englischen; sie haben dem sprachgeschichtlichen Wandel zur Angleichung und Vereinfachung standgehalten. Das wollte Jacob Grimm damit ausdrücken.

- Bei den **starken Verben** ändert sich der Stammvokal in den Tempusformen – man nennt das den **Ablaut** –, und sie bilden das Partizip Perfekt mit der Endung -en: spr**e**chen, spr**a**ch, gespr**o**ch**en**.

- Bei den **schwachen Verben** gibt es keinen Ablaut, und sie bilden das Präteritum mit der Markierung -t- und das Partizip Perfekt mit der Endung -t: hören, hör**t**e, gehör**t**.

- Es gibt aber auch **Mischverben**, die sowohl ein -t aufweisen als auch eine Veränderung des Stammvokals: n**e**nnen, n**a**nn**t**e, gen**a**nn**t**; r**e**nnen, r**a**nn**t**e, ger**a**nn**t**, …

- Bei einigen Verben ändert sich der Stammvokal auch im Präsens der 2. und 3. Person Singular:
  ich spr**e**che, du spr**i**chst, er spr**i**cht; ich w**e**rfe, du w**i**rfst, er w**i**rft, …

- In didaktischen Grammatiken werden oft die schwachen Verben **regelmäßige Verben** genannt; die starken Verben und die Mischverben werden als **unregelmäßige Verben** zusammengefasst.

- Es gibt ca. 170 unregelmäßige Verben im Deutschen. Dabei werden nur einfache Verben, wie geben, sprechen usw., gezählt und nicht deren Präfigierungen, wie z.B. abgeben, angeben, ausgeben, vorgeben usw.

- Der **reiche Formenbestand** hängt damit zusammen, dass mit dem konjugierten Verb als Handlungs- und Geschehnisträger im Prädikat eines Satzes die Handlungen, Ereignisse und Zustände vielfältig in die Wirklichkeit eingeordnet werden können. Das wird gleich an den Kategorien der Konjugation vorgestellt.

- Die **Unterschiede in der Formenbildung** sind Ergebnisse der Sprachgeschichte. Die vielen regelmäßigen Verben zeigen, dass die Sprachgemeinschaft nach ökonomischen Lösungen sucht. Alle neuen Verben werden regelmäßig konjugiert:
  simsen, ich simse, ich simste, ich habe gesimst; twittern, ich twitt(e)re, ich twitterte, ich habe getwittert, …

Eine Liste der starken und unregelmäßigen Verben mit Stammformen und Hinweisen zu anderen lautlichen Abweichen finden Sie in **Kap. 7**.

Person und Numerus

Die Verben stellen in der Konjugation sechs Personalformen zur Verfügung: drei Personen jeweils in Singular und Plural. Das korrespondiert mit den Formen der Personalpronomen; die Beispiele werden im Tempus Präsens, im Modus Indikativ und im Aktiv gegeben.

Person	Numerus	Form
1.	Singular	ich lese, höre; lese … vor, höre … zu; will … lesen, soll … zuhören
2.		du liest, hörst; liest … vor, hörst … zu, willst … lesen, sollst … zuhören
3.		er/sie/es liest, hört; liest … vor, hört … zu; will … lesen, soll … zuhören
1.	Plural	wir lesen, hören; lesen … vor, hören … zu; wollen … lesen, sollen … zuhören
2.		ihr lest, hört; lest … vor, hört … zu; wollt … lesen, sollt … zuhören
3.		sie lesen, hören; lesen … vor, hören … zu; wollen … lesen, sollen … zuhören

Sprechen und hören

Ich spreche und du hörst,
du sprichst und ich höre
sie spricht und er hört,
er spricht und sie hört.
Es gehört sich so.
Wir sprechen und ihr hört
ihr sprecht und wir hören.
Alle sprechen und alle hören.
Aber – hört jemand zu?
KDB

Kongruenzen

Die Personalformen der Verben werden in Sätzen auf die Person von Nomen/Substantiv oder Pronomen des Subjektes abgestimmt. Man nennt diese Gemeinsamkeit **Person-Numerus-Kongruenz (PN-Kongruenz)**.

Bei der PN-Kongruenz kann es Schwierigkeiten geben, wenn im Subjekt mehrere Nomen stehen.

- Bei Reihungen mit Komma sowie mit Gleichordnung durch und, sowie, sowohl … als auch steht das Verb im **Plural**:
  Mia, Lidia, Bennet und Jan **singen** gemeinsam ein Lied.

- Bei syntaktischer Reihung, aber semantischer Gegenüberstellung durch oder, weder … noch, entweder … oder kann man entscheiden:
  Ist jedes Teil einzeln gemeint, steht das Verb im Singular:
  Wenn **weder** Mia **noch** Lidia kommen **kann**, fällt die Feier aus.
  Sind beide Teile als Ganzes gemeint, steht das Verb im Plural:
  Wenn die Musikschule **oder** der Schwimmunterricht die Kinder **verhindern**, fällt die Feier aus.

Modalität

Die **Modalität** betrifft die Einschätzungen und Urteile über Wirklichkeit, Unwirklichkeit, Wünschbarkeit, Möglichkeit und Notwendigkeit eines Geschehens, einer Handlung. Man kann sie auf dreierlei Weise ausdrücken:

- durch adverbiale Bestimmungen der Art und Weise:
  vielleicht, möglicherweise, gern, unbedingt, mit großer Freude, …
- durch die Modalverben:
  - mit Eigenbestimmung: können, mögen/möchten, wollen
    Die Kinder **wollen** auf dem Spielplatz spielen.
  - mit Fremdbestimmung: dürfen, müssen, sollen
    Die Kinder **dürfen** auf dem Spielplatz spielen.
- durch die Modi Indikativ (Wirklichkeitsform), Konjunktiv 1 (Möglichkeitsform, Wunschform), Konjunktiv 2 (Nicht-Wirklichkeitsform, Irrealis) und Imperativ (Befehlsform, auch als Wunschform)

Modus	
Imperativ	Aline sagt: „Gib mir doch mal dein Lineal!“
Indikativ	Tom sagt: „Ich gebe es dir gleich.“
Konjunktiv 1	Tom sagt, er gebe ihr das Lineal gleich.
Konjunktiv 2	Aline sagt: „Es wäre gut, wenn es nicht kaputt wäre.“

Müssen, können, dürfen

Die wichtigste Funktion des Konjunktivs 1 ist die der **Redewiedergabe**, er ist der **Zitierkonjunktiv** (s. Beispiel oben). Für die Pressesprache, auch in Funk und Fernsehen, ist dies eine wichtige Form, weil sehr häufig berichtet wird, was andere gesagt haben. Dazu werden dann Verben des Zitierens benötigt (s. **Kap. 3.3.3**, dort „Wortfelder in Sinnbezirken“).

Der **Konjunktiv 2** wird auch **Irrealis** genannt, weil man durch ihn das ausdrückt, was eben nicht so ist oder war oder sein wird, so wie in einem alten Karnevalslied:

> *Hätten wir lieber das Geld vergraben,*
> *das wir im Leben vertrunken haben,*
> *hätten wir so einen Haufen!*
> *Kinder, was könnten wir saufen! (Trad.)*

♦ **Einige Formprobleme beim Konjunktiv**

Bei einer ganzen Reihe von Verben fallen Formen des Konjunktivs 1 mit Formen des Indikativs zusammen. Vergleiche:

- Ich **stelle** den Stuhl an die Wand.
  Das wird zweifelsohne als Indikativ verstanden.

- Hier ist wenig Platz, es sei denn, ich **stelle** den Stuhl an die Wand.
  Das ist der Form nach sowohl Indikativ als auch Konjunktiv 1. Die Einleitung mit Es sei denn … signalisiert, dass es als Möglichkeit verstanden werden soll. Also weicht man auf die Form des Konjunktivs 2 aus:
  Hier ist wenig Platz, es sei denn, ich **stellte** den Stuhl an die Wand.
  Dieser Wechsel zur Form des Konjunktivs 2 wird in allen normativen Grammatiken als sprachliche Norm anerkannt.

- Wenn man dann den Irrealis ausdrücken will, weicht man auf eine Umschreibung mit würde aus:
  Hier ist wenig Platz, außer ich **würde** den Stuhl an die Wand stellen, aber dann kann man nicht mehr vorbeigehen.
  In der Alltagssprache und bei sorglosem Sprachgebrauch wird der Irrealis auch dann mit würde ausgedrückt, wenn das nicht nötig ist.

Aktiv und Passiv (Genus Verbi)

Man kann Sichtweisen von Tätigkeiten und Handlungen aus zwei Perspektiven schildern. Dabei nutzt man die Verbformen Aktiv oder Passiv und stellt den Handelnden oder den Betroffenen/das Betroffene in das Subjekt. Man nennt den Handelnden, wenn es um das Passiv geht, gewöhnlich **Täter** oder **Agens**.

- **Aktiv:** Die Kinder **sammeln** die Kastanien.

- **Passiv:** Die Kastanien **werden** von den Kindern **gesammelt**.

Beim Passiv hat man drei Möglichkeiten:

- **täterabgewandtes Vorgangspassiv:** Die Kastanien **werden** von den Kindern **gesammelt**.

- **täterloses Vorgangspassiv:** Die Kastanien **werden gesammelt**.
- **täterloses Zustandspassiv:** Die Kastanien **sind gesammelt**.
  Diese Form ist der Übergang zum Gebrauch des Partizips als Verbaladjektiv die **gesammelten** Kastanien, siehe dazu **Kap. 3.4.4**, dort „Vorbemerkung".

Weil beim Passiv die Handlung vom Betroffenen her gesehen wird, muss es jemanden oder etwas geben, der von der Handlung betroffen ist. Das ist nur in Sätzen der Fall, bei denen es im Aktiv ein Akkusativobjekt gibt, also bei **transitiven Verben**.

Intransitive Verben, wie schlafen, gähnen, sind nicht passivfähig, mit Ausnahme unpersönlicher Wendungen, wie Es wird nicht geschlafen!

Was wird getan?

Tempus

Mit den Tempora, den Zeitformen, ordnen wir das im Satz ausgedrückte Geschehen in die Dimension der Zeit. Hinzu kommen nicht selten adverbiale Bestimmungen der Zeit.

♦ Die Zeit in der Sprache

Wenn wir sprechen oder schreiben, sind wir immer ein Ich. Wir befinden uns immer an einem konkreten Ort. Und es ist immer ein konkreter Zeitpunkt. Diese Verankerung erfasst man mit dem Modell der **Ich-Hier-Jetzt-Origo**, das auf Karl Bühler (1879–1963) zurückgeht. Für das Verständnis der Tempora ist der Ich-Hier-Jetzt-Ursprung (das bedeutet *Origo*) eine große Hilfe. Wenn wir einen Text hören oder lesen, ordnen wir ihn, ohne nachzudenken, dem Jetzt-Zeitpunkt des Sprechens und Schreibens zu und nehmen seine Zeitformen unter diesem Aspekt auf.

Auf der folgenden Seite finden Sie ein Modell des Zeitstrahls, der die deutschen Tempora ordnet.[20]

[20] *Diese didaktische Umsetzung wurde gemeinsam mit Dorothea Ader entwickelt, in mehreren Veröffentlichungen variiert und in einer Lehrveranstaltung gemeinsam mit Ulrike Pospiech weiterentwickelt.*

Plusquamperfekt	Perfekt	Präteritum	Präsens	Futur 1	Futur 2
Vorvergangenheit	Vergangenheit		Gegenwart	Zukunft	Vollendete Zukunft

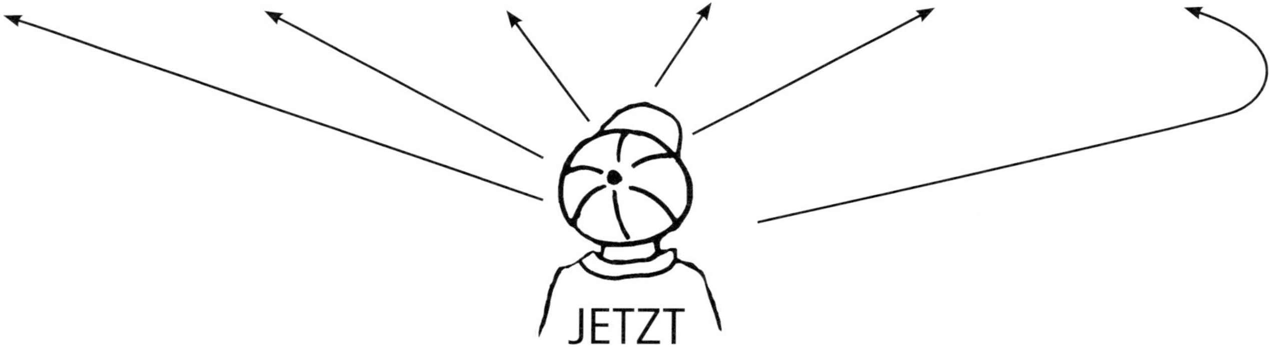

JETZT

Hier-Jetzt-Ich-Origo des Sprechens und Schreibens

Nachdem wir die Beeren **gepflückt hatten**,	**haben** wir sie **gewaschen** und mit Gelierzucker in den Topf **gefüllt**.	Dort **mussten** sie drei Minuten **kochen**.	**Jetzt füllen** wir sie in die Gläser.	Wir **werden** viele Gläser **füllen**.	Morgen **werden** wir die Gläser mit Etiketten **gekennzeichnet haben**.
Plusquamperfekt **Vollendete Vergangenheit**	**Perfekt** **Vollendete Gegenwart**	**Präteritum** **Vergangenheit**	**Präsens** **Gegenwart**	**Futur 1** **Zukunft**	**Futur 2** **Vollendete Zukunft**

♦ **Tempus und Zeitverweis**
Der tatsächliche Zeitverweis der Tempusformen ist erheblich komplexer, als ein Schema darstellen kann.

Die Begriffe der **Tempora** (die aus dem Lateinischen übernommen worden sind) und der **tatsächliche Zeitverweis** der Verbformen stimmen nicht völlig überein, wie die differenzierte Darstellung und die Beispiele unten zeigen. Über adverbiale Bestimmungen kann dabei der Zeitraum gedehnt werden. In einigen Fällen legen die Zeitadverbiale oder der gesamte Kontext die Verweisleistung überhaupt erst fest.

Mit der Jetzt-Origo wurde ein Text über den Sprecher/Schreiber bzw. die Sprecherin/Schreiberin mit der realen Zeit verknüpft. Dieses Modell lässt sich anhand der Begriffe „Sprechzeit", „Aktzeit" und „Betrachtzeit" noch weiter differenzieren.[21]

- **Sprechzeit:** Zeitpunkt des Sprechens/Schreibens, also die Jetzt-Origo
- **Aktzeit:** Zeit der Handlung, des Geschehens, des Zustandes
- **Betrachtzeit:** Zeitperspektive, in der das Geschehen geschildert wird

Mit dieser Differenzierung lassen sich die Leistungen der Tempora wie folgt charakterisieren:

Präsens

1. **aktuelles Präsens:** Sprechzeit = Aktzeit = Betrachtzeit, durch adverbiale Bestimmung eines Zeitraums.
   Ich **schreibe** gerade den Text über die Erweiterung der Jetzt-Origo.
   Heute **ist** der 24. Oktober 2011.
   Diesen Herbst **gibt** es besonders viele Quitten.
2. **futurisches Präsens (wie Futur 1):** Aktzeit = Betrachtzeit, beide nach der Sprechzeit, im Präsens ist eine adverbiale Bestimmung im Kontext obligatorisch: Morgen **ist** Sonntag. Dann **fahren** wir weg.
3. **historisches Präsens und Stilpräsens:** Aktzeit = Betrachtzeit, beide vor der Sprechzeit, eine adverbiale Bestimmung ist im Kontext obligatorisch:
   In den Iden des März 44 **wird** Cäsar **ermordet**. (historisches Präsens)
   Ich ging durch den Park und dachte an nichts Böses. Plötzlich **kommt** dieser Typ aus dem Gebüsch und **baut** sich vor mir auf.
   (Stilpräsens, unterbricht Erzählung im Präteritum, wird verwendet, wenn es spannend wird)

---

[21] *Ausführlicher kann man das nachlesen in Eichler/ Bünting (1976), S. 101 ff.*

4. **Präsens der allgemeinen Geltung:** Sprechzeit = Betrachtzeit, Aktzeit irrelevant
   Die Ruhr **fließt** bei Duisburg in den Rhein. – Zwei zum Quadrat **ist** gleich vier. – Wer andern eine Grube **gräbt**, **fällt** selbst **hinein**.

Präteritum:
Aktzeit = Betrachtzeit, beide vor Sprechzeit, typisch für den Erzählstil, aber auch in der Alltagssprache, adverbiale Bestimmung möglich
Der Zug **hatte** heute Morgen mal wieder Verspätung.
Am Anfang **schuf** Gott Himmel und Erde.
Es **war** einmal ein kleines, süßes Mädchen, das **hatte** jedermann lieb, der es nur **ansah**, am allerliebsten aber seine Großmutter, die **wusste** gar nicht, was sie alles dem Kinde geben **sollte**. (Anfang des Märchens „Rotkäppchen")[22]

In der Alltagssprache wird eher oft das bedeutungsgleiche Perfekt benutzt. (s.u.)

Besonderheiten:
- Stilmittel der erlebten Rede: Sein Magen knurrte laut und vernehmlich. **War** er so hungrig?
- Einige Redewendungen im Alltag mit Gegenwartsbezug: Wie **hießen** Sie doch gleich?

Perfekt
1. **vergangenes Geschehen:** Aktzeit = Betrachtzeit, beide vor Sprechzeit, schriftlich kein Erzählstil, aber dafür mündlich, also eher Berichtstil; adverbiale Bestimmung möglich
   Mein Wagen **ist** heute Morgen nicht **angesprungen**, darum **habe** ich die S-Bahn **genommen**.

2. **futurisches Perfekt** (wie → Futur 2): Aktzeit nach Sprechzeit aber vor Betrachtzeit, adverbiale Bestimmung obligatorisch; der Blick auf die Zukunft und von dort zurück auf einen Zeitpunkt oder Zeitraum zwischen dem Jetzt und dem angenommenen Zeitpunkt in der Zukunft, von dem zurückgeblickt wird
   Bis nächsten Mittwoch **habe** ich das Buch **gelesen**.

[22] *Bünting/Bünting (2003), S. 339.*

Plusquamperfekt
Betrachtzeit = Sprechzeit, Aktzeit vor Sprechzeit und Betrachtzeit, adverbiale Bestimmung möglich, aber nicht obligatorisch
Sie **war** (neulich) in Dresden **gewesen**. – Er **hatte** (gestern) viel Pech **gehabt**.

Häufigste Verwendung als relationale Zeit, Handlung findet vor einer weiteren genannten Handlung statt: Nachdem wir den Platten **repariert hatten**, konnten wir die Radtour fortsetzen.
Es war um die Mittagszeit eines sehr heißen Junitags, als der „Dogfish", einer der größten Passagier- und Güterdampfer des Arkansas, mit seinen mächtigen Schaufelrädern die Fluten des Stromes peitschte. Er **hatte** am frühen Morgen Little Rock **verlassen** und sollte nun bald Lewisburg erreichen. (Anfang von Karl May: Der Schatz im Silbersee)[23]

Futur I
1. **zukünftiges Geschehen:** Betrachtzeit = Aktzeit, beide nach Sprechzeit, adverbiale Bestimmung möglich, aber nicht obligatorisch
   Wir **werden** (morgen) nach Köln **fahren**.
2. **vermutetes Geschehen in der Gegenwart:** Sprechzeit = Aktzeit = Betrachtzeit, adverbiale Bestimmung möglich, aber nicht obligatorisch
   „Wo ist Luisa?"– „Luisa **wird** (wohl) bei ihrer Freundin **sein**."

Futur II
1. **zukünftiges Geschehen:** Aktzeit nach Sprechzeit aber vor Betrachtzeit, adverbiale Bestimmung obligatorisch; der Blick auf die Zukunft zurück auf einen Zeitpunkt oder Zeitraum zwischen dem Jetzt und dem angenommenen Zeitpunkt in der Zukunft, von dem zurückgeblickt wird
   Bis nächsten Mittwoch **werde** ich das Buch **gelesen haben**.
2. **vermutetes Geschehen in der Vergangenheit:** Betrachtzeit = Sprechzeit, Aktzeit vor Betrachtzeit und Sprechzeit, adverbiale Bestimmung möglich aber nicht obligatorisch, Vermutung gegeben
   „Wo ist Isabel?"– „Die Mutter **wird** mit Isabel (wohl schon) in die Musikschule **gefahren sein**."

[23] *http://gutenberg.spiegel.de/buch/2313/1 (03.11.2011)*

Die Aufstellung und die Beispiele zeigen, dass die Tempora sehr vielfältig für den Zeitverweis gebraucht werden. Besonders auffallend:

- Mit dem Präsens wird im Grunde in alle Zeitstufen verwiesen.
- Das Perfekt kann, wenn die Zukunftsperspektive durch den Kontext gesichert ist, das Futur 2 der vollendeten Zukunft ersetzen und wird auch häufiger so gebraucht als das Futur 2.
- Beim Futur 1 kommt ein modaler Vermutungsfaktor ins Spiel, der dann Gegenwartsbezug herstellt. Statistische Untersuchungen an Texten haben gezeigt, dass das Futur 1 häufiger in dieser Funktion verwendet wird als in der temporalen. In die Zukunft wird häufiger mit dem futurischen Präsens verwiesen.
- Beim Futur 2 kann der Vermutungsfaktor einen Vergangenheitsbezug herstellen.

♦ Relationale Zeiten in Sätzen und Satzgefügen

- Gleichzeitigkeit in Hauptsatz und Gliedsatz:
  Als es zu regnen **begann, holten** wir die Stühle von der Terrasse in den Wintergarten.
  Solange/Während es **regnet, spielen** wir Memory®.
  Sobald es **aufhören wird**, zu regnen, **werden** wir **rausgehen**.
- Vorzeitigkeit im Gliedsatz:
  Nachdem es aufgehört hatte, zu regnen, fuhren wir in den Zoo.
  Wenn wir alle Tiere gesehen haben, fahren wir noch schwimmen.
  Wenn wir alle Tiere gesehen haben, werden wir schwimmen fahren.
- Nachzeitigkeit im Gliedsatz:
  Als wir in den Zoo kamen, hatte die Fütterung der Seelöwen schon begonnen.
  Bis die Tiere satt sein werden, dauert es sicher noch eine Weile.
  Das kann in komplexen Satzgefügen noch komplizierter werden:
  Als wir in den Zoo kamen, hatte die Fütterung der Seelöwen schon begonnen, **die wir beobachteten, bis die Tiere satt waren.**

♦ Aktionsarten von Verben

Viele Verben drücken Vorgänge, Geschehnisse und Handlungen aus, die selbst eine Zeitdimension in ihrer Bedeutungsleistung enthalten, z.B. Anfang (erblühen) und Ende (verblühen).

In manchen Sprachen, z.B. den slawischen, sind solche Bedeutungen als Kategorie mit dem Namen **Aspekt** in die Konjugation aufgenommen. Auch die deutschen Begriffe „vollendete Gegenwart", „Vergangenheit" und „Zukunft" enthalten Elemente des Aspekts.

Aber im Deutschen werden solche Bedeutungsnuancen deutlicher durch die Wortbildung ausgedrückt. Man spricht dann von **Aktionsarten**. Hier die wichtigsten:

- **Anfang (ingressive A.,** auch **inchoative A.):** abfahren, anfangen, erblühen, erscheinen, sich verlieben, loslaufen, einschlafen, …
- **Dauer (durative A.):** fahren, blühen, scheinen, lieben, laufen, schlafen, …
- **Vollendung, Abschluss (perfektive A.):** aufhören, verblühen, erlöschen, verlöschen, …
- **Intensität (Verstärkung des Geschehens):** horchen gegenüber hören, fahnden gegenüber finden, schnitzen gegenüber schneiden, …
- **Verkleinerung (diminutive A.):** tänzeln, lächeln, hüsteln, …
- **Wiederholung (iterative A.),** verbunden mit Verkleinerung: flattern, klingeln (wiederholtes klingen), plätschern (zu platschen), …
- **Instrumentalität**, teilweise verbunden mit Wiederholung: hämmern, hobeln, pflügen, löffeln, aufgabeln, …

♦ Weitere Wörter, die auf Zeit verweisen

Zum Abschluss der Behandlung der Zeit in der Sprache noch andere Wörter, deren Bedeutung ebenfalls mit der Zeit zu tun hat.

Wortarten

- können **Adverbien** sein:
  jetzt, heute, damals, bald, demnächst, …
- können **Nomen/Substantive** sein:
  Sekunde, Minute, Stunde; Tag, Nacht, Woche, Monat, Jahr; Moment, Augenblick, Weile; Steinzeit, Mittelalter, Barock, …
- können **Adjektive** sein:
  schnell, flink; langsam, tranig, …

♦ Bedeutungsleistung

- bezeichnen den **Sprechzeitpunkt**: jetzt, gerade, heute; dazu gehören auch Verben wie abfahren, ankommen, beenden …
- bezeichnen einen **Zeitraum**, der **vor** dem Sprechzeitpunkt liegt:
  vorhin, eben, gestern, vorgestern, neulich, letztens, …
- bezeichnen einen **Zeitraum**, der **nach** dem Sprechzeitpunkt liegt:
  demnächst, künftig, morgen, …

Zeit

Die Zeit, die ist ein gar sonderbar Ding:
wird sein – ist – war – ist gewesen.
Du selbst stehst in der Zeit mittendrin:
wirst sein – bist – warst – bist gewesen.
Holst heraus aus den Brunnen vergangener Zeiten:
ist gewesen und ist vergessen bald worden.
Freust dich auf morgen,
kannst kaum es erwarten,
und vergisst doch bald,
was gestern erst war.
Weißt:
Gestern war heute morgen,
und morgen ist heute gestern;
denn morgen ist morgen heute. –
Kapiert ihr das, Leute?
KDB

3.4.3 Die Nomen/Substantive

Für **Nomen/Substantive** hat man in den letzten Jahrzehnten in der Grundschule zunächst meistens den Begriff „Namenwort" eingeführt, der sich dann leicht in „Nomen" überführen ließ (zur Terminologie vgl. weiter **Kap. 2.1**). Nun wird im neuen Amtlichen Regelwerk der Rechtschreibung und dann auch im Rechtschreibduden der Begriff **Substantiv** verwendet. Also werden hier beide Begriffe gekoppelt zu **Nomen/Substantiv**.

Sie werden im Deutschen nach **Genus, Numerus und Kasus** dekliniert.

Das **Genus (grammatisches Geschlecht)** wird in der Grundform durch die **Artikel der, die, das** angezeigt: **der** Mann, **der** Löffel; **die** Frau, **die** Gabel; **das** Kind, **das** Messer. Schon die Beispiele zeigen, dass es hier allerhand Schwierigkeiten gibt. Da es in einigen Sprachen (z.B. Englisch, Türkisch) gar kein Genus gibt, in einigen anderen (romanische Sprachen) nur Maskulinum und Femininum und in slawischen Sprachen zwar auch drei Genera, aber leider bei bedeutungsgleichen Wörtern oft andere, werden wir hier genauer hinschauen.

Der **Numerus** hat **Singular (Einzahl),** der Berg, und **Plural (Mehrzahl),** die Berge. Manche Wörter haben in der Grundbedeutung keinen Plural: der Kies, der Sand, das Blei, der Kalk. Andere haben keinen Singular: die Eltern, die Masern. Schließlich gibt es manchmal zwei Plurale mit Bedeutungsvarianten die Wörter – die Worte oder mit unterschiedlichen Bedeutungen die Bank – die Bänke, die Banken.

Es gibt neben diesem summativen, aufzählenden Plural auch noch den kollektiven, zusammenfassenden Plural: das Gebirge, das Gestühl.

Der **Kasus** zeigt an, welche Rolle (Funktion) ein Nomen/Substantiv bzw. das ganze nominale Satzglied im Satz einnimmt, wobei Präpositionen zusätzlich zu beachten sind. Vater (Subjekt im Nominativ) bringt der Mutter (Dativobjekt) jeden Samstag (adverbiale Bestimmung, hier im Akkusativ) Blumen (Akkusativobjekt) aus der Gärtnerei (adverbiale Bestimmung als präpositionale Gruppe) mit.

Einige Hinweise zum Genus

♦ Personenbezeichnungen

- Das Genus der Nomen, mit denen Personen benannt werden, stimmt gewöhnlich mit dem natürlichen Geschlecht der bezeichneten Person überein:
  der Vater – die Mutter; der Sohn – die Tochter; der Onkel – die Tante, der Bruder – die Schwester

- Ausnahmen sind alle Verkleinerungsformen auf -chen und -lein:
  das Mädchen, das Männchen, das Fräulein, das Männlein, …

- Bei Tätigkeitsbezeichnungen, wozu gerade die Berufsbezeichnungen gehören, wird die feminine Form meistens mit der Endung -in gebildet: der Arzt – die Ärztin; der Fahrer – die Fahrerin; der Gärtner – die Gärtnerin; der Schüler – die Schülerin; … Das trifft auch auf einige Tiere zu: der Affe – die Äffin, der Hund – die Hündin, der Löwe – die Löwin, …

- Mit einigen maskulinen Nomen/Substantiven werden sowohl männliche als auch weibliche Personen bezeichnet; das sind alle Personenbezeichnungen mit der Endung -ling: der Feigling, der Liebling, der Säugling, der Zwilling und weiter der Mensch, der Gast, der Star, …

- Und das Kind ist sicher kein Neutrum, nur das Wort ist es.

In Texten, in denen Menschen beiderlei Geschlechts angesprochen werden, war es früher üblich, nur das maskuline Genus zu gebrauchen: die Schüler – das waren sowohl die Schüler als auch die Schülerinnen. Seit den 1970er-Jahren, angeregt durch die so genannte feministische Linguistik, ist es im öffentlichen Sprachgebrauch üblich, beide Formen zu benutzen, wozu es verschiedene Muster gibt:

- die Schüler und die Schülerinnen bzw. die Schülerinnen und die Schüler – das ist in Fließtexten oft ermüdend, wenn man es häufiger verwenden muss

- Die SchülerInnen weicht von den Rechtschreibregeln ab und galt lange als „linker" Sprachgebrauch.

- Die Schüler/-innen ist in formalen Texten eine sinnvolle Lösung, behindert in Fließtexten aber ebenfalls die Lesbarkeit.

♦ Sachbezeichnungen

Für verschiedene Bedeutungsgruppen gibt es einige Regeln, mit denen man das Genus bestimmen kann.

Maskulina sind

- Wochentage, Monate und Jahreszeiten: der Sonntag, der Mittwoch, der Januar, der Frühling, ...
- Himmelsrichtungen, Niederschläge und andere Wettererscheinungen: der Westen, der Regen, der Schnee, der Hagel, der Nebel, der Tau, der Wind, der Sturm, der Föhn, der Frost, der Blitz, der Donner (aber das Gewitter wegen Ge-), ...
- Mineralien und Gesteine: der Dreck, der Granit, der Kalk, der Kies, der Lehm, der Sand, der Schmutz, der Ton, ...

Feminina sind

- Zahlen, die als Nomen/Substantiv gebraucht werden: die Drei, die Zehn, die Million, ...
- Schiffs- und Flugzeugnamen: die Titanic, die Boeing, aber der Jumbo als Metapher.
- zu Bäumen und Blumen siehe unten, Endungen auf -e
  Dazu noch die Aster, die Primel, ...; aber das Veilchen wegen -chen und der Löwenzahn wegen -zahn.

Neutra sind

- substantivierte Buchstaben, Sprachen, Farben: das A, das ABC, das Deutsche, das Grün, ...
- Mengenbezeichnungen, Bruchzahlen: das Kilo, das Pfund, das Drittel, das Dutzend, ...
- die meisten chemischen Elemente und Metalle: das Aluminium, das Blei, das Chlor, das Eisen, das Gold, das Kupfer, das Silber, ...

♦ Nomen/Substantive, deren Genus man auf Grund der Form erkennen kann

Maskulina sind

- von Verben abgeleitete Nomen/Substantive ohne Endung: der Betrieb, der Blick, der Fall, der Flug, der Lauf, der Spruch, der Sturz, ...

- Nomen/Substantive auf -er, -ich, -ig, -(l)ing, -ismus und -s:
  der Fehler; der Teppich, der Essig, der Frühling, der Kapitalismus,
  der Fuchs, der Dachs …

Feminina sind

- von Verben abgeleitete Nomen/Substantive auf -t:
  die Fahrt, die Flucht, die Macht, die Naht, die Saat, die Sicht, die Schrift, …
  Man sollte sie nicht verwechseln mit solchen Ableitungen, bei denen der Verbstamm auf -t endet, denn hier ist das Verb vom Nomen/Substantiv abgeleitet:
  die Arbeit → arbeiten, der Punkt → punkten, punktieren, …
  Und Bildungen wie das Heft sind Verkürzungen aus das Geheftete, das entspricht das Gebackene oder das Gebäck zu backen usw.

- die meisten Nomen/Substantive auf -e:
  die Ecke, die Ehe, die Kasse, die Kette, die Kirche, die Klasse, die Kröte,
  die Matte, die Schule, die Straße, …
  In diese Gruppe gehören viele Blumen und sehr viele Bäume:
  die Lilie, die Rose, die Tulpe; die Birke, die Buche, die Eiche, die Erle, die Esche,
  die Fichte, die Tanne, die Weide, die Zypresse, …
  In diese Gruppe gehören auch Gemüse und Früchte:
  die Beere, die Birne, die Feige, die Gurke, die Kastanie, die Kirsche, die Möhre,
  die Olive, die Petersilie, die Pflaume, die Quitte, die Rosine, die Weintraube, …

- Nomen/Substantive auf -ei, -in -heit, -keit, -schaft, -ung:
  die Bücherei, die Lehrerin, die Löwin, die Kindheit, die Höflichkeit,
  die Freundschaft, die Heizung, …

Neutra sind

- aus Verben gebildete Nomen/Substantive auf -en: das Lesen, das Schreiben,
  das Denken, das Sprechen, das Singen, das Musizieren, …

- alle anderen Wortarten, die substantivisch gebraucht werden:
  das Hoch, das Tief, das Gute, das Angenehme, das Seine, das Hier und Jetzt,
  das Wenn und Aber, das Drum und Dran, …

- auch einzelne Buchstaben: das A, das B, das ABC, das A und O, …

- Kollektiva (= Sammelbezeichnungen) mit dem Präfix Ge-:
  das Gebirge, das Gewässer, das Gerede, das Geschrei, das Gebrüll, …

- Diminutiva (=Verkleinerungsformen) auf -chen und -lein:
  das Mädchen, das Kätzchen, das Fräulein, das Männlein, das Röslein, …

Der, die, das

♦ Gleich lautende Substantive mit unterschiedlichem Geschlecht

In der ersten Gruppe sind die Wörter sprachgeschichtlich nicht verwandt.

der Heide (Nicht-Christ)
die Heide (mit Heidekraut bewachsene Landschaft)

der Kiefer (Knochen)
die Kiefer (Nadelbaum)

der Lama (buddhistischer Priester)
das Lama (südamerikanische Kamelart)

der Laster (Lastwagen, Lkw)
das Laster (Unart)

der Leiter (Chef, Führungskraft)
die Leiter (Gerät zum Hochsteigen)

die Mark (Geld; altes Grenzland)
das Mark (Knochensubstanz)

der Otter (Mardertier)
die Otter (Schlangenart)

der Tau (feuchter Niederschlag)
das Tau (starkes, dickes Seil)

der Taube (Gehörloser)
die Taube (Vogel)

In der zweiten Gruppe handelt es sich um Nomen/Substantive, die sprachgeschichtlich verwandt sind, bei denen aber etwas unterschiedliche Bedeutungen durch das grammatische Geschlecht ausgedrückt werden.

der Balg (Haut eines toten Tieres)
das Balg (freches Kind)

der Bund (Bündnis; Rand von Rock oder Hose)
das Bund (Bündel)

der Ekel (körperlicher Widerwillen)
das Ekel (widerlicher, unausstehlicher Mensch)

der Erbe (wer etwas erbt)
das Erbe (was vererbt wird)

der Junge (Bub)
das Junge (neugeborenes oder junges Tier)

das Maß (Menge, Größe)
die Maß (bayrischer Bierkrug)

der Reis (Nahrungsmittel)
das Reis (kleiner Zweig)

der Schild (Schutzgerät)
das Schild (Anzeigetafel)

der See (Gewässer mit Süßwasser)
die See (Meer; große Welle)

die Steuer (Abgabe an den Staat/die Gemeinde/die Kirche)
das Steuer (Lenkvorrichtung)

der Teil (von einem Ganzen)
das Teil (Stück aus einer Sammlung; Ersatzteil)

Teekesselchen

♦ Komposita (zusammengesetzte Wörter)

Bei einem zusammengesetzten Nomen/Substantiv legt das Genus des letzten Wortes das Genus des zusammengesetzten Nomens fest.

der Sport	+	die Stunde	→	die Sportstunde
die Hand	+	das Tuch	→	das Handtuch
der Tisch	+	die Decke	→	die Tischdecke
die Schule	+	der Hof	→	der Schulhof
das Haus	+	der Meister	→	der Hausmeister
die Blume	+	der Topf	→	der Blumentopf
der Topf	+	die Blume	→	die Topfblume
der Apfel	+	der Saft + die Flasche	→	die Apfelsaftflasche

Zusammengesetzte Wörter

♦ Ländernamen

Bei Ländernamen gibt es allerhand Besonderheiten, die man als Deutscher kaum bemerkt. Man benutzt keine Artikel bei Ländern mit -land (Deutschland, England, Holland, Finnland usw.) aber bei Provinzen mit dieser Endung dann doch (das Saarland, das Münsterland usw.)

Man sagt die Schweiz, die Slowakei, die Niederlande u.a.m. Weil bei Orts- und Richtungsangaben mit Ländern die Präpositionen mit dem Folgekasus wichtig werden, werden diese Probleme in Zusammenhang mit den Präpositionen (**Kap. 3.4.7**, dort „Präpositionen") behandelt.

Numerus – Singular (Einzahl) und Plural (Mehrzahl)

Die Pluralbildung ist im Deutschen vielfältig und daher für Menschen anderer Muttersprache recht schwierig. Hier die Formen in der Übersicht:

Singular	Plural	Kennzeichen
der Onkel	die Onkel	keine
der Bruder	die Brüder	Umlaut
der Tag	die Tage	-e
der Baum	die Bäume	-e + Umlaut
die Schwierigkeit	die Schwierigkeiten	-en
die Note	die Noten	-n
das Feld	die Felder	-er
das Rad	die Räder	-er + Umlaut
das Auto	die Autos	-s

Bei **Fremdwörtern** gibt es besondere Pluralformen, z.B.:
der Atlas – die Atlanten; das Album – die Alben; die Firma – die Firmen; das Genus – die Genera; der Globus – die Globen; der Kaktus – die Kakteen; der Kasus – die Kasus (langes u); der Numerus – die Numeri; das Tempus – die Tempora; das Thema – die Themen usw.

Eine Reihe von Nomen hat zwei **Pluralformen**. Damit werden gewöhnlich verschiedene Bedeutungen ausgedrückt.

- das Wort – die Wörter (einzelne Wörter, z.B. im Wörterbuch);
- das Wort – die Worte (zusammenhängende, z.B. geflügelte Worte)

Stoff- und Materialnamen haben keinen Plural, z.B.:
Dreck, Gold, Mehl, Milch, Sand, Silber, Watte, Wasser, Zucker, …
Wenn man in Fach- und Berufssprachen mehrere Sorten oder Typen meint, sagt man gemeinhin: Zuckersorten, Milchsorten usw. Dennoch gibt es auch Pluralformen, z.B. die Sande. Bei Wasser gibt es den kollektiven Plural die Gewässer.

Einzahl und Mehrzahl
Einzahl und Mehrzahl bei Tieren

Kasus: Deklination der Nomen/Substantive, Adjektive und begleitenden Pronomen

Bei der Deklination in die vier Fälle (die Kasus) wird hier zunächst die Deklination der Nomen/Substantive vorgestellt. Im nächsten Kapitel folgen die vorangestellten Adjektive und Possessivpronomen, weil deren Deklination im Deutschen ausgesprochen schwierig ist. Die Pronomen als Wortart mit vielen Untergruppen werden in Kap. 3.4.6 behandelt.

Hinweise zu den Begriffen und der Reihenfolge in den Tabellen:

- Wie bei der Konjugation der Verben werden manchmal die Termini **starke und schwache Deklination** verwendet. Die Begriffe sind auf die Deklination übertragen worden.
- Im Deutschen haben wir **vier Kasus**. Sie werden mit dem lateinischen Begriff vorgestellt. Die alte Benennung *1., 2., 3., 4. Fall* wird heute kaum noch verwendet, weil sich die **Reihenfolge** jetzt gewöhnlich nach der Gebrauchshäufigkeit Nominativ – Akkusativ – Dativ – Genitiv richtet.
- Der **Nominativ** (WER-/WAS-Fall) ist die Grundform. So steht das Wort im Wörterbuch. In der Syntax markiert er das Subjekt, das Prädikativ im Gleichsetzungsnominativ und die Apposition (Attribut im gleichen Fall). Das wird in Kap. 4.3 genauer behandelt, so wie auch die fallbestimmten Objekte im **Akkusativ** und **Dativ**, das **Genitivattribut** und adverbiale Bestimmungen im Akkusativ und Genitiv dort behandelt werden.

Deklination mit dem bestimmten Artikel

	maskulin I (stark)	maskulin II (schwach)	feminin (stark)	feminin (schwach)	neutral
Singular					
Nominativ	der Mann	der Mensch	die Oma	die Frau	das Kind
Akkusativ	den Mann	den Menschen	die Oma	die Frau	das Kind
Dativ	dem Mann	dem Menschen	der Oma	der Frau	dem Kind
Genitiv	des Mannes	des Menschen	der Oma	der Frau	des Kindes
Plural					
Nominativ	die Männer	die Menschen	die Omas	die Frauen	die Kinder
Akkusativ	die Männer	die Menschen	die Omas	die Frauen	die Kinder
Dativ	den Männern	den Menschen	den Omas	den Frauen	den Kindern
Genitiv	der Männer	der Menschen	der Omas	der Frauen	der Kinder

Deklination mit dem unbestimmten Artikel

	maskulin I (stark)	maskulin II (schwach)	feminin (stark)	feminin (schwach)	neutral
Singular					
Nominativ	ein Mann	ein Mensch	eine Oma	eine Frau	ein Kind
Akkusativ	einen Mann	einen Menschen	eine Oma	eine Frau	ein Kind
Dativ	einem Mann	einem Menschen	einer Oma	einer Frau	inem Kind
Genitiv	eines Mannes	eines Menschen	einer Oma	einer Frau	eines Kindes
Plural[24]					
Nominativ	Männer	Menschen	Omas	Frauen	Kinder
Akkusativ	Männer	Menschen	Omas	Frauen	Kinder
Dativ	Männern	Menschen	Omas	Frauen	Kindern
Genitiv	Männer	Menschen	Omas	Frauen	Kinder

[24] *Da es keine Pluralform des unbestimmten Artikels gibt, wird generell ohne Artikel dekliniert. Wenn man die Unbestimmtheit besonders hervorheben möchte, benutzt man Indefinitpronomen (wie einige, viele). Der Genitiv kommt praktisch nicht vor.*

Possessivpronomen in der Deklination mit Nomen/Substantiven

Possessivpronomen vor Nomen haben zwei Bezüge:

- das **Nomen/Substantiv**, für das sie stehen:
  mein, dein, sein/ihr/sein, unser, euer, ihr
- das **Nomen/Substantiv**, vor dem sie stehen

In der Tabelle werden die Formen für ein Bezugsnomen im Maskulinum (der Hausmeister – sein Schlüssel, seine Tasche, sein Buch), Femininum (die Lehrerin – ihr Schlüssel, ihre Tasche, ihr Buch) und Neutrum (das Kind – sein Schlüssel, seine Tasche, sein Buch) aufgeführt.

Maskulinum und Neutrum haben die gleichen Formen.

	Maskulinum	**Femininum**	**Neutrum**
Singular			
Nominativ	sein/ihr Schlüssel	seine/ihre Tasche	sein/ihr Buch
Akkusativ	seinen/ihren Schlüssel	seine/ihre Tasche	sein/ihr Buch
Dativ	seinem/ihrem Schlüssel	seiner/ihrer Tasche	seinem/ihrem Buch
Genitiv	seines/ihres Schlüssels	seiner/ihrer Tasche	seines/ihres Buches
Plural			
Nominativ	seine/ihre Schlüssel	seine/ihre Taschen	seine/ihre Bücher
Akkusativ	seine/ihre Schlüssel	seine/ihre Taschen	seine/ihre Bücher
Dativ	seinen/ihren Schlüsseln	seinen/ihren Taschen	seinen/ihren Büchern
Genitiv	seiner/ihrer Schlüssel	seiner/ihrer Taschen	seiner/ihrer Bücher

3.4.4 Die Adjektive

Vorbemerkung zu den Adjektiven

Adjektive (Eigenschaftswörter) geben beim Nomen/Substantiv Eigenschaften von Dingen und Lebewesen usw. an, sie sagen also genauer, wie jemand oder etwas ist.

Beim Verb bestimmen sie in **adverbialem Gebrauch** Vorgänge, Tätigkeiten und Zustände näher, sie sagen also genauer, wie etwas vor sich geht, geschieht oder ist.

Die Partizipien der Verben können wie attributive Adjektive gebraucht werden. Deshalb heißen sie in manchen Grammatiken **Verbaladjektive**.

Adjektive können folgendermaßen gebraucht werden:

- **attributiv:**
  der junge Hund/der gefütterte, winselnde Hund;
  der Hund, der junge, .../der Hund, der gefütterte und winselnde, ...
  der Hund, jung, .../der Hund, gefüttert und winselnd, ...

- **prädikativ:**
  Der Hund ist jung.
  Die Formulierung mit Partizip Der Hund ist gefüttert ist das Zustandspassiv. Hier sieht man den Übergang zum Verbaladjektiv. Das Vorgangspassiv lautet Der Hund wird gefüttert. (S. **Kap. 3.4.2**, dort „Aktiv und Passiv".)

- **adverbial:**
  Der Hund bellt laut. Der laut bellende Hund.

Bei **prädikativem und adverbialem Gebrauch** wird das Adjektiv nicht gebeugt. Vergleiche:

- der graue, gefütterte Mantel = Der Mantel ist grau und gefüttert, welche Farbe das Futter hat, wird nicht gesagt.

- der grau gefütterte Mantel = Das Futter des Mantels ist grau, welche Farbe der Mantel hat, wird nicht gesagt.

Deklination mit vorangestellten Adjektiven

Bei **attributivem Gebrauch** mit vorangestelltem Adjektiv wird das Adjektiv zusammen mit dem Nomen/Substantiv dekliniert. Dabei hängt die Deklination des Adjektivs nicht nur vom Genus, Numerus und Kasus des Nomens ab, sondern auch von der Artikelform. Es kommt darauf an, ob vor dem Adjektiv ein bestimmter Artikel, ein unbestimmter Artikel, gar kein Artikel oder ein Possessivpronomen steht.

> Die Adjektivdeklination gehört zu den komplexesten Bereichen der deutschen Sprache und bereitet Menschen, die Deutsch als Zweitsprache erwerben oder als Fremdsprache lernen, erhebliche Probleme.

Deshalb wird die Deklination der Adjektive hier umfassend behandelt.
Zur Steigerung der Adjektive siehe S. 88, zum Folgekasus bei Adjektiven siehe **Kap. 4.4.2**, dort „Adjektive mit Ergänzung und Folgekasus".

♦ Die Adjektivdeklination mit dem bestimmten Artikel und mit vorangestellten Pronomen

	Maskulinum	**Femininum**	**Neutrum**
Singular			
Nominativ	der **junge** Hund	die **gelbe** Bluse	das **grüne** Hemd
Akkusativ	den jungen Hund	die **gelbe** Bluse	das **grüne** Hemd
Dativ	dem jungen Hund	der gelben Bluse	dem grünen Hemd
Genitiv	des jungen Hundes	der gelben Bluse	des grünen Hemdes
Plural			
Nominativ	die jungen Hunde	die gelben Blusen	die grünen Hemden
Akkusativ	die jungen Hunde	die gelben Blusen	die grünen Hemden
Dativ	den jungen Hunden	den gelben Blusen	den grünen Hemden
Genitiv	der jungen Hunde	der gelben Blusen	der grünen Hemden

Bis auf die fünf fett gedruckten Formen im Singular haben alle Adjektivformen die Endung -en.

An Stelle des bestimmten Artikels können folgende Pronomen gebraucht werden. Wenn sie vor dem Adjektiv stehen, wird das Adjektiv genauso gebeugt wie mit dem bestimmten Artikel:

- dieser, diese, dieses: dieser **junge** Hund, diese **gelbe** Bluse, dieses **grüne** Hemd
- derjenige, diejenige, dasjenige
- derselbe, dieselbe, dasselbe
- jeglicher, jegliche, jegliches
- jener, jene, jenes
- jeder, jede, jedes; Plural: alle
- mancher, manche, manches

- sämtlicher, sämtliche, sämtliches
- solcher, solche, solches
- welcher, welche, welches

Einzelheiten zu den Pronomen s. **Kap. 3.4.6**.

♦ Die Adjektivdeklination mit dem unbestimmten Artikel
Diese Deklination wird nur im Singular durch einen Artikel markiert. Hier wirkt sich aus, dass ein zugleich das Zahlwort ist.

Singular	Maskulinum	Femininum	Neutrum
Nominativ	ein **junger** Hund	eine **gelbe** Bluse	ein **grünes** Hemd
Akkusativ	einen jungen Hund	eine **gelbe** Bluse	ein **grünes** Hemd
Dativ	einem jungen Hund	einer gelben Bluse	einem grünen Hemd
Genitiv	eines jungen Hundes	einer gelben Bluse	eines grünen Hemdes

Auch hier haben alle Adjektive bis auf die fünf fett gedruckten Formen die Endung -en.

Um das Genus der Maskulina und Neutra anzuzeigen, erhält im Nominativ das Adjektiv die Endung des bestimmten Artikels:

der junge Hund → ein junger Hund

das kleine Kind → ein kleines Kind

♦ Die Adjektivdeklination mit Possessivpronomen
Die Adjektivdeklination mit dem Possessivpronomen ist eine Mischung aus der Deklination mit dem bestimmten Artikel im Singular und mit dem unbestimmten Artikel im Plural.

	Maskulinum	Femininum	Neutrum
Singular			
Nominativ	mein **junger** Hund	meine **gelbe** Bluse	mein **grünes** Hemd
Akkusativ	meinen jungen Hund	meine **gelbe** Bluse	mein **grünes** Hemd
Dativ	meinem jungen Hund	meiner gelben Bluse	meinem grünen Hemd
Genitiv	meines jungen Hundes	meiner gelben Bluse	meines grünen Hemdes
Plural			
Nominativ	meine jungen Hunde	meine gelben Blusen	meine grünen Hemden
Akkusativ	meine jungen Hunde	meine gelben Blusen	meine grünen Hemden
Dativ	meinen jungen Hunden	meinen gelben Blusen	meinen grünen Hemden
Genitiv	meiner jungen Hunde	meiner gelben Blusen	meiner grünen Hemden

Die Deklination des Adjektivs mit dem Indefinitpronomen kein, keine, kein ist dieselbe wie mit dem Possessivpronomen.

♦ Die Adjektivdeklination ohne Artikel

	Maskulinum	Femininum	Neutrum
Singular			
Nominativ	alter Wein	neue Liebe	junges Gemüse
Akkusativ	alten Wein	neue Liebe	junges Gemüse
Dativ	altem Wein	neuer Liebe	jungem Gemüse
Genitiv	alten Weines	neuer Liebe	jungen Gemüses
Plural			
Nominativ	junge Hunde	gelbe Blusen	grüne Hemden
Akkusativ	junge Hunde	gelbe Blusen	grüne Hemden
Dativ	jungen Hunden	gelben Blusen	grünen Hemden
Genitiv	junger Hunde	gelber Blusen	grüner Hemden

Bei der Adjektivdeklination ohne Artikel erhält das Adjektiv im Singular und im Plural die Endungen des bestimmten Artikels, mit Ausnahme des Genitivs Singular Maskulinum und Neutrum. Hier ist die Endung -en statt -es.

Nach Kardinalzahlen werden die Adjektive genauso dekliniert wie die Adjektive ohne Artikel:
Ich habe zwei gelbe Blusen. Er geht immer mit drei kleinen Hunden spazieren.

Das Adjektiv wird in folgenden Fällen dekliniert wie das Adjektiv ohne Artikel:

- nach allerlei, etwas, genug, mancherlei, mehr
- nach endungslosen Zahladjektiven: viel(e), wenig
- nach den endungslosen Pronomen: manch, solch und welch
- nach dem Relativpronomen im Genitiv: dessen, deren, dessen
- nach dem Fragepronomen wessen

♦ Einige Ergänzungen zur Adjektivdeklination

- Wenn zwei oder mehrere gleichwertige attributive Adjektive aufeinander folgen, werden sie parallel dekliniert, d.h., sie haben die gleichen Endungen:
  Sie hat einen jungen, schwarzen Hund.
  Man setzt gewöhnlich ein Komma. Vergleiche:
  ein schlauer, alter Hase – das ist ein Hase, aber
  ein schlauer alter Hase – das ist kein Hase, hier ist alter Hase eine Metapher für einen klugen, erfahrenen Menschen
- Bei Adjektiven auf -er mit einem Diphthong in der Endsilbe sowie bei Adjektiven auf -el fällt das e bei der Deklination weg:
  teuer – ein teurer Mantel; aber: bitter – die bittere Wahrheit
  dunkel – das dunkle Zimmer; heikel – die heikle Angelegenheit
- Substantivierte Adjektive werden so dekliniert wie attributive Adjektive:
  die Gute, ein Gutes, etwas Gutes, des Guten, viel Bekanntes, ...
- Einige Adjektive, zumeist Farbwörter aus anderen Sprachen und Adjektive auf -a, werden in der Regel nicht dekliniert: pink, orange, lila, rosa, oliv, beige, creme; prima (eine prima Arbeit) Bei Farbadjektiven erfolgt die Deklination häufig in Verbindung mit -farben oder -farbig.
  Bei der Farbe pink hört man in der mündlichen Umgangssprache gewöhnlich das pinke Kissen, die pinken Socken. In der Schriftsprache benutzt man das pinkfarbige Kissen; der Rechtschreibduden schlägt sogar das pink Kissen vor. Vermutlich werden sich aber die deklinierten Formen in der nächsten Zeit durchsetzen.

Die Steigerung der Adjektive

Mit Adjektiven drückt man Eigenschaften und Bewertungen aus. Oft gibt es Gegenwörter (s. **Kap. 3.3.4**):
groß – klein, heiß – kalt, klug – dumm

In der Grammatik ist diese Gegenüberstellung, die ja auch einen Vergleich darstellt, durch die Steigerung erfasst:

Positiv (Grundstufe)	**Komparativ (Vergleichsstufe)**	**Superlativ (Höchststufe)**	
		attributiv	**adverbial/ prädikativ**
groß	größer	größte	am größten
klein	kleiner	kleinste	am kleinsten
bedächtig	bedächtiger	bedächtigste	am bedächtigsten
fröhlich	fröhlicher	fröhlichste	am fröhlichsten
gut*	besser	beste	am besten
viel*	mehr	meiste	am meisten
wenig	weniger	wenigste	am wenigsten
wenig*	minder	mindeste	zum mindesten

**Sonderformen*

Aus Gegenwörtern lässt sich eine ganze Skala aufbauen.

am kleinsten   kleiner   klein   groß   größer   am größten

Beim Vergleichen gilt: so groß **wie**, größer **als**.
Peter ist so groß wie Bennet, aber größer als Timo.
Mundartlich wird oft größer wie oder sogar so groß als wie, größer als wie gesagt.

Wer ist am größten?

3.4.5 Die Zahlwörter (Numeralia)

Zahlwörter (meistens benutzt man den deutschen Namen) geben Zahlen an. Man kann Zahlen auch in Ziffern schreiben: 1, 2, 3, 4, 5, 6, 7, ... In laufenden Texten schreibt man Zahlen bis zwölf gewöhnlich aus und benutzt danach Ziffern. Im Zusammenhang mit Maß- und Mengenangaben oder in der Mathematik schreibt man gewöhnlich nur Ziffern: 3 Kilo, 10 cm, 5°C.

Es gibt verschiedene Typen von Zahlwörtern. Einige werden dekliniert wie Adjektive, andere nicht.

Kardinalzahlen (Grundzahlen)

eins, zwei, fünf, zwölf, dreihundert, tausend, siebentausendsiebenhundertsiebenundsiebzig, Million, Milliarde, ...

Diese Zahlwörter werden zum Zählen und Rechnen verwendet; sie werden außerdem vor Nomen/Substantive gestellt, aber gewöhnlich nicht gebeugt:
Die **sieben** Schwaben – **Neunundneunzig** Luftballons – aber: Geschichten aus **tausendundeiner** Nacht, ...
Ausnahme: Das Zahlwort eins wird in der Form des unbestimmten Artikels ein verwendet und gebeugt.

Ordinalzahlen (Ordnungszahlen)

erste, zweite, fünfte, zehnte, dreizehnte, tausendste, ...

Die Ordinalzahlen, die einen Rangplatz in einer Reihe angeben, werden gebeugt. Wenn man in Ziffern schreibt, setzt man einen Punkt dahinter:
der erste Mai – am ersten Mai – Essen, den 13.3. (gesprochen: dreizehnten dritten).

Zahladverbien

Aus den Kardinalzahlen und Ordinalzahlen werden Zahladverbien abgeleitet:

	Adjektiv	Adverb
Kardinalzahlen	eins, zehn, hundert	einmal, zehnmal, hundertmal
Ordinalzahlen	erste, zweite, dritte	erstens, zweitens, drittens

Wiederholungszahlen

Aus den Zahladverbien werden durch -ig Wiederholungszahlen abgeleitet, die als Adjektive gebeugt werden:
ein einmaliger Fall – nach dreimaliger Wiederholung

Vervielfältigungszahlen

Sie werden aus den Kardinalzahlen durch -fach abgeleitet und als Adjektive gebeugt:
die zweifache Wiederholung – der dreifache Salto
Aber auch prädikativ und also ungebeugt:
Er sprang den Salto dreifach.

Bruchzahlen

Die Bruchzahlen werden aus den Ordinalzahlen abgeleitet; sie können Adjektive oder Nomen/Substantive sein:
ein viertel Pfund Gehacktes
ein achtel Pfund Bündner Fleisch
ein Achtele Weißwein
ein Viertel (Stadtviertel), das saniert werden soll
Ausnahmen: Die Bruchzahl von eins ist Eintel, nicht Erstel, die Bruchzahl von zwei ist halb.

Gattungszahlen

Sie werden aus den Kardinalzahlen durch -erlei abgeleitet und nicht dekliniert:
dreierlei Sorten Brot – er hatte tausenderlei Einwände

Die unbestimmten Zahlwörter

Sie stimmen mit den Indefinitpronomen (unbestimmten Fürwörtern) überein und werden dort behandelt (s. **Kap. 3.4.6**, dort „Indefinitpronomen"):
viel, vielmals, vielerlei, vielfältig, manch, einige, alle, keine, etliche, …

3.4.6 Die Pronomen (Fürwörter)

Die Pronomen sind eine vielfältige, viel gebrauchte Gruppe von Wörtern. Sie sind so etwas wie die Schmier- und Gleitmittel des Sprechens und der Texte. Mit den Pronomen knüpft man Verbindungen vom Sprechen bzw. Schreiben in die Situation, zu den Gesprächspartnern:
Du bist gemeint. – **Unser** gemeinsames Unternehmen steht auf dem Spiel. – **Diesen** Rock da nehme **ich**. – **Was** ist **das**? – **Irgendetwas** stinkt hier. – **Alle** mal herhören. – **Jeder** auf **seinen** Platz!

Mit den Pronomen verknüpft man weiterhin die einzelnen Sätze zu Texten, denn man greift vorher Gesagtes wieder auf. „Verknüpfen" ist durchaus wörtlich zu nehmen, denn das Wort „Text" kommt wie das Wort „Textil" von lateinisch *texo* „weben, flechten".

Ein männlicher Briefmark erlebte
***Was** Schönes, bevor **er** klebte.*
***Er** war von einer Prinzessin beleckt.*
*Da war die Liebe in **ihm** erweckt.*

***Er** wollte **sie** wiederküssen,*
*Da hat **er** verreisen müssen.*
*So liebte **er sie** vergebens.*
***Das** ist die Tragik des Lebens!*

Joachim Ringelnatz[25]

Die Verknüpfung des Briefmark mit der Prinzessin wird über die Personalpronomen geleistet. Was weist voraus auf das, was dann kommt, und Das greift das ganze tragische Geschehen, also den vorherigen Text, auf. Er, ihm und sie bringen den Briefmark und die Prinzessin zusammen, in der vorletzten Zeile ganz dicht, aber nur als Wunsch.

Pronomen (Plural **Pronomen** oder **Pronomina** in der lateinischen Form) heißt auf Deutsch wörtlich „für das Nomen". In der Tat stehen viele häufig an der Stelle von Nomen/Substantiven, aber andere können nur oder zusätzlich ein Nomen/Substantiv begleiten. Hier zunächst ein Überblick, bevor es um Einzelheiten geht:

Lateinischer Begriff	**deutscher Begriff**	**Beispiele**
Personalpronomen	persönliches Fürwort	ich, du, er, sie, es, wir, ihr, sie und Höflichkeitsform Sie
Reflexivpronomen	rückbezügliches Fürwort	sich, einander
Possessivpronomen	besitzanzeigendes Fürwort	mein, dein, sein, ihr, unser, euer, ihr und Höflichkeitsform Ihr
Demonstrativpronomen	hinweisendes Fürwort	betontes der, die, das; dieser, jener, derjenige, diejenige, dasjenige; selbst, selber; solcher, solche, solches
Relativpronomen	Beziehungsfürwort	der, die, das; welcher, welche, welches

[25] *http://gutenberg.spiegel.de/buch/2724/39 (30.11.2011)*

Interrogativpronomen	Fragefürwort	was, wer, wem, wen, wes, wessen; welcher, welche, welches
Indefinitpronomen, zugleich unbestimmtes Zahlwort	unbestimmtes Fürwort	alle, alles; andere; einer, eine, eines, irgendeiner, irgendwer, irgendwas, welcher, keiner; ein bisschen; ein paar; einige, etliche, einzelne; mehrere, mehr, etwas, irgendetwas, nichts; jeder, jeglicher; jedermann, man; jemand, niemand; sämtliche, mancher, manche, manches; viele wenige

Personalpronomen (persönliches Fürwort)

Personalpronomen stehen, wie der Name sagt, für Personen, und zwar in folgender Weise:

- Personalpronomen sind **Rollenwörter**; sie zeigen an, wer spricht oder schreibt/geschrieben hat, an wen man sich wendet und wer oder was – und dann sind es nicht nur Personen – Thema ist.
  In der Ich-Rolle sind die Personalpronomen ein Teil dessen, was man die Ich-Hier-Jetzt-Origo, den Ich-Hier-Jetzt-Ursprung allen Sprechens und Schreibens nennt (s. Kap. 3.4.2, dort „Tempus").

- In der dritten Person **ersetzen** die Personalpronomen, wie Sie oben am Ringelnatz-Gedicht gesehen haben, **Nomen/Substantive**, die im Kontext genannt werden. Zur Funktion der Rollenwörter gehört es in unserer Sprachkultur, dass man zwischen einer persönlichen, vertrauten Anrede mit du, ihr und einer höflichen, förmlichen mit Sie unterscheidet. Der Übergang vom du zum Sie ist ein fließender Prozess, der im Laufe der Jahre auch Änderungen in den Normkonventionen erfährt.

Das wir, bei dem der Sprecher/Schreiber ja immer für sich und andere spricht, wird in 3-facher Weise gebraucht:

- Als wir der Gemeinsamkeit und Solidarität:
  Gemeinsam schaffen wir es. Packen wir's an! – Wir Umweltschützer, … – Yes, we can!

- Als wir eines Redners vom Pult, eines Predigers von der Kanzel, der seine Zuhörer einbezieht, oder eines Buchautors, der die Leser und Leserinnen einbeziehen möchte.
- Als wir der Zuwendung an einen Einzelnen; es ist das pädagogische wir und das wir des Arztes den Patienten gegenüber:
  Komm, mein Kleiner, wir werden doch wohl nicht weinen. Wir wollen heute eine Klassenarbeit schreiben. (Der Sprecher schreibt nicht mit.)

Das es hat eine Reihe von Sonderaufgaben:

- Bei einigen Verben, den Wetterverben, ist es immer Subjekt. Man kennt ja keinen Täter, aber das Deutsche fordert ein Subjekt. Das ist nicht in allen Sprachen so:
  Es regnet. – Es blitzt. – Es donnert. – Es schneit. – Es hagelt.
- Es gibt stehende Wendungen, z.B. Es gibt … sowie Zeitangaben:
  Es gibt keine Geister. – Es ist zwölf Uhr.
- Bei einigen Verben des Mangels und der Empfindung ist es Subjekt:
  Es schüttelt mich. Es friert mich. Es jammert mich.

◆ **Die Formen des Personalpronomens**

	Nominativ	Akkusativ	Dativ	Genitiv
Singular				
1. Person	ich	mich	mir	meiner
2. Person	du	dich	dir	deiner
3. Person maskulinum	er	ihn	ihm	seiner
3. Person femininum	sie	sie	ihr	ihrer
3. Person neutrum	es	es	ihm	seiner
Plural				
1. Person	wir	uns	uns	unser
2. Person	ihr	euch	euch	euer
3. Person	sie	sie	ihnen	ihrer

Reflexivpronomen (rückbezügliches Fürwort)

Mit diesem Pronomen bezieht man sich auf sich selbst.
Ich habe mich beeilt/gefreut/geärgert/geschämt.

Grammatisch gesehen wird ein Rückbezug auf das Subjekt hergestellt:

ich habe mich — du hast dich …
er/sie/es hat sich … — wir haben uns …
ihr habt euch … — sie haben sich …

Josephine kann sich schon selbst die Schuhe zubinden.

Manchmal gibt es einen wechselseitigen Rückbezug, das kann man durch gegenseitig verdeutlichen. Man kann auch ein selbst als Verstärker hinzufügen. An Stelle von sich kann man auch einander einsetzen.
Erst beschimpfen sie sich gegenseitig, und dann verprügeln sie sich/einander.

Sich einander
Ich spreche zu dir, und du hörst mir zu.
Du sprichst zu mir, und ich höre dir zu.
Er spricht mit ihr, und sie erhört ihn.
Es hört sich gut an.
Wir versprechen euch, oder versprechen wir uns?
Ihr verhört euch, oder verhört ihr uns?
Haben sie sich eigentlich versprochen oder verhört,
als sie sich einander versprochen haben?
KDB

Die Reflexivpronomen gibt es nicht im Nominativ wegen des Rückbezuges. Sie sind auch nicht im Genitiv verfügbar, dafür gibt es keine Rolle im Satzbauplan.

	Akkusativ	Dativ
1. Person Singular	mich	mir
2. Person Singular	dich	dir
3. Person Singular	sich	sich
1. Person Plural	uns	uns
2. Person Plural	euch	euch
3. Person Plural	sich	sich

Possessivpronomen

Das **Possessivpronomen** (besitzanzeigendes Fürwort) wurde oben im Zusammenhang mit der Deklination der Adjektive bereits behandelt (**Kap 3.4.4**, S. 82 sowie 85/86).

Demonstrativpronomen (hinweisendes Fürwort)

Mit dem Demonstrativpronomen verweist man direkt auf etwas in der Sprechsituation oder im Kontext das aktuellen Textes.

Gesprächsfetzen im Schuhgeschäft:
Bringen Sie mir **den** doch mal in meiner Größe. – **Diesen** hier? – Nein, **den** da, den hellbraunen. – In Ihrer Größe habe ich **den** nur in dunkelbraun und schwarz. – Dann bringen Sie **den** in dunkelbraun.

Demonstrativpronomen sind der, die, das, Pl. die, wenn sie betont gesprochen werden. Ferner:
dieser, diese, dieses, Pl. diese; jener, jene, jenes, Pl. jene; derjenige, diejenige, dasjenige, Pl. diejenigen; derselbe, dieselbe, dasselbe, Pl. dieselben; selbst, selber; solcher, solche, solches, Pl. solche

Demonstrativpronomen werden sowohl als Stellvertreter als auch als Begleiter gebraucht.

- Stellvertreter:
  Gib mir **das** mal. – **Dieses** hier! – Alles, was du sagst, bist du **selber**!

- Begleiter:
  Diese Entschuldigung kenne ich. Du hast immer **dieselben** Ausreden wie dein Bruder. Aber **solche** Tricks kannst du dir bei mir sparen.

Relativpronomen (Bezugsfürwort)

Relativpronomen leiten Attributsätze ein, die der Form nach auch Relativsätze heißen. Die Relativpronomen stellen die Verbindung zum Bezugsnomen her und stehen deshalb im gleichen Genus und Numerus. Ihr Kasus richtet sich nach der Rolle, der Satzfunktion im Relativsatz.

Als Relativpronomen können auch die Formen von welcher, welche, welches gebraucht werden.

Relativpronomen

Form	Beispiel	Satzfunktion
Mask. Sing. Nom.	Der Sänger, der zur Gitarre singt, …	Subjekt
Mask. Sing. Akk.	Der Sänger, den wir gerne hören, ….	Akkusativobjekt
Mask. Sing. Dat.	Der Sänger, dem wir zuhören, …	Dativobjekt
Mask. Sing. Gen.	Der Sänger, dessen Lieder wir mitsingen, …	Genitivattribut
Mask. Sing., Präp. + Akk	Der Sänger, für den viele schwärmen, …	Präpositionalobjekt
Fem. Sing. Nom.	Die Sängerin, die zur Gitarre singt, …	Subjekt
Fem. Sing. Akk.	Die Sängerin, die ich gerne höre, ….	Akkusativobjekt
Fem. Sing. Dat.	Die Sängerin, der wir zuhören, …	Dativobjekt
Fem. Sing. Gen.	Die Sängerin, deren Lieder wir mitsingen, …	Genitivattribut
Fem. Sing., Präp. + Akk.	Die Sängerin, für die viele schwärmen, …	Präpositionalobjekt
Neutr. Sing. Nom.	Das Konzert, das ausverkauft ist, …	Subjekt
Neutr. Sing. Akk.	Das Konzert, das wir heute besuchen, …	Akkusativobjekt
Neutr. Sing. Dat.	Das Konzert, dem wir zuhören, …	Dativobjekt
Neutr. Sing. Gen.	Das Konzert, dessen Band sehr bekannt ist, …	Genitivattribut
Neutr. Sing., Präp. + Akk.	Das Konzert, für das es keine Karten mehr gibt, …	Präpositionalobjekt
Im Plural bilden alle Genera die gleichen Formen.		
Fem. Pl. Nom.	Die Eintrittskarten, die recht teuer waren, …	Subjekt
Fem. Pl. Akk.	Die Eintrittskarten, die wir früh gekauft haben, …	Akkusativobjekt
Fem. Pl. Dat.	Die Eintrittskarten, denen ein Programm beiliegt, …	Dativobjekt
Fem. Pl. Gen.	Die Eintrittskarten, deren Preis uns hoch erschien, …	Genitivattribut
Fem. Pl., Präp. + Akk	Die Eintrittskarten, für die wir anstehen mussten, …	Präpositionalobjekt

Interrogativpronomen (Fragepronomen)

Fragepronomen sind diejenigen Fragewörter, mit denen nach Personen, Pflanzen, Dingen, Begriffen, Gefühlen usw. gefragt wird:
Wer kommt mit? – **Was** gibt es heute zu essen? – **Wem** soll ich eine SMS schicken? – **Wen** soll ich anrufen? – **Mit wem** gehst du weg?

Wessen steht als Begleiter oder in direktem Zusammenhang mit einem Bezugswort:
Wessen Jacke ist das? – Ich habe eine Jacke gefunden. **Wessen** ist sie?

Ein weiteres Fragepronomen ist welcher, welche, welches mit seinen Formen:
Welches Fahrrad/**Welche** Jacke/**Welcher** Schirm gehört dir?
Welchen Hut willst du haben? **Welcher** Freundin gehört der Schal?
Das Dreirad **welchen** Kindes ist das?

Mit **Was für ein?** oder **Was für?** fragt man nach Eigenschaften oder Unterscheidungen:
Was für einen Wagen fahren Sie?

Mit **Wie viel?** oder **Wie viele?** fragt man nach einer Anzahl oder Menge:
Wie viel Brot soll ich mitbringen? – **Wie viele** Gäste kommen heute?

Die anderen Fragewörter, wie Wann? Wo? Warum? Weshalb? usw., sind Frageadverbien.

Indefinitpronomen (Unbestimmte Fürwörter)

Eines schickt sich nicht für alle.
Sehe jeder, wie er's treibe,
Sehe jeder, wo er bleibe,
Und, wer steht, dass er nicht falle.

Johann Wolfgang Goethe[26]

Wer vieles bringt, wird manchem etwas bringen,
Und jeder geht zufrieden aus dem Haus.

(Theaterdirektor im Vorspiel auf dem Theater aus Goethes „Faust".)

Die Indefinitpronomen sind eine bunte Gruppe von Wörtern, die eines gemeinsam haben. Sie stehen für Nomen/Substantive oder begleiten sie wie andere Pronomen. Da sie eine unbestimmte Menge, Anzahl oder Größe angeben, werden sie auch als unbestimmte Numerale geführt. Die Numerale (s. **Kap. 3.4.5**) sind ja im Grunde keine grammatisch definierte Wortart, sondern eine semantisch nach ihrer Grundbedeutung zusammengefasste Gruppe. In den beiden Goethe-Zitaten kommen die folgenden vor: eines, alle, jeder, wer, vieles, manchem, etwas.

---

[26] *Linker Text: Goethe (1954), Bd. 1, S. 150, Schluss des Gedichts „Beherzigung"; rechter Text: Goethe (1954), Bd. 3, S. 11.*

Die Indefinitpronomen im Einzelnen:

- **alle, alles** meint die gesamte angegebene Menge.
  Die Formen (Nominativ und Akkusativ, Dativ, Genitiv):
  alle Kinder, allen Kindern, aller Kinder; alles Geld, allem Geld.
  Die ungebeugte Form all steht häufig, wenn ein Artikel oder ein anderes Pronomen folgt: all die Kinder, all das Geld; all mein Hoffen, all mein Sehnen, …
  Alle steht auch in Wendungen wie Das Geld ist alle. – Die Würstchen sind alle.
  Es bedeutet dann „aufgebraucht, weg, nicht mehr da".

- **anderer, andere, anderes** bedeutet einen Gegensatz, wird wie ein Adjektiv dekliniert und immer kleingeschrieben:
  Gib mir bitte ein anderes Buch. Die anderen sind schon vorgegangen.
  Es wird oft im Zusammenspiel mit einen gebraucht: die einen – die anderen.

- **einer, irgendeiner, keiner:** Einer ist mit dem Zahlwort eins verwandt, als Begleiter eines Nomens/Substantivs ist ein der unbestimmte Artikel, als Pronomen bzw. unbestimmtes Zahlwort wird es betont:
  Von **einem**, der auszog, das Fürchten zu lernen.
  Irgendeiner, irgendeine, irgendeines ist die Verallgemeinerung von etwas Unbestimmten (siehe auch unten irgendwer):
  Er wollte unbedingt tanzen, mit **irgendeinem** Mädchen, egal mit welchem.
  Keiner ist so etwas wie die Null-Form:
  Keine wollte mit ihm tanzen.

- **ein bisschen, das bisschen**
  Der unbestimmte Artikel kann dekliniert werden oder nicht:
  mit einem bisschen Glück – mit ein bisschen Glück
  Als Pronomen wird ein bisschen immer kleingeschrieben.
  Ein Bisschen ist ein Biss, ein kleiner Happen.

- **ein paar**, kleingeschrieben, bedeutet eine unbestimmte Menge. **Ein Paar**, großgeschrieben, bezeichnet eine 2er-Gruppe:
  ein paar Schuhe = mehrere Schuhe
  ein Paar Schuhe = ein rechter und ein linker, die zusammengehören

- **einige, einzelne, etliche, mehr, mehrere** stehen immer im Plural und ohne Artikel außer einzelne, das mit Artikel stehen kann, substantiviert ist und dann einen Singular haben kann:
  Einige/einzelne/etliche/mehrere Zuschauer gingen schon nach Hause.
  Ein Einzelner ist da machtlos.
  Die ungebeugte Form mehr steht vor Sammelbezeichnungen:
  mehr Arbeit, mehr Freizeit, mehr Bier, mehr Geld, …
  Das ungebeugte Wort einzeln ist Adverb: Jeder geht einzeln hinein.

- **etwas, irgendetwas, irgendwas, nichts** stehen nur im Singular. Irgendetwas und irgendwas sind die verallgemeinerten Formen, nichts ist die Verneinung, es ist aus nicht etwas entstanden: Etwas wird schon dran sein. Irgendetwas/irgendwas wird schon dran sein. Nichts ist dran.

- **jeder, jeglicher, jedermann** stehen nur im Singular: Jeglicher ist eine altertümliche Form. Jeder und jeglicher werden wie Adjektive stark und nach unbestimmtem Artikel schwach gebeugt.
  - Nominativ: jeder Mann, jede Frau, jedes Kind – ein jeder Mann, eine jede Frau, ein jedes Kind
  - Akkusativ: jeden Mann, jede Frau, jedes Kind – einen jeden Mann, eine jede Frau, ein jedes Kind
  - Dativ: jedem Mann, jeder Frau, jedem Kind – einem jeden Mann, einer jeden Frau, einem jeden Kind
  - Genitiv: jedes Mannes, jeder Frau, jedes Kindes – eines jeden Mannes, einer jeden Frau, eines jeden Kindes

  Jedermann wird nur im Genitiv gebeugt: Es ist jedermanns gutes Recht.

- **jemand, niemand: niemand** ist „nicht jemand", also die Verneinung von jemand.

  Beide Formen stehen nur im Singular:
  - Nominativ: jemand, niemand
  - Akkusativ: jemand(en), niemand(en)
  - Dativ: jemand(em), niemand(em)
  - Genitiv: jemand(e)s, niemand(e)s

  Wenn ein Nomen/Substantiv folgt, steht meist keine Endung:
  Ich habe niemand Fremdes gesehen.

- **irgendwer, irgendwelche** sind eigentlich die verallgemeinerte Form der Fragepronomen, aber sie werden nicht als Fragewörter verwendet:
  Kann bitte irgendwer Briefumschläge mitbringen? – Was für welche?
  – Egal, irgendwelche für normale Briefe.
  - Nominativ: irgendwer — irgendwelcher, -e, -es
  - Akkusativ: irgendwen — irgendwelchen, -e, -es
  - Dativ: irgendwem — irgendwelchem, -er, -em

  Die Form irgendwelche hat auch einen Plural und selten einen Genitiv:
  irgendwelche Briefumschläge – wegen irgendwelcher Bedenken

- **man:** Das unpersönliche man wird nur im Nominativ Singular gebraucht.
  Dieses man ist so etwas wie eine allgemeine Normperson:
  Man geht nicht bei Rot über die Straße.
  Im Dativ und Akkusativ wird als Ersatzform einem, einen gebraucht:

Es bricht einem das Herz. – Das haut einen glatt um!

- **mancher, manche, manches** bedeutet eine begrenzte Anzahl in einer Menge; das Wort ist verwandt mit mannigfach, mannigfaltig und dem englischen Wort many. Es wird dekliniert wie solcher, solche, solches.
  Manchmal wird auch die ungebeugte Form gebraucht:
  Manch einer lernt es nie!
  Aber auch: Mancher lernt's nie, und auch das nur unvollkommen.

- **sämtliche** bedeutet so viel wie alle, meint aber die Gesamtheit, während alle jeden Einzelnen einbezieht. Jeder spricht das Individuum an.
  Ich habe sämtliche Schraubenschlüssel probiert, keiner passt.
  (= den ganzen Satz Schraubenschlüssel)
  Ich habe alle Schraubenschlüssel probiert, keiner passt.
  (= alle, die ich finden konnte)
  Ich habe jeden Schraubenschlüssel probiert, keiner passt. (= jeden Einzelnen)

- **viel, wenig:** Diese beiden Pronomen sind Gegensätze; eine unbestimmte, relative Anzahl aus einer Gesamtmenge ist gemeint.
  viele/wenige von 50, von 500, von 5000 usw.
  Beide werden ohne Artikel stark, nach Artikel schwach gebeugt.
  - Nominativ: viele/wenige Freunde – die vielen/wenigen Freunde
  - Akkusativ: viele/wenige Freunde – die vielen/wenigen Freunde
  - Dativ: vielen/wenigen Freunden – den vielen/wenigen Freunden
  - Genitiv: vieler/weniger Freunde – der vielen/wenigen Freunde

  Gelegentlich stehen beide undekliniert: viel Arbeit, wenig Zeit
  In der stehenden Wendung ein wenig Geduld wird ein nicht dekliniert.

3.4.7 Die Partikel

Allgemeines

Partikel, oder auch **Partikeln**, ist ein Oberbegriff für Wortarten, deren Wörter keine Formen bilden. Es gibt mehrere Traditionen:

- **Alle Wortarten, die keine Formen bilden,** werden dazugezählt, also auch Adverbien, Präpositionen und Konjunktionen.

- Die **Adverbien werden dazugezählt**, die Präpositionen und Konjunktionen nicht, weil diese eindeutige Rollen im Satzbau ausfüllen.

- Nur **Abtönungspartikel, Ausrufe, Interjektionen, Negationswörter** und einige mehr werden daruntergerechnet.

Der grundlegende Unterschied ist, dass „echte" Partikel keine Funktion im Satz übernehmen. Das Problem ist, dass viele Adverbien aber in gleicher Weise gebraucht werden können. Machen wir uns das an einem Beispiel klar, das zugleich darauf hinweist, dass die Partikel vornehmlich ein Phänomen des mündlichen Sprachgebrauchs sind. Dieses Beispiel ist zwar einem geschriebenen Text entnommen, wird aber auf der Bühne gesprochen. Man kann auch sehr schön das Abgrenzungsproblem zu Adverbien daran beobachten.

Habe nun, ach! Philosophie,
Juristerei und Medizin,
Und leider auch Theologie
Durchaus studiert, mit heißem Bemühn.
Da steh' ich nun, ich armer Tor,
Und bin so klug als wie zuvor!
Johann Wolfgang Goethe[27]

Das ist der Anfang des „Faust 1". Es wimmelt nur so von undeklinierbaren Wörtern: nun, ach!, und, leider, auch, durchaus, mit, da, so als wie, zuvor. Wir schauen sie uns einmal im Einzelnen an:

- **nun** – Das ist eindeutig ein Temporaladverb; es kommt 2-mal vor.
- **ach!** – Schon das Ausrufezeichen signalisiert etwas Besonders; das Wort geht keine Verbindung mit den anderen im Satzverband ein, es ist syntaktisch gesehen also eine **Interjektion**; von der Bedeutungsleistung her ist es ein Stoßseufzer, ein Empfindungswort. Man nennt diese Partikel auch **Abtönungspartikel**, weil sie einen Kommentar zum anderen Text geben.
- **und** – eine **Konjunktion** (2-mal)
- **leider** – Das ist ein modales **Adverb**, es ist also syntaktisch eine adverbiale Bestimmung; aber es lässt sich eigentlich kaum gegen das ach! abgrenzen.
- **durchaus** – wiederum ein **Adverb**, das sich mit Wie? erfragen lässt
- **da** – **Adverb**, kann lokal (WO?), aber auch temporal (WANN?) gedeutet werden
- **so** – **Adverb** (Wie klug?), zugleich zusammen mit als wie zu lesen
- **als wie** – **Vergleichspartikel**; nach heutiger Norm dürfte nur wie stehen

Die am Beispiel gezeigten Probleme sind nicht Probleme des Sprachgebrauchs und damit Sprachgefühls, sondern der Beschreibung und Systematisierung. Wir werden sie in dieser Reihenfolge thematisieren:

---

[27] *Goethe (1954), Bd. 3, S. 20.*

- Die **Präpositionen** mit der Kasusrektion gehören in die Nähe der nominalen, deklinierten Wörter und werden als Nächstes behandelt.

- Die **Adverbien** sind eine wichtige Wortart für das Satzglied *adverbiale Bestimmung*, das seinerseits für Texte ein wichtiges Satzglied ist. Daher stehen sie an zweiter Stelle.

- Die **Partikel im engeren Sinne** lassen sich, wie gezeigt, nicht leicht gegen die Adverbien abgrenzen. Das wichtigste Merkmal: Sie bilden kein eigenes Satzglied, sie haben im Falle der Interjektionen keine Positionen im Satzbauplan. Sie folgen auf die Adverbien.

- Die **Konjunktionen** sind ein guter Übergang zur Syntax, weil sie u.a. Sätze bzw. Teilsätze verbinden oder einem Trägersatz unterordnen.

Die Präpositionen

♦ Gebrauch der Präpositionen

Präpositionen (deutsch: **Vor-, Füge-** oder **Verhältniswörter**) werden selbst nicht dekliniert, aber sie bestimmen die Kasusform der auf sie folgenden Nomen/Substantive. Man nennt das die **Kasusrektion**. Die Präposition mit den dazugehörigen Ergänzungen nennt man **präpositionale Gruppe** oder Präpositionalphrase.

Präpositionen fügen die präpositionalen Gruppen als Satzglieder in den Satz ein und drücken dabei folgende **adverbiale** Beziehungen und Verhältnisse aus:

- **lokal** (Richtung: WOHIN?, Raum und Ort: WO?): an, auf, aus, in, nach, über, unter, zwischen, …

- **temporal** (Zeit: WANN? und Dauer: WIE LANGE?): bis, gegen, seit, um, während, …

- **modal** (Art und Weise, Begleitumstände WIE? WOMIT? WODURCH?): durch, mit, ohne, …

- **kausal** (Grund, Ursache, Zweck): angesichts, infolge, trotz, wegen, …

Außerdem können diese präpositionalen Gruppen **Attribute** sein:
das Mädchen **mit** den blonden Haaren – **mit** den blonden Haaren das Mädchen
Und es gibt präpositionale Objekte: Wir bitten um etwas Geduld.

Das wird im Syntax-Kapitel genauer behandelt (s. **Kap. 4.3.3**, dort „die Präpositionalobjekte"). Die Präpositionen können unterschiedliche Positionen zum Bezugswort einnehmen. In den meisten Fällen stehen sie vor dem Bezugswort, daher auch der Name **Präposition** (= „Position davor"): **in** der Pause, **auf** dem Schulhof, **mit** den Eltern, **ins** Haus, …

Es gibt auch einige Präpositionen, die als Postpositionen hinter dem Bezugswort stehen bzw. stehen können (die Straße **entlang**, der Schule **gegenüber**) oder die als Circumpositionen das Bezugswort umklammern (**um** des lieben Friedens **willen**).

Bei vielen Präpositionen verschmelzen die Artikelformen das (Akkusativ), dem und der (Dativ), wenn sie schwach betont sind, mit der Präposition:
an + das → ans, an + dem → am, in + das → ins, in + dem → im,
bei + dem → beim, von + dem → vom, zu + dem → zum, zu + der → zur

Einige Präpositionen haben je nach dem Kontext verschiedene Bedeutungen. So können beispielsweise an, in, auf, ab usw. temporal oder lokal gebraucht werden, durch kann lokal oder modal gebraucht werden usw.

♦ Präposition und Folgekasus (Kasusrektion)
Die Präpositionen bestimmen, welchen Fall das nachfolgende Satzglied einnimmt. Die altbekannten Reimsprüche zeigen den Gebrauch.[28]

Präpositionen mit dem Dativ (Frage WEM?)
Mit, nach, nächst, nebst, samt,
bei, seit, von, zu, zuwider,
entgegen, gegenüber, außer, aus
schreib mit dem **Dativ** nieder.

Dazu kommen noch: dank, binnen, entsprechend, gemäß, laut, exklusive, inklusive, qua, vis-á-vis, ...

Präpositionen mit dem Akkusativ (WEN?)

Durch, für, ohne, um, sonder, gegen, wider schreib mit dem vierten Fall, nie mit dem dritten nieder.	Durch, für, ohne, um, sonder, gegen, wider schreib mit dem **Akkusativ**, nie mit dem **Dativ** nieder.

Dazu noch: bis und außer nach Verben der Bewegung: außer allen Zweifel setzen; weiter: á, per, pro, ...

[28] *In den Sprüchen werden noch die alten Begriffe „vierter Fall" für den Akkusativ und „dritter Fall" für den Dativ verwendet. Heute hat man in Tabellen den häufig gebrauchten Akkusativ gewöhnlich an der zweiten Stelle und den Genitiv an der vierten. Deshalb wird hier jeweils eine Variante der alten Sprüche angeboten.*

Präpositionen mit Dativ (WO?) oder Akkusativ (WOHIN?)

An, auf, hinter, neben, in, über, unter, vor und zwischen stehen mit dem vierten Fall, wenn man fragen kann: Wohin? Mit dem dritten stehen sie so, dass man nur kann fragen: Wo?	An, auf, hinter, neben, in, über, unter, vor und zwischen stehen mit dem **Akkusativ** wenn man fragen kann: Wohin? Mit dem **Dativ** stehen sie so, dass man nur kann fragen: Wo?

Genitiv

Eine ganze Reihe von Präpositionen fordert den Genitiv. Dieser Gebrauch des Genitivs ist neben dem Gebrauch als Genitivattribut wichtig (s. **Kap. 4.3.4**). Als Genitivobjekt wird der Genitiv kaum noch gebraucht.

abseits, angesichts, anstatt, anstelle, außerhalb, diesseits, einschließlich, inmitten, innerhalb, jenseits, kraft, mittels, oberhalb, seitens, statt, um … willen, ungeachtet, unterhalb, von … wegen, während, zugunsten, …

Genitiv oder Dativ

Bei einigen Präpositionen schwankt der Gebrauch zwischen Genitiv und Dativ:
dank, innerhalb, längs, trotz, während, wegen, zufolge
Bei entlang hat man folgenden schwankenden Gebrauch:

- Bei Bewegungsverben steht der Akkusativ:
  Er geht **die** Straße entlang. (WEN?/WAS?)

- Bei Ruheverben steht nicht selten der Dativ:
  Der Straße entlang stehen Apfelbäume. (WO? WEM ENTLANG?)

- Manchmal wird entlang vorangestellt und mit dem Genitiv gebraucht:
  entlang **der** Straße, entlang **des** Wegs, …

♦ Einige Hinweise zu den lokalen Präpositionen

Alle Kontinente und die meisten Länder werden **ohne Artikel** gebraucht:
Afrika, Asien, Europa; Deutschland, England, Holland und alle weiteren auf -land; weiter Ägypten, Brasilien, China, Frankreich, Indien, Kanada, Polen, Portugal, Rumänien, Schweden, Spanien, Tschechien, Ungarn usw.

Das gilt auch für die Bundesländer und z.B. Staaten in den USA:
Baden-Württemberg, Bayern, Berlin, Brandenburg, Bremen, Hamburg, Hessen, …; Arizona, Colorado, Georgia, Kalifornien, Massachusetts usw.

Eine Ausnahme bildet das Saarland. Es gehört in die Gruppe der Provinzen und Landschaften: das Münsterland, das Sauerland, das Siegerland, …

Einige Länder werden **mit dem Artikel die** gebraucht: die Schweiz, die Slowakei, die Ukraine. Bei die Niederlande und die USA handelt es sich um einen Plural. Einige werden mit dem Artikel der gebraucht: der Irak, der Iran, der Libanon, der Senegal.

Das hat Konsequenzen bei Orts- und Richtungsangaben, wie die Beispiele zeigen. Verständlicherweise haben Nicht-Muttersprachler hier Probleme.

WOHIN?
Wir fahren **nach** Holland. – Wir fahren **in das (ins)** Sauerland. – Wir fahren **in die** Türkei. – Wir fahren **in die** Niederlande.

WO?
Wir waren **in** Holland. – Wir waren **im** Sauerland. – Wir waren **in der** Türkei. – Wir waren **in den** Niederlanden.

WOHER?
Wir kommen **aus** Holland. – Wir kommen **aus dem** Sauerland. – Wir kommen **aus der** Türkei. – Wir kommen **aus den** Niederlanden.

Und noch einige Beispiele:
Ich gehe **in** die Schule. – Ich suche das Gebäude auf. Ich bin Schüler.
Ich gehe **zur** Schule. – Ich bin Schüler. Ich gehe in Richtung der Schule.
Ich gehe **auf die** Kästner-Schule. – Ich bin Schüler dieser Schule.

Wo? Wohin?

Die Adverbien (Umstandswörter)

Die Adverbien, manchmal auch nur **Adverben** genannt, bestimmen die Umstände der Handlung, des Geschehens näher, daher der deutsche Name **Umstandswörter**. Adverb bedeutet „das zum Verb gehörende Wort". Adverbien bilden keine Formen. Im Satz übernehmen sie die Funktion der nach ihnen benannten **adverbialen Bestimmung**, die ein Satzglied ist, einen sehr viel umfangreicheren Formenreichtum hat und keineswegs immer nur ein Verb näher bestimmt. Fast alle Adjektive und Verbaladjektive (Partizipien) können ungebeugt als adverbiale Bestimmung gebraucht werden, häufig sind es auch präpositionale Gruppen. Das wird im Syntax-Kapitel genauer behandelt, in **Kap. 4.3.5**.

Nun zu den Adverbien ein erstes Beispiel:
Heute gehe ich **sehr gerne** mit dir auf den Spielplatz.

In diesem Satz ist die präpositionale Gruppe auf den Spielplatz auch eine adverbiale Bestimmung (WOHIN?).

Adverbien bilden Bedeutungsgruppen, die wir auch bei den adverbialen Bestimmungen wieder antreffen und die schon bei den präpositionalen Gruppen und ihrem Folgekasus wichtig waren (s. **Kap. 3.4.7**, dort „Die Präpositionen"). Deshalb werden hier die Gruppen nur kurz mit Beispielen vorgestellt.

Zu koordinierenden Adverbien s.u. im Abschnitt „Die Konjunktionen" S. 108.

Ortsadverbien (Lokaladverbien)	
Raum, Ort – WO?	Richtung – WOHER? WOHIN?
da, dort, draußen, drinnen, daheim, hier, oben, inmitten, rechts, vorn, …	dahin, hierhin, daher, hierher, heimwärts, vorwärts, seitwärts, …
Zeitadverbien (Temporaladverbien)	
Zeitpunkt – WANN?	Zeitdauer/Wiederholung – WIE LANGE?
jetzt, neulich, vorhin, demnächst, bald, manchmal, heute, gestern, morgen, abends, nachts, …	andauernd, lange, immer, meistens, oft, wieder, zeitlebens, …
Art und Weise (Modaladverbien) – WIE?	
anders, so, gern, leider, sehr, glücklicherweise, dummerweise, …	
Grund, Ursache, Zweck (Kausaladverbien) – WARUM? WOZU?	
darum, daher, deshalb, eben, folglich, trotzdem, …	

Übungen zu Adverbien sollten am besten im Zusammenhang mit Übungen zu adverbialen Bestimmungen entwickelt werden.

■ Die Partikel im engeren Sinne

Wie gesagt, sind die Partikel eine Restgruppe von undeklinierbaren Wörtern. Es lassen sich einige Gruppen bilden.

♦ Interjektionen (Ausrufewörter)

Interjektionen nennt man Ausrufe, wie Ach! Au! Brr! Ha! Oh! Oha! Hmm!, die in den Text eingestreut werden, ohne im Satzbauplan eine Position zu haben. Das bedeutet auch der Begriff *Interjektion*: „dazwischengeworfen". Im Mündlichen sind sie oft Kommentare des Zuhörers.

♦ Abtönungspartikel

Diese kleinen Wörter geben Signale der Zustimmung oder Einschränkung:
Das habe ich **ja** kommen sehen! – Nun **auch** das **noch**! – Soll ich das **etwa** machen? – Muss das **denn** sein? – So ist das **halt**. – Nun sei **schon** ruhig.

Manchmal wird eine besondere Gruppe bei den Abtönungspartikeln ausgewiesen, die eine **Intensität** im Sinne einer Verstärkung oder Abschwächung ausdrücken:
Das hast du **sehr** gut gemacht. – Das hättest du **kaum** besser machen können. – Das war **ziemlich/enorm/zu** schwierig.

Manchmal werden als Gruppe noch **Konzentrations- oder Fokuspartikel** ausgewiesen. Sie lenken das Augenmerk auf eine Passage im Text:
Nur du kannst jetzt noch helfen. – Das war das **einzig** Richtige in diesem Fall. – **Sogar** der mürrische Peter hat geschmunzelt.

♦ **Antwortpartikel bei einer Entscheidungsfrage**
Bei Entscheidungsfragen wird als Antwort ein **ja** oder **nein** erwartet:
„Kommst du mit ins Schwimmbad?" – „Ja./Nein."

Meistens wird allerdings ein wenig mehr geantwortet. Ja bzw. nein werden dann beim Schreiben durch Komma abgetrennt. Das zeigt, dass sie nicht in den dann folgenden Satzbauplan eingebunden sind:
„Kommst du mit ins Schwimmbad?" – „Ja, aber vorher muss ich noch meine Hausaufgaben machen."

Bei solchen Entscheidungsfragen wird in der tatsächlichen Kommunikation allerdings durchaus nicht immer ein ja oder nein in der Antwort vorkommen. Denkbare Reaktionen sind etwa:
„Vielleicht." – „Ich kann nicht." – „Wollen wir nicht Fußball spielen?"

♦ **Negation (Verneinung) mit nicht**
Ein Antwortpartikel ist nein. Der deutsche Begriff „Verneinung" für die Negation wird damit gebildet. Andere Negationswörter sind die beiden Pronomen kein/keine/kein und niemand. Auch die Adverbien nie und niemals gehören dazu. Ein ganz wichtiges Negationswort ist **nicht**. Mit nicht kann man je nach Stellung ganze Sätze, einzelne Satzglieder und sogar einzelne Wörter verneinen.[29]

- Die Aussage des **ganzen Satzes** wird verneint, wenn das finite Verb verneint wird; nicht gehört dann zum verbalen Satzglied und bildet zusammen mit dem Verb die Satzklammer:
  Er <u>brauchte</u> die neuen Turnschuhe gestern Abend <u>nicht</u>.

- Wenn im Satz ohnehin schon eine **verbaler Satzklammer** gegeben ist, steht nicht an vorletzter Stelle direkt vor der infiniten Verbform:
  Er <u>hat</u> die neuen Turnschuhe gestern Abend <u>nicht gebraucht</u>.
  Er <u>wird</u> die neuen Turnschuhe heute Abend <u>nicht brauchen</u>.

---

[29] *Zu den Begriffen der Satzlehre s. Kap. 4.*

- Bei ist-Prädikationen (s. **Kap. 4.3.3**, dort „Das Prädikativ") in Grundstellung steht nicht vor dem Prädikativ, wenn dieses ein nominales Satzglied oder ein Adjektiv ist.
  Svenja ist nicht traurig. (Adjektiv)
  Svenjas Mutter ist nicht Klavierlehrerin. (Nomen)
  Silke ist heute nicht in der Klavierstunde. (präpositionales Satzglied)

- Bei einem **Adverb** kann nicht vor dem Adverb oder danach stehen:
  Sie ist nicht dort. – Sie ist dort nicht.

- Wenn nur ein **Satzglied verneint** wird, steht das Negationswort nicht unmittelbar vor dem verneinten Satzglied. Häufig ist diese Satzgliednegation durch einen Gegentakt mit sondern verstärkt:
  Nicht *ich* habe den Ball über den Zaun geworfen, sondern *du* warst es.
  Er nahm nicht *die neuen Turnschuhe* mit, sondern *die alten*.

- In **mündlicher Rede** kann nicht vom verneinten Satzglied weggerückt werden, wenn dieses besonders betont ist:
  Gestern hat es nicht geregnet, dafür aber heute Nacht.

- Diese besondere **Betonung** kann auch dadurch geleistet werden, dass das Objekt oder das Prädikativ an die **erste Stelle** gerückt wird:
  Die neuen Turnschuhe hat er gestern nicht zum Training mitgenommen, sondern die alten.

Die Konjunktionen (Bindewörter)

Die Konjunktionen verbinden Sätze, Satzglieder und einzelne Wörter miteinander.
Es gibt zwei Arten von Verbindungen:

♦ Koordinierende (gleichordnende, nebenordnende) Konjunktionen

Diese verbinden gleichrangige Teile miteinander:
Schneewittchen **und** die sieben Zwerge – Kopf **oder** Zahl – **entweder** Vanilleeis **oder** Schokoladeneis – **sowohl** Vanilleeis **als auch** Schokoladeneis – Das Handy klingelte **und** klingelte.

Die Koordination wird häufig durch koordinierende Konjunktionen, aber auch durch koordinierende Adverbien geleistet. Oft kann man den Unterschied der Leistung als reine Konjunktion oder als Adverb nur im Einzelfall feststellen.
Im Kapitel zum Satzbau wird auf die Aufzählung (Koordination) noch einmal eingegangen (s. **Kap. 4.4.1**).

Bedeutungsgruppen koordinierender Konjunktionen

- **verbindend, reihend:** beziehungsweise, das ist, das heißt, nicht nur … sondern auch, sowie, sowohl … als auch, weder … noch, und

- **mehrere Möglichkeiten angebend, alternativ:** beziehungsweise, entweder … oder, oder

- **Gegenteil ausdrückend:** aber, allein, doch, nein, sondern, trotzdem

- **Begleitumstände ankündigend:** also, ja, nur

- **Grund, Ursache:** denn

Trotzdem wird umgangssprachlich auch subordinierend gebraucht; anders herum wird weil oft koordinierend statt denn gebraucht, weil es ein starkes Signal setzt, dass jetzt eine Begründung erfolgt.

Auch **koordinierende Adverbien** verbinden gleichrangige Teile:
Unsere Klassenlehrerin, **nämlich** Frau Engel, ist **einerseits** sehr streng, wenn wir zu laut werden, **anderseits** sehr nett, wenn wir gut mitarbeiten.
Hier lassen sich von der Bedeutung der Adverbien her ebenfalls Bedeutungsgruppen aufstellen. Mehrfachzuordnungen sind möglich.

Bedeutungsgruppen koordinierender Adverbien

- **adversativ (Gegenteil angebend):** dennoch, gleichwohl, indessen, trotzdem (schwankt zur Konjunktion)

- **alternativ:** bald … bald, einerseits … andererseits, teils … teils

- **final (zielgerichtet):** darum, dazu

- **konditional (Bedingung angebend):** andernfalls, sonst

- **konsekutiv (Folge angebend):** also, daher, darum, demnach, deshalb, deswegen, folglich, mithin, sonach

- **konzessiv (einräumend):** trotzdem, zwar … aber

- **modal (Art und Weise):** also, je … desto, ebenso, genauso, (in)sofern, (in)soweit, so … wie, um so

- **lokal:** da, dort, hier … da

- **temporal:** da, dann, darauf, eher, zuvor

♦ Subordinierende (unterordnende) Konjunktionen

Sie binden einen Gliedsatz (Nebensatz) an einen übergeordneten Hauptsatz oder an einen übergeordneten Gliedsatz:
Ich gehe zum Bürgeramt, **weil** ich einen neuen Reisepass benötige. **Während** sie meine Angaben in den Computer schreibt, erklärt mir die Mitarbeiterin der Stadtverwaltung, **dass** ich ein neues Passfoto benötige.

Konjunktionen haben vielfältige Bedeutungen; nicht wenige sind mehrteilig. Die folgende Aufstellung gibt einen Überblick.

Bedeutungsgruppen subordinierender Konjunktionen

Diese Bedeutungsgruppen werden im Syntax-Kapitel bei den Adverbialsätzen noch einmal behandelt (**Kap. 4.3.5**).

- **adversativ (Gegensatz):** als dass, anstatt dass, ehe, während, …
- **final (Zweck, Ziel):** dass, damit, …
- **kausal (Grund, Ursache):** da, weil, zumal, …
- **konditional (Bedingung):** bevor, ehe, falls, je nachdem, ob … oder, sofern, wenn doch, …
- **konsekutiv (Folge):** derart(ig) dass, sodass, …
- **konzessiv (Einräumung):** obwohl, trotzdem, soviel, wie … auch, …
- **modal (Begleitumstände betreffend, Art und Weise):** als ob, als wenn, außer, dass, dadurch dass, indem, je … desto, ohne dass, soweit, soviel, wie, …
- **temporal (Zeit betreffend):** als, bevor, bis, ehe, nachdem, sobald, solange wie, sooft wie, während, wenn, …

Manche Konjunktionen sind zugleich Präpositionen; dann leiten sie Satzglieder ein. Vergleiche:

Konjunktion	Präposition
Bis wir nach Hause kommen, wird es aufhören, zu regnen.	Wir warten **bis** fünf Uhr.
Während die ersten Sonnenstrahlen durch die Wolken brachen, goss es noch in Strömen.	**Während** des Gewitters stellten wir uns unter.
Als wir endlich zu Hause waren, hörte es prompt auf, zu regnen.	Du **als** alter Wandersmann hast doch keine Angst vor Regen.

4 Satzlehre (Syntax)

4.1 Einführung

Wenn wir sprechen und schreiben, reihen wir die Wörter nicht beliebig aneinander, sondern wir fügen sie zu Sätzen zusammen. Für die Sätze gibt es Muster, Baupläne, in welche die Wörter eingefügt werden, damit ein Sinn entsteht. Von diesen Satzbauplänen und den Regeln des Satzbaus handelt die **Satzlehre**; sie heißt auch **Syntax** von griechisch *syntaxis* „Anordnung".

Zur Einführung bauen wir schrittweise einen Satz auf und beschäftigen uns dabei mit einem bekannten Märchen.
Dornröschen schlief.

Dies ist bereits ein einfacher Satz aus zwei Teilen, Subjekt und Prädikat, die hier einzelne Wörter sind. Der Satz ist grammatisch richtig. Nun kommt der Königssohn ins Spiel:
Der Königssohn suchte.

Ob das ein vollständiger Satz ist, darüber lässt sich streiten; jedenfalls weiß der Königssohn genau, wen er sucht, er hat ein Ziel:
Der Königssohn suchte Dornröschen.

Dornröschen als Ziel des Suchens ist im Satz Objekt. Aber über Dornröschen gibt es noch mehr zu sagen:
Der Königssohn suchte das von einer alten Frau verzauberte, in einem hundertjährigen Schlaf liegende Dornröschen.

Dies alles sind Erläuterungen, nähere Bestimmungen zu Dornröschen: Attribute. Man kann sie auch etwas flüssiger und lesbarer formulieren:
Der Königssohn suchte Dornröschen, das – von einer alten Frau verzaubert – in einem hundertjährigen Schlaf lag.

Der Königssohn sucht Dornröschen, weil er gehört hat, dass sie „wunderschön, sittsam, freundlich und verständig ist"; so der Märchentext. Also:
Der Königssohn suchte das wunderschöne, sittsame, freundliche und verständige Dornröschen, das – von einer alten Frau verzaubert – in einem hundertjährigen Schlaf lag.

Genug der Attribute für Dornröschen. Der Königssohn ist auch nicht ohne. Furchtlos lässt er sich vom Schicksal seiner Vorgänger nicht abschrecken:
Der mutige Königssohn, der sich vom Schicksal der anderen Jünglinge nicht abschrecken ließ, die in der Dornhecke hängen geblieben und gestorben waren, such-

te das wunderschöne, sittsame, freundliche und verständige Dornröschen, das – von einer alten Frau verzaubert – in einem hundertjährigen Schlaf lag.

Ein ganz schön langer Satz ist das geworden, mit einem Subjekt, das viele Attribute bei sich hat, einem Prädikat und einem Objekt, das ebenfalls viele Attribute bei sich hat. Aber wir wissen noch mehr, nämlich wo zu suchen ist: im alten Schloss, wo alles schläft.
Hinter der dichten Dornhecke, im Schloss, wo Menschen, Tiere, die Fliegen an der Wand und selbst der Braten auf dem Herd schliefen, suchte der mutige Königssohn, der sich vom Schicksal der anderen Jünglinge nicht abschrecken ließ, die in der Dornhecke hängen geblieben und gestorben waren, das wunderschöne, sittsame, freundliche und verständige Dornröschen, das – von einer alten Frau verzaubert – in einem hundertjährigen Schlaf lag.

Nun ist noch eine Ortsangabe hinzugekommen, eine adverbiale Bestimmung; und der Satz ist ziemlich lang geworden. Man könnte jedoch noch weitere Angaben hinzufügen. Wir lassen es gut sein, nur zur Erinnerung noch einmal der Kern des Satzes, der zu Grunde liegende Satzbauplan:
Der Königssohn suchte Dornröschen.
Subjekt + Prädikat + Objekt.

Und das Grundgerüst des gesamten Bauplanes:

Im Schloss	suchte	der mutige Königssohn	das schlafende Dornröschen.
Adv. Best.	+ Prädikat	+ Subjekt mit Attribut	+ Objekt mit Attribut

Anders noch einmal:

WER suchte?	der Königssohn	Subjekt
WAS FÜR EIN Königssohn?	der **mutige** Königssohn	Attribut
WAS TAT ER?	(er) suchte	Prädikat
WEN suchte er?	Dornröschen	Akkusativobjekt
WAS FÜR EIN Dornröschen?	das **schlafende** Dornröschen	Attribut
WO?	im Schloss	Adverbiale Bestimmung

4.2 Satzglieder und Nebensätze (Gliedsätze): Grundbausteine der Sätze

Nicht Wörter sind die Grundbausteine der Sätze, sondern **Satzglieder**, die in älteren Grammatiken auch **Satzteile** genannt werden.

Welche und wie viele Wörter zu einem Satzglied gehören, kann man herausfinden, wenn man die **Umstellprobe** oder **Verschiebeprobe** macht. Die Regel lautet: So umstellen, dass der Sinn sich nicht ändert.

Die Brüder Grimm	sammelten	viele Jahre lang	Volks-märchen	in einem Gasthaus namens Knallhütte.
Viele Jahre lang	sammelten	die Brüder Grimm	Volks-märchen	in einem Gasthaus namens Knallhütte.
In einem Gasthaus namens Knallhütte	sammelten	die Brüder Grimm	viele Jahre lang	Volks-märchen.

Damit haben wir die Satzglieder dieses Beispielsatzes ermittelt und sehen, dass sie aus einem Wort (sammelten, Volksmärchen) oder aus mehreren Wörtern bestehen können. Bei dem Beispiel ist ein wenig getrickst worden, weil die Attribute, bei die Brüder Grimm und in einem Gasthaus namens Knallhütte so angelegt sind, dass sie nicht verschoben werden können. Zu Attributen und den Stellungsmöglichkeiten siehe **Kap. 4.3.4**.

Am Beispiel lässt sich noch Folgendes beobachten:

- Die Personalform des Verbs, auch Verbum finitum genannt (sammelten), steht immer an 2. Position. Wenn der Satz anders formuliert wäre, sähe das so aus: Die Brüder Grimm haben viele Jahre lang Volksmärchen in einem Gasthaus namens Knallhütte gesammelt.
- Das Subjekt (D/die Brüder Grimm) steht entweder an der 1. oder an der 3. Stelle, also hinter der Personalform des Verbs.
- Für die anderen Satzglieder ist die Stellung recht frei, es kommt darauf an, was besonders betont werden soll. Das stellt man an den Anfang.

Zurück zu den Satzgliedern als Grundbausteinen und zu den Grundmustern. Die bleiben auch erhalten, wenn man an der Stelle eines Satzgliedes einen Teilsatz gebraucht; Jedes Satzglied außer dem Prädikat kann durch einen **Gliedsatz** ersetzt werden. In manchen Grammatiken heißt er auch **Nebensatz**, weil er untergeordnet ist, so auch in den Amtlichen Rechtschreibregeln.

Ersetzen von Satzteilen durch Gliedsätze

Wer sich für Erzählungen und Geschichten im Volk interessierte, → Subjektsatz	sammelte	viele Jahre lang	Volksmärchen	in einem Gasthaus namens Knallhütte.
Die Brüder Grimm	sammelten	, als sie sich für Erzählungen und Geschichten im Volk interessierten, → Adverbialsatz	Volksmärchen	in einem Gasthaus namens Knallhütte.
Die Brüder Grimm	sammelten	viele Jahre lang	, was ihnen die alte Dorothea Viehmann erzählte, → Objektsatz	in einem Gasthaus namens Knallhütte.
Die Brüder Grimm	sammelten	viele Jahre lang	Volksmärchen	, wo heute eine Brauerei mit einer Gaststätte namens Knallhütte neben einem großen VW-Werk liegt. → Adverbialsatz

In den Beispielen kann man die drei Grundmuster sehen, wie untergeordnete Gliedsätze (GS) und der übergeordnete Hauptsatz (HS) angeordnet werden können.
Man kann das gut als Treppe darstellen:

	HS.
GS,	

H...,		...S.
	GS,	

HS,	
	GS.

Auch Satzglieder in Gliedsätzen können ihrerseits durch Gliedsätze ersetzt werden, die weiter untergeordnet sind. Man nennt deshalb die jeweils übergeordneten Sätze auch **Trägersätze**. Hier ein komplexeres Beispiel:

Weil die erste Fassung der Märchen, welche die Brüder Grimm in zwei Bänden 1812 und 1815 veröffentlicht hatten, in sehr trockenem, wissenschaftlichem Sammlerstil geschrieben war und sich schlecht verkaufte, begann besonders Wilhelm Grimm ab 1819, die Märchen als „Kinder- und Hausmärchen" in der Form und dem Stil zu veröffentlichen, den wir kennen und der in der letzten Ausgabe, die 1857 erschien, seine Form gefunden hatte, die wir als Märchenstil schlechthin kennen.

Mit den grammatischen Begriffen:

			begann HS,					
Weil G...,		in sehr ...S,		die Märchen GS als Infinitivsatz,				
	welche GS,				den G...,		seine ...S,	
						die GS,		die GS.

Mit den Begriffen der Satzglieder:

			HS,					
Adverbial-		-satz,		Akkusativobjekt als Infinitivsatz,				
	Attributsatz,				Attribut-		-satz,	
						Attributsatz,		Attributsatz.

Mit den Begriffen der Formen:

			HS,					
Konjunktional-		-satz,		erweiterter Infinitiv mit zu				
	Relativsatz,				Relativ-		-satz,	
						Relativsatz,		Relativsatz.

4.3 Die Satzglieder im Einzelnen

Drei Aspekte bestimmen die Grammatik der einzelnen Satzglieder:

- Was ist ihre **Funktion** im Satz? Die traditionellen Begriffe lauten: **Subjekt, Prädikat, Objekt, adverbiale Bestimmung, Attribut, Prädikativ** und **Vokativ.** Nach diesen Begriffen werden sie hier vorgestellt.
- Welche **Wortarten** müssen oder können vorkommen?
- Welche **Stellungsregeln** gibt es, wenn mehrere Wörter (Wortarten) vorkommen?

In den Satzmustern können dann die Satzglieder aneinandergereiht werden. Das wird in den Stellungsregeln angesprochen und in **Kap. 4.4.2** noch einmal zusammengefasst.

4.3.1 Das Subjekt (Satzgegenstand)

Funktion, drückt aus:	O in Aktivsätzen wer oder was es ist, es tut; ist somit **Handlungsträger, Geschehnisträger.** **Timo** putzt sein Fahrrad. **Isabel** ruft Timo an. **Sein Handy** klingelt. **Er** hört sein Handy klingeln. **Viele Kinder** haben heute ein Handy. **Sie** schicken gerne eine SMS. O in Passivsätzen wer oder was betroffen ist; dann wird der Handlungsträger des Aktivsatzes mit von eingeleitet oder gar nicht genannt. **Das Fahrrad** wird (von Timo) geputzt. **Timo** wird (von Isabel) angerufen. (Zu Aktiv und Passiv s. Wortlehre, **Kap. 3.4.2.**)
besteht aus:	Nomen/Substantiv (gegebenenfalls mit vorangestelltem Begleiter) oder Pronomen: Timo, das Fahrrad, sein Handy, dieser Spielplatz, viele Kinder, er, sie, … (Zu Stellungsregeln mit Attributen s. **Kap. 4.3.4.**)
grammatisches Merkmal:	steht im Nominativ (WER-/WAS-Fall, in älteren Grammatiken auch 1. Fall genannt)
ersetzbar durch:	O **Subjektsatz;** er wird häufig durch dass eingeleitet, aber auch durch wer, was, welcher, … **Dass Isabel ihn anruft,** freut Timo. O **Infinitivsatz,** auch „erweiterter Infinitiv mit zu“: **Timo nachmittags anzurufen,** macht Isabel Spaß. Beide können durch ein es angekündigt werden: Es macht Isabel Spaß, **Timo anzurufen.**
Stellung im Satz:	am Satzanfang oder hinter der Personalform des Verbs ab 3. Stelle; *adverbiale Bestimmungen* können noch eingeschoben werden: **Isabel** will *am Nachmittag* mit Timo spielen. Am *Nachmittag* will **Isabel** mit Timo spielen. Leider hat *heute* **Timo** keine Zeit Besser: Leider hat **Timo** *heute* keine Zeit. *Heute* hat **Timo** leider keine Zeit.

4.3.2 Das Prädikat (Satzaussage, Satzkern)

Funktion, drückt aus:	○ was es ist, was geschieht, was getan wird; ist insofern die Aussage über das Subjekt. ○ bestimmt, welche Objekte (Satzergänzungen) es gibt, insofern **Satzkern**.
besteht aus:	○ dem gebeugten, finiten Verb: Isabel **spricht** mit Timo. ○ Die **Verbform** kann **mehrteilig** sein, dann rückt der Infinitiv, das Partizip oder das trennbare Präfix normalerweise ans Satzende.[30] Sie **will** mit ihm auf den Spielplatz **gehen**. Er **kommt** leider nicht **mit**. Er **wird** vielleicht später **nachkommen**. ○ Das kann zu recht **komplexen Formen** führen, besonders im Passiv: Erst **muss** sein Fahrrad **geputzt worden sein**. (Einzelheiten siehe Wortlehre, **Kap. 3.4.2.**) ○ Bei **reflexiven Verben** gehört mich, dich, sich bzw. uns, euch, sich dazu: Wir **freuen** <u>**uns**</u> über das schöne Wetter. Diese echten reflexiven Verben sollte man nicht mit **Verben mit Akkusativobjekt** verwechseln: Timo wäscht <u>sich</u>. (WEN?/WAS?) ○ Das finite Verb wird oft **Prädikatskern** genannt.[31]
grammatisches Merkmal:	enthält in der Verbform die Kategorien der Konjugation, also Person und Numerus (Zahl), Tempus, Modus (Indikativ oder Konjunktiv), Aktiv oder Passiv

[30] *Diese Verbklammer, die auch Prädikatsklammer heißt, ist eine Besonderheit des Deutschen, die Menschen mit anderer Erstsprache immer wieder Probleme bereitet. Die Regel, dass der Infinitiv oder das Partizip des Vollverbs ans Ende rückt, muss nicht immer strikt eingehalten werden, aber sie gilt als Grundregel. Einzelheiten dazu siehe Kap. 3.4.2 und 4.4.3.*

[31] *In manchen, besonders wissenschaftlichen Grammatiken wird zwischen einem engen Prädikatsbegriff, wie er hier vorgestellt wird, und einem weiten Prädikatsbegriff unterschieden, bei dem notwendige, vom Verb verlangte Objekte und das Prädikativ in der ist-Prädikation (s.u.) mit zum Prädikat gerechnet werden. In didaktischen Grammatiken wird das kaum getan.*

Stellung im Satz:	• Im **Aussagesatz** steht die Personalform (das finite Verb) an der **2. Stelle**. Bei mehrteiligen Verbformen wird die Verbklammer (Prädikatsklammer) gebildet, Beispiele siehe S. 118. • In Fragesätzen vom Typ **Entscheidungsfrage** steht die Personalform an 1. Stelle: **Kommst** du mit? – **Willst** du mitkommen? Eine Anrede (Vokativ) kann vorangestellt werden. Timo, **kommst** du mit? • In Fragesätzen vom Typ **Ergänzungsfrage** steht die Personalform an 2. Stelle nach dem Fragewort bzw. der Fragewortgruppe: Wann **kannst** du kommen? – Wie lange **machst** du noch Hausaufgaben? • In **Aufforderungssätzen** steht der Imperativ an 1. Stelle: **Komm** doch mit! • **Vorangestellt** und mit Komma abgetrennt kann eine Anrede (siehe Vokativ), eine Bitte oder andere Aufforderung sein: Timo, **komm** doch mit! Bitte, **komm** doch mit. Los, **nun** mach schon voran! • In **Gliedsätzen** (Nebensätzen) rückt das Prädikat meistens ans Ende: Isabel fragt Timo, ob er Hausaufgaben **gemacht hat**. Sie möchte, dass er mit ihr zum Spielplatz **geht**.

4.3.3 Die Objekte (Satzergänzungen)

Der deutsche Begriffsname drückt schon aus, dass in den entsprechenden Sätzen etwas fehlt und eben ergänzt werden muss. In der Aussage des gesamten Satzes ist es immer völlig klar, dass man *jemanden* anruft, dass man *etwas* putzt, dass man *jemandem* hilft, dass man *über jemanden* oder *etwas* staunt usw.

Grammatisch wird vom Verb her gesteuert, wie das entsprechende Satzglied in den Satzbauplan eingefügt werden muss.

Das Akkusativobjekt

Das Akkusativobjekt (die Satzergänzung im WEN-/WAS-Fall)	
Funktion, drückt aus:	**O** in Aktivsätzen, wen oder was das Geschehen, die Handlung direkt betrifft: Timo putzt **sein Fahrrad**. Isabel ruft **ihn** an. Er hört **das Handy** klingeln. Viele Kinder haben heute **ein Handy**. Sie schicken gerne **eine SMS**. **O** in Passivsätzen mit dem Perspektivenwechsel auf die Handlung werden diese Objekte zu Subjekten: **Das Fahrrad** wird (von Timo) geputzt. **Timo** wird (von Isabel) angerufen. **O** Mit intransitiven Verben kann man keine Passivsätze bilden.
besteht aus:	Nomen/Substantiv (gegebenenfalls mit vorangestelltem Begleiter) oder Pronomen: sein Fahrrad, das/ein Handy, eine SMS, ihn, … (Zu Stellungsregeln mit Attributen siehe **Kap. 4.3.4**)
grammatisches Merkmal:	steht im Akkusativ (WEN?-/WAS?-Fall, in älteren Grammatiken auch 4. Fall genannt)
ersetzbar durch:	**O** **Objektsatz**; er wird häufig durch dass eingeleitet, aber auch durch wen, was, welchen, … Isabel möchte, **dass Timo mit ihr zum Spielplatz geht.** Er hört, **was sie ihm am Telefon sagt.** **O** **Infinitivsatz**, auch „erweiterter Infinitiv mit zu“: Timo verspricht Isabel, **am Nachmittag mit ihr zum Spielplatz zu gehen.**
Stellung im Satz:	**O** meistens hinter der Personalform des Verbs oder noch weiter hinten: Timo will **das Fahrrad** putzen. Vorher muss er aber **Hausaufgaben** machen. **O** kann in Spitzenstellung stehen und wird dann besonders betont: **Hausaufgaben** muss er aber vorher machen.
Sonderfall:	Nach dem Verb nennen stehen zwei Akkusativergänzungen: Isabel nennt **Timo** **ihren besten Freund**.

Das Dativobjekt

Das Dativobjekt (die Satzergänzung im WEM-Fall)	
Funktion, drückt aus:	○ wem etwas gilt, gleicht, zugedacht ist, ähnelt: Isabel ähnelt **ihrer Mutter**. Sie hilft **ihr** gern. – Timo hört **Isabel** zu. ○ Bei nicht wenigen Verben kommt das **Dativobjekt** zusammen mit einem Akkusativobjekt vor: Timo wäscht **sich** die Hände. – Mama kämmt **Isabel** die Haare. Sie hat **ihr** einen Zopf geflochten. ○ Mit dem **Dativobjekt** können manchmal Passivsätze gebildet werden: Samstags wird **Isabel** von Vater oft Schokolade mitgebracht. ○ Einige Adjektive haben ein **Dativobjekt** bei sich: Isabel ist **ihrer Mutter** ähnlich. Timo ist **seinem Vater** böse.
besteht aus:	Nomen/Substantiv (gegebenenfalls mit vorangestelltem Begleiter) oder Pronomen
grammatisches Merkmal:	steht im Dativ (WEM-Fall, in älteren Grammatiken auch 3. Fall genannt)
ersetzbar durch:	Das Dativobjekt ist nicht direkt durch einen Objektsatz zu ersetzen; aber man kann einen Attributsatz durch eine kurze **Proform im Dativ** einleiten. Wir konnten **denjenigen**, die zu spät kamen, nur noch Reste anbieten.
Stellung im Satz:	Hier gibt es einige wichtige Regeln. ○ Das **Dativobjekt** steht vor dem Akkusativobjekt: Vater bringt **Isabel** Schokolade mit. Er gibt **ihr** die Schokolade. ○ Wenn das Akkusativobjekt ein Pronomen ist, rückt es vor das **Dativobjekt**: Vater gibt sie **Isabel** an der Haustür. ○ Das gilt auch, wenn beide Pronomen sind: Er gibt sie **ihr** an der Haustür.

Das Genitivobjekt

Das Genitivobjekt (die Satzergänzung im WES-Fall)
Das Genitivobjekt kommt nur noch bei wenigen Verben und in einigen Adjektivkonstruktionen vor: Sie gedachten **der Toten**. – Sie waren sich **ihrer Sache** sicher. – Sie waren sich **keiner Schuld** bewusst. Es wird in der Standardsprache oft durch ein Präpositionalobjekt ersetzt: Er erinnert sich **seines Versprechens**. → Er erinnert sich **an sein Versprechen**. – Sie schämten sich **ihrer**. → Sie schämten sich **für sie**. Der Genitiv ist sehr gebräuchlich als Kasus des Genitivattributs, s. **Kap. 4.3.4**.

Die Präpositionalobjekte

Die Präpositionalobjekte (die Satzergänzung mit Präpositionen: AUF WEN/WAS?, WORAUF?, FÜR WEN/WAS? usw.)	
Funktion, drückt aus:	auf wen oder was, für wen oder was, mit wem usw. etwas getan wird: Isabel wartet **auf ihre Mutter**. – Die Mutter entschuldigt sich **für ihre Verspätung**.
besteht aus:	Präposition (Verhältniswort) + Nomen/Substantiv (gegebenenfalls mit vorangestelltem Begleiter) oder Pronomen
grammatisches Merkmal:	Die Präposition bestimmt den Folgekasus.
ersetzbar durch:	kann durch einen **Gliedsatz** ersetzt werden, der eingeleitet wird durch darauf, dass …, dafür, dass … usw.: Isabel wartet darauf, **dass ihre Mutter nach Hause kommt.** – Die Mutter entschuldigt sich dafür, **dass sie sich verspätet hat**. – Dafür, **dass sie sich verspätet hat**, entschuldigt sich die Mutter.
Stellung im Satz:	recht frei, auch hier gilt, dass die erste Position eine Betonung und Hervorhebung ist: **Auf den Bus** kannst du noch lange warten.

Besonderheiten:	○ Manche Adjektive fordern Ergänzungen, die den Objekten entsprechen. hungrig auf – besorgt um ○ Der Form nach kann man präpositionale Objekte leicht mit adverbialen Bestimmungen verwechseln: Wir warten **auf den Bus.** (AUF WEN/WAS? → Obj.) Wir warten **auf der Bank.** (WO? → adv. Best. d. Ortes) Wir fahren **mit dem Bus.** (MIT WAS? → Obj.) Wir schlagen den Nagel **mit dem Hammer** in die Wand. (WOMIT? → Werkzeug, adv. Best. der Art und Weise) Für den Sprachgebrauch ist diese Unterscheidung nicht so wichtig. Da ist der richtige Kasusgebrauch wichtig.

Das Prädikativ

Das Prädikativ (auch Prädikatsnomen, die Satzergänzung im WER-/WAS-Fall)	
Funktion, drückt aus:	○ wer oder was es ist ○ kommt meist mit den Verben sein und heißen vor. Isabel ist **ein Schulkind**. Sie ist **acht Jahre alt**. Ihre Schwester heißt **Josephine**.
besteht aus:	○ Nomen/Substantiv, gegebenenfalls mit Begleiter, im Nominativ: Timo ist **der Nachbar** von Isabel. ○ undekliniertem Adjektiv: Timo ist **hungrig**. ○ Adverb oder einer anderen Form einer adverbialen Bestimmung (siehe **Kap. 4.3.5**): Die Kinder sind **draußen**. Sie sind **im Garten**. Es ist **vier Uhr**. Sie sind **auf dem Spielplatz**. ○ Prädikativsatz: Ich bin, **wer ich bin.**
Stellung im Satz:	Meistens nach der Personalform des Verbs, aber in Betonungsstellung auch davor. Sie heißt **Isabel**. **Isabel** heißt sie, nicht Josephine. **Wo** bist du? **Hier** bin ich!

4.3.4 Die Attribute (Beifügungen)

Attribute geben eine nähere Bestimmung eines Nomens/Substantivs, eines Pronomens oder eines Adjektivs an. Sie sind Satzglieder 2. Ordnung, da das Bezugswort ja selbst einem Satzglied angehört.

Der **blaue** Pullover fehlte. → Attribut des Subjekts

Es gibt eine Fülle von Erscheinungsformen, wobei zwischen den Positionen vor oder nach dem Bezugswort und den jeweiligen Wortarten zu unterscheiden ist. Sie werden im Folgenden mit Beispielen vorgestellt.

Attribute mit einem Nomen/Substantiv als Bezugswort

vorangestelltes, dekliniertes Adjektiv, Partizip oder Pronomen[32]

- **Adjektiv:**
  der **blaue** Pullover, die **grüne** Jacke, unser **schwarzes** Auto, …
  großer Hunger, **blaue** Augen, **gutes** Wetter, …
  Mehrere Adjektive trennt man durch Komma:
  der **blaue**, **kurzärmelige** Pullover
  Bei festen Begriffen wird das Adjektiv großgeschrieben:
  die **Große** Mauer (in China), **Rote** Bete, der **Rote** Planet (Mars), **Schwarze** Johannisbeeren, …
  Das ist nicht immer leicht zu entscheiden, vergleiche:
  der **graue** Star (Augenkrankheit), **rote** Grütze, …
  Im Zweifelsfall sollte man hier im Wörterbuch nachschlagen.
- **Partizip Präsens:**
  die **funktionierende** Bremse, der **quakende** Frosch, …
  Partizip Perfekt:
  die **belegten** Brötchen, das **gewaschene und gebügelte** Hemd, …
- Partizipien und auch Adjektive können selbst durch Adjektive und Partizipien **näher bestimmt** werden, die dann nicht gebeugt werden. Man kann sie auch als adverbiale Bestimmungen einordnen. Das ist wiederum nur ein Problem für die Systematik, nicht für den Sprachgebrauch. Da sie dem Adjektiv zugeordnet sind, das seinerseits Attribut oder Prädikativ ist, werden sie hier mit aufgenommen:
  die **gut funktionierende** Bremse, die **frisch gestrichene** Bank, das **leuchtend rote** Kleid, das **blau-weiß gestreifte** Hemd, …
  (Zur Kombination von Farben siehe **Kap. 3.2.3**, dort „Komposita")
- **Zahlwörter:**
  die **dritte** Stunde, **zehn** Uhr, **drei** Euro und **fünfzig** Cent, **20** Grad Celsius (abgekürzt zu 20°C), …

---

[32] *Die komplizierte Adjektivdeklination, gilt in gleicher Weise für die Partizipien, welche in dieser Verwendung oft auch Verbaladjektive genannt werden. S. dazu Kap. 3.4.4.*

Bis zum Wert von 12 schreibt man im laufenden Text gewöhnlich in Buchstaben, dann in Ziffern. Wenn es um Maßeinheiten, Zahlenskalen, Tabellen usw. geht, schreibt man in Ziffern: Schalke – HSV 2:2.
In Rechnungen setzt man bei hohen Summen nicht selten die Buchstabenschreibung in Klammern dazu: € 1500 (eintausendfünfhundert Euro).

- **Pronomen: irgendein** Dummkopf, **welche** Frage, …

- **Nachgestelltes undekliniertes Adjektiv oder Partizip**
  Es wirkt häufig etwas altertümlich oder poetisch:
  Röslein **rot** – Blumen, **frisch geschnitten**, …

- **Nachgestelltes dekliniertes Adjektiv oder Partizip**
  Hier wird das Adjektiv oder Partizip mit Artikeln oder Demonstrativpronomen angeschlossen. Genus, Kasus und Numerus werden vom Bezugsnomen übernommen:
  das Fahrrad, das **klappernde,** – meine Jacke, diese **grüne**, …

- **Nachgestelltes Adverb**
  Hier kann eines oder mehrere auf das Nomen folgen:
  das Auto **dort** – der Mann **da drüben** – dieses Buch **hier**, …

- **Nachgestelltes, seltener vorangestelltes Nomen im Genitiv**
  Dies ist das häufige **Genitivattribut**, gegebenenfalls mit Begleitern:
  Mirkos Jacke, die Puppe **Lisas**, der Hausmeister **der Schule**, das Fahrrad **meines Bruders**, …
  Das Nomen im Genitiv kann selbst wieder ein Attribut bei sich haben:
  das Fahrrad **meiner kleinen Schwester**, der Schatten **des großen Baumes**, …

- **Nachgestelltes, selten vorangestelltes präpositionales Attribut**
  Hier kann das Nomen/Substantiv der präpositionalen Gruppe ebenfalls ein Attribut bei sich haben:
  der Busch **mit den stacheligen Dornen** – das Mädchen **mit der roten Mütze – mit der roten Mütze** das Mädchen – der Baum **mit den vielen weißen Blüten**, …

- **Vorangestelltes oder nachgestelltes Nomen/Substantiv**
  Dieses steht, gegebenenfalls mit Begleitern, im gleichen Kasus **(Apposition, Beistellung im gleichen Fall)** wie das Bezugswort. Es kann wiederum selbst ein Attribut bei sich haben. Hier gibt es einige Stellungsregeln:
  - Die einfache Apposition wird nachgestellt:
    Leo, mein Bruder, … – eurem Nachbarskind, **der kleinen Nele**, …
  - Vornamen, Verwandtschaftsnamen, Berufe und Titel werden vorangestellt:
    Isabel Müller, **Tante** Inge, **Lehrer** Bolte, **der Präsident der USA** Obama, **Dr.** Mayer, **Professor** Kluge, …

- Vorangestellt werden Maßangaben und Mengenangaben:
  ein Glas Wasser, **zehn Pfund** Kartoffeln, **fünf Grad** Kälte, …
- Datumsangaben sind nachgestellt und in Kommas eingeschlossen:
  Freitag, **der 13. März 2009**, – am Donnerstag, **dem 5. April 2012**, …
- Nachgestellt sind Nomen/Substantive und ihre Begleiter oder Pronomen, die angeschlossen werden mit als, besonders, insbesondere, das heißt, namentlich, nämlich, und zwar, wie:
  du **als guter Schüler**, in Zeiten **wie diesen**, …
  Teils werden sie mit Komma abgetrennt:

die wichtigsten Regierungsmitglieder,	{ besonders insbesondere das heißt nämlich namentlich und zwar }	die Minister,

Attribute können durch einen **Relativsatz** ersetzt werden, der immer nachgestellt ist und durch ein Relativpronomen eingeleitet wird. Es richtet sich in Genus und Numerus nach dem Bezugswort, im Kasus nach der Rolle, die es im Relativsatz spielt; es kann auch eine Präposition hinzugefügt werden (siehe Tabelle S. 96).

Ein **Relativsatz** kann durch einen weiteren Satz ausgebaut werden, sodass ein Satzgefüge entsteht:
Die Kinder, **deren Lachen man schon von Weitem hören kann**, wenn sie durch die Gärten toben, spielen Nachlaufen.

Parenthese

Ein nachgestellter selbstständiger Satz, der ein Nomen/Substantiv oder Pronomen aufgreift und meistens in Gedankenstriche gestellt wird, ist die Parenthese (**Satzbeistellung**), die ebenfalls ein Attribut darstellt:
An Lidias Fahrrad – **es klappert und rappelt** – müssen mal wieder einige Schrauben angezogen werden.
Es kann sogar ein Satzgefüge als Parenthese eingeschoben werden:
Lidia – **sie fährt gern Fahrrad**, wenn sie aus der Schule nach Hause kommt – muss aber erst einmal ihre Hausaufgaben machen.

Gliedsätze

Schließlich können **konjunktionale Gliedsätze** und **Gliedsätze ohne einleitende Konjunktion** ein Nomen näher bestimmen:
Ich bin der Ansicht, **dass wir die Sonnenenergie besser nutzen sollten**.
Ihre Hinweise, **was zu tun sei**, wurden dankbar aufgegriffen.

♦ Umformungen

Die vielen Erscheinungsformen des Attributs lassen sich stilistisch nutzen, wie die folgende Umformungskette aus zwei kurzen Sätzen zeigt:

Der Frosch hüpft ans Ufer. Er quakt laut.
Der laut quakende Frosch hüpft ans Ufer.
Der Frosch, der laut quakende, hüpft ans Ufer.
Der Frosch, der laut quakt, hüpft ans Ufer.
Der Frosch – der Frosch quakt laut – hüpft ans Ufer.
Der Frosch – er quakt laut – hüpft ans Ufer.
Der Frosch, der laute Quaker, hüpft ans Ufer.

Aber im folgenden Satz ist laut quakend adverbiale Bestimmung:
Der Frosch hüpft laut quakend ans Ufer.

Attribute mit Pronomen als Bezugswort

Auch hier gibt es viele Möglichkeiten. Sie werden hier als Beispielliste angegeben, die grammatischen Formen entsprechen den Attributen bei Nomen/Substantiven:

- **Apposition:** wir, **die Klasse 3a,** … – ihnen, **den Helfern,** …
- **Adjektiv** oder **Zahlwort:** ihr **guten**, wir **beide**, ihr **fünf**
- **Adverbien**, meistens mit Verweis in die Redesituation: du **da hinten**, ihr **da drüben**, wir **hier oben**
- **Satzglied mit Präposition:** ihr **aus der dritten Klasse,** …
- **Anschluss mit** als: wir **als faire Verlierer** …
- **Relativsatz:** wir, **die wir uns immer angestrengt haben,** …
- **Parenthese:** wir – **angestrengt haben wir uns immer** – …
- **Konjunktionalsatz:** wir, **weil wir uns immer angestrengt haben,** …
  (kann auch als eingeschobener Adverbialsatz gesehen werden)

Man sieht: Das Grundgerüst der Sätze wird zwar durch die notwendigen Satzglieder gebildet, aber die freien Angaben, in diesem Fall die Attribute, sorgen nicht nur für Farbe, sondern bieten durch ihre Formenvielfalt stilistisch interessante Möglichkeiten.

4.3.5 Die adverbialen Bestimmungen (Umstandsbestimmungen)

Klären wir als Erstes die Begriffe:

- **Adverb** heißt die Wortart, deutsch **Umstandswort**.
- **Adverbiale Bestimmung**, deutsch **Umstandsbestimmung**, ist der Name für das Satzglied nach seiner Funktion im Bauplan des Satzes.

- **Adverbialsätze** stehen an der Stelle von adverbialen Bestimmungen.

Die adverbialen Bestimmungen haben eine Fülle von Bedeutungen, Erscheinungsformen und möglichen Stellungen im Satz. Daher sind auch die Bezugsbereiche, was näher bestimmt wird, sehr vielfältig. Das wird im Folgenden Schritt für Schritt entwickelt.

Bedeutungsbereiche

- **Raum-, Orts- und Richtungsangaben (lokale und direktionale Bestimmungen** WO? WOHIN? WOHER?**):**
  Erkan und Hasan spielen **auf dem Spielplatz**. (WO?)
  Sie sind um vier Uhr **aus der Schule** gekommen. (WOHER?)
  Wenn es dunkel wird, wollen sie **zu Nico** gehen. (WOHIN?)[33]

- **Angaben über Zeitpunkt und Dauer (temporale Bestimmungen** WANN? WIE LANGE?**):**
  Heute Nachmittag spielt Tim im Garten. (WANN?)
  Vorher hat er **eine Stunde lang** Hausaufgaben gemacht. (WIE LANGE?)

- **Begleitumstände (modale Bestimmungen** WIE? WOMIT? WODURCH?**):**
  Ava isst **gern** Zuckerwatte. – Olli fährt <u>am liebsten</u> **mit dem Karussell**.
  Olli hat sich **beim Abspringen vom Karussell** den Fuß verstaucht.

- **Angaben über Ursachen, Gründe und Folgen (Kausalbestimmungen** WARUM? WESHALB? WOZU?**):**
  Wegen des verstauchten Fußes humpelt Olli ein wenig. **Zum Abkühlen** zieht er Schuhe und Strümpfe aus und hält den Fuß unter den Wasserhahn.

Erscheinungsformen

Mit den Erscheinungsformen bei adverbialen Bestimmungen ist es ähnlich wie beim Attribut. Dort gab es eine dominierende Wortart, das Adjektiv, und dann sehr viele Möglichkeiten. Hier gibt es das Adverb als dominierende Wortart und wiederum viele Möglichkeiten, wobei die Nomen/Substantive Attribute bei sich haben können. In den Beispielen wird jetzt nur auf die Formen geachtet, die Stellungen und Bezugsbereiche werden weiter unten besprochen.

- **Adverbien** sowie **undeklinierte Adjektive:**
  Jetzt springt Isabel auf das weiße Pferd des Karussells. (Adverb)
  Es beginnt, sich **langsam** zu drehen. (Adjektiv)
  Isabel lacht **laut**, während sich das Karussell **immer schneller** dreht. (Adjektiv und Adjektiv im Komparativ, das seinerseits durch das Adverb immer bestimmt wird.)

---

[33] *In Kap. 3.4.7 wird auf das im Deutschen nicht ganz einfache Zusammenspiel von Präpositionen und Folgekasus bei Richtungsangaben und Ortsangaben genauer eingegangen.*

- **Nomen/Substantive mit Begleitern**
  - im Akkusativ:
    Die Kinder bleiben **den ganzen Nachmittag** auf dem Spielplatz.
  - in älteren Texten und in gehobenem Stil auch im Genitiv:
    Des Abends gelangte die Kutsche an das Stadttor.
  - präpositionale Gruppen:
    Die Kinder bleiben **den ganzen Nachmittag auf dem Spielplatz**.

- **Infinitive (Infinitivgruppen[34]),** eingeleitet durch Konjunktionen wie anstatt zu, ohne zu, um zu:
  Anstatt zu jammern, biss Timo die Zähne zusammen und zog Strümpfe und Schuhe wieder an, **um weiterzugehen**.
  Ohne zu zögern, sprang er über den Graben.

- **Partizipien (Partizipgruppen):**
  Laut jauchzend, schaukelte Marc immer höher.
  Von seinem Jubel angelockt, sprang Mira vom Karussell und rannte, **von einem Bein auf das andere hüpfend,** zur Schaukel.
  Achtung, keine hängenden Partizipien! Das Verb des Partizips muss im gleichen Satz ein mögliches Subjekt haben.
  Nicht: **Außer Atem auf dem Spielplatz angekommen**, sprang Marc von der Schaukel und lief auf Mira zu.
  Nicht Marc ist außer Atem auf dem Spielplatz angekommen, der war schon dort.
  Also: **Außer Atem auf dem Spielplatz angekommen,** sah Mira Marc von der Schaukel springen und auf sie zulaufen.

Bedeutungsbezug und Stellung

Grundsätzlich können adverbiale Bestimmungen folgende Teile bestimmen:

- **den ganzen Satz:**
  Nachmittags spielen die Kinder gern auf dem Spielplatz.
  Zeitadverbiale bestimmen gewöhnlich den ganzen Satz.

- **das Verb:**
  Mira will **nicht** spielen, sondern etwas vorgelesen bekommen.
  Modaladverbiale bestimmen gewöhnlich das Verb näher.

[34] *Infinitivgruppe ist der Fachbegriff, der in der neuen Rechtschreibung verwendet wird. In manchen Grammatiken wird auch der Begriff Infinitivsatz oder satzwertiger Infinitiv verwendet. Infinitivgruppen grenzt man bis auf bloße Infinitive durch Komma ab. Man sollte in der Schule das Komma regelmäßig setzen, damit sich die Schüler/-innen daran gewöhnen, auch bei einfachen Infinitiven mit* zu.
Das Gleiche gilt für den Fachbegriff Partizipgruppe, auch hier wird in manchen Grammatiken der Begriff Partizipsatz oder satzwertiges Partizip verwendet. Partizipgruppen kann man durch Komma abtrennen, muss aber nicht.

- **das Verb und Objekte:**
  Nachmittags spielen die Kinder **gern** auf dem Spielplatz.
  Ortsadverbiale bestimmen häufig das näher, was in der Verbgruppe und in Objekten steht.

- ein **Adjektiv, ein Verbaladjektiv** (als Adjektiv gebrauchtes Partizip) oder ein **anderes Adverb:**
  Das Wetter ist heute **sehr** unbeständig.
  Der **ziemlich** aufgeweichte Boden klebt an den Schuhen fest.
  Aber die Kinder spielen **wirklich** gern im Haus Memory®.

Der **Bedeutungsbezug** der adverbialen Bestimmungen wird von zweierlei beeinflusst: vom **Inhalt** und von der **Stellung**. Das ist oft nicht ganz einfach, zumal beim Sprechen durch die **Betonung** Zusammenhänge hergestellt werden können, die man beim Schreiben durch die richtige Stellung ausdrückt.

Hier einige Beispiele:
Isabel hat letzte Nacht **nicht** in ihrem Bett geschlafen.
Isabel hat letzte Nacht in ihrem Bett **nicht** geschlafen.
Isabel hat letzte Nacht **nicht** gern in ihrem Bett geschlafen.

Nebensätze (Gliedsätze)[35]

Konjunktionalsätze

Die meisten **Adverbialsätze** werden durch unterordnende Konjunktionen eingeleitet und heißen deshalb auch **Konjunktionalsätze**. Die Konjunktionen steuern zugleich die Bedeutung der Adverbialsätze. Einige können verschiedene Bedeutungen haben, das geht dann aus dem Kontext hervor. Manchmal werden sie durch ein Adverb im übergeordneten Satz angekündigt. Sie werden hier in alphabetischer Folge mit einem Beispiel aufgeführt. Weiteren Konjunktionen mit ihrer Bedeutung folgen als Liste.

- **Adversativsätze** drücken einen Gegensatz zwischen dem Inhalt des übergeordneten Satzes und dem Konjunktionalsatz aus:
  Anstatt dass Olga wie meistens zum Reiten ging, wollte sie heute lieber mit Justin auf den Fußballplatz.
  Weitere Einleitungen: als dass, anstatt zu (mit Infinitiv), ehe, obgleich, obwohl.
  Umgangssprachlich wird auch trotzdem gebraucht, das aber in der Standardsprache einen Hauptsatz einleitet.

- **Finalsätze** drücken Ziel und Zweck aus:
  Sie beeilten sich mit dem Essen, **damit sie länger spielen konnten.**
  Weitere Einleitungen: dass, um zu (mit Infinitiv).

---

[35] *Zu Infinitivgruppen und zu Partizipgruppen s. S. 129.*

- **Modalsätze** drücken Begleitumstände der Art und Weise aus:
  Je schneller wir die Aufgaben fertighaben, **desto früher können wir Fußball spielen.**
  Weitere Einleitungen: als, als ob, als wenn, außer dass, dadurch … dass, damit … dass, indem, insofern, insoweit (als), nur dass, ohne dass, ohne zu (mit Infinitiv), soweit, soviel, wie, wie wenn.

- **Konditionalsätze** geben Bedingungen an:
  Falls ihr früh genug fertig seid, kann ich euch mit dem Auto zum Fußballplatz fahren.
  Weitere Einleitungen: bevor, je nachdem, ob … oder, wenn, wenn doch.

- **Konsekutivsätze** geben Folgen an; sie werden meistens durch eine Proform im übergeordneten Satz (Trägersatz) angekündigt:
  Der Regen kam derartig plötzlich, **dass alle platschnass wurden.**
  Weitere Einleitungen: sodass, so … dass, zu … um zu (mit Infinitiv).

- **Konzessivsätze** machen eine Einräumung:
  Obwohl sie eigentlich Durst hatten, spielten die Kinder weiter.
  Weitere Einleitungen: soviel … auch, wie … auch.

- **Temporalsätze** drücken zeitliche Verhältnisse zwischen den beiden Sätzen aus, siehe auch die Ausführungen zum Tempus in **Kap. 3.4.2**:
  Nachdem der Regen vorbei war, liefen die Kinder nach Hause.

♦ Nicht eingeleitete Adverbialsätze

Mit ähnlichen Bedeutungen wie die Konjunktionalsätze können Teilsätze die Stelle und Bedeutung von Adverbialen einnehmen. Sie stehen dann vor dem Hauptsatz:
Sollte es regnen, spielen wir drinnen./**Regnet es**, spielen wir drinnen.
Die Umformung zum Konjunktionalsatz zeigt die adverbiale Bedeutung:
Wenn es regnen sollte, spielen wir drinnen.
Vergleiche auch das noch kürzere Adverbial:
Bei Regen spielen wir drinnen.

♦ Gleichgeordnete Adverbialsätze

Mit ähnlichen Bedeutungsleistungen wie konjunktionale Nebensätze gibt es gleichgeordnete Hauptsätze, die mit Adverbien eingeleitet werden.
Es regnet, **deshalb** spielen die Kinder drinnen.
Auch hier zeigt eine Umformung deutlich die adverbiale Bedeutung:
Weil es regnet, spielen die Kinder drinnen.

♦ **Umformungen**

Die letzten Beispiele zeigen schon, dass bei adverbialen Bestimmungen oft Umformungen, also alternative Formulierungen mit gleicher Bedeutung, möglich sind. Dann wird statt einer Konjunktion eine in der Bedeutung entsprechende Präposition gewählt.

Obwohl dunkle Wolken aufzogen, blieben die Kinder noch auf dem Fußballplatz. – **Trotz aufziehender dunkler Wolken** blieben die Kinder noch auf dem Fußballplatz.

Konjunktionen und Präpositionen sind manchmal auch die gleichen Wörter, also syntaktisch mehrfach verwendbare Wörter:

Während es regnete, spielten die Kinder Memory®.

Während des Regens spielten die Kinder Memory®.

Hier ist eine Liste mit **bedeutungsähnlichen Konjunktionen und Präpositionen** in alphabetischer Reihenfolge:

Konjunktion	Präposition
als	als
bis	bis
indem	durch
nachdem	nach
obwohl	trotz
während	während
weil	wegen

4.4 Sätze

4.4.1 Sätze in Texten und Sätze in Grammatiken[36]

Wenn man über ganze Sätze spricht, muss man zunächst unterscheiden, ob man sie als Sätze in Texten oder als grammatische Muster betrachtet. In – schriftlichen – Texten sind Sätze Einheiten, die durch Satzzeichen eingegrenzt sind: Punkt, Ausrufezeichen, Fragezeichen, Semikolon, Komma, Doppelpunkt. Dass diese Satzzeichen auch andere Funktionen haben können, spielt hierbei keine Rolle.

■ Ein Beispiel

Wir behandeln zwar die Sätze unter grammatischen Gesichtspunkten, aber Beispiele sind eben auch Textsätze. Deshalb schauen wir uns zu Anfang einmal einen etwas längeren Text an, analysieren ihn dann im Hinblick auf die Satzgrammatik und

[36] *Die Ausführungen orientieren sich an einem entsprechenden Kapitel in Bünting/Bergenholtz (1995) und an Eichler/Bünting (1976).*

schließen daran die systematische Darstellung der Satzbaupläne an. Hier wird ein Text mit mündlichen Passagen vorgestellt, damit alle Aspekte enthalten sind.[37]
Es ist der Anfangstext eines Kinderbuches.[38]
„Komm, Timo, mach mit!" – Timo seufzte: „Und die Hausaufgaben?" – Ramona lachte: „Ich helfe dir, ich verrate dir einen Superlerntrick." – „Einen Superlerntrick? Sag ihn mir gleich!" – „Nein, später. Jetzt bauen wir einen Schneemann, bei dem tollen Schnee …"

Timo stopfte seine Füße in die Gummistiefel, irgendwie fanden seine Arme die richtigen Ärmel des Anoraks, und er streifte seine Handschuhe über, während er schon die Treppe hinunterhüpfte. Dann lief er hinter Ramona her zur Froschkuhle. Frösche gab's jetzt keine im Teich, denn der war zugefroren. Das Eis war aber noch ganz dünn. Auf der Wiese stand schon ein dicker, runder Schneeklumpen. Daneben hüpfte Barış auf und ab. „Der Schnee pappt super!" Zur Begrüßung warf er einen Schneeball Richtung Timo, aber der duckte sich. „Ramona rollt schon den Bauch, mach du den Kopf, ich hole Augen und Nase." Barış verschwand im Wäldchen neben der Froschkuhle. Timo formte einen dicken Schneeball und rollte ihn durch den Schnee. Der Kopfball war bald fertig. „Komm, hilf mir, den Bauch hochzuheben!", rief Ramona. Zu zweit war das schnell geschafft. Barış kam mit zwei Steinen für die Augen und einem Tannenzapfen für die Nase.[39]

- Der Text enthält alle drei **Satzarten**.
  Aufforderungssatz: Komm, Timo, mach mit!
  Aussagesatz: Timo seufzte.
  Fragesatz: Und die Hausaufgaben?

- Er enthält **Kurzsätze**, die für das Mündliche so charakteristisch sind:
  Und die Hausaufgaben? – Einen Superlerntrick? – Nein, später.

- Der Text enthält **einfache Sätze** (nur notwendige Satzglieder):
  Timo seufzte. – Ramona lachte.

- Der Text enthält **erweiterte Sätze** mit adverbialen Bestimmungen und Attributen:
  Das Eis war aber noch ganz dünn.
  Auf der Wiese stand schon ein dicker, runder Schneeklumpen.

---

[37] *Spontaner mündlicher Sprachgebrauch hört sich z.T. noch anders an, aber es geht hier im Wesentlichen um die Grammatik geschriebener Texte und des Schreibens.*
[38] *Bünting (2010), S. 7 f.*
[39] *Wenn Sie der Superlerntrick interessiert: Timo soll nachts sein Schulbuch unters Kopfkissen legen. Er tut das auch, und in seinen Träumen wird der Traumtänzer auf diesem Buch in das Land Linguania fliegen und dort viel erleben.*

- Der Text enthält **Satzreihen**:
  Ich helfe dir, ich verrate dir einen Superlerntrick.
  Frösche gab's jetzt keine im Teich, denn der war zugefroren.
  Zur Begrüßung warf er einen Schneeball Richtung Timo, aber der duckte sich.

- Der Text enthält ein **Satzgefüge**, das Teil eines **komplexen Satzes** mit einer Satzreihe am Anfang ist: Timo stopfte seine Füße in die Gummistiefel, irgendwie fanden seine Arme die richtigen Ärmel des Anoraks, und er streifte seine Handschuhe über, während er schon die Treppe hinunterhüpfte.

Vorbemerkung zur Stellung der Satzglieder in den Satzbauplänen

Die Satzglieder, ihre Wortarten und die Wortstellung innerhalb des Satzgliedes sind in **Kap. 4.2** und **4.3** behandelt. Hier geht es um die Satzmuster und die Stellungsregeln für die Satzglieder.

Dreh- und Angelpunkt in deutschen Sätzen ist das **Prädikat**.

- In Aussagesätzen hat die Personalform des Verbs die zweite Position:
  Auf der Wiese stand schon ein dicker, runder Schneeklumpen.
  Daneben hüpfte Barış auf und ab.
  Handelt es sich um umschriebene Verbformen mit Hilfsverben oder um Präfixverben mit trennbaren Präfixen, rücken die Partizipien und Präfixe an das Ende:
  Die Kinder haben einen Schneemann gebaut.
  Ich hänge dem Schneemann das Kopftuch von meiner Oma um.
  Weil die Verbklammer weitere Komplikationen mit sich bringt, wird sie in einem eigenen Kapitel behandelt. (**Kap. 4.4.3**, dort „Die verbale Satzklammer")

- In Nebensätzen ist das noch anders. Hier steht die Personalform des Verbs am Ende:
  Timo streifte seine Handschuhe über, während er schon die Treppe hinunterhüpfte.
  Und auch hier fordern mehrteilige Prädikate noch andere Muster: Timo und Ramona kamen zur Froschkuhle, wo Barış schon auf sie gewartet hatte.

- Die Position vor der Personalform des Verbs wird vom Subjekt oder einem Zeitadverbiale eingenommen. Man kann aber auch ein anderes Satzglied nach vorn stellen, das damit besonders betont wird. Man nennt das die **Inversionsstellung**. Das Subjekt rückt dann direkt hinter die Personalform des Verbs. Die Funktion des nach vorn gestellten Satzgliedes muss aber über die Bedeutung oder die Deklination gekennzeichnet sein, vergleiche:
  Im Schneematsch hat Timo sich erkältet.
  Ramona besucht Timo. Auch: Den erkälteten Timo besucht Ramona.
  Aber nicht: Timo besucht Ramona, wenn der Besuchte Timo ist.

Diese Stellungsregeln werden bei den einzelnen Satztypen in **Kap. 4.4.2** behandelt.

Aufzählungen

Ein Stellungsmuster soll allerdings vorab angesprochen werden, weil es für alle Satzglieder gilt: die Aufzählung (Koordination).

Die Aufzählung ist eine Aneinanderreihung auf jeweils der gleichen hierarchischen Ebene. Man kann Wörter innerhalb von Satzgliedern, Satzglieder und Sätze (Hauptsätze und Nebensätze/Gliedsätze) aufzählen.

Die Aneinanderreihung kann durch die Konjunktionen und Adverbien signalisiert werden; dann wird zugleich eine Bedeutungsbeziehung mit ausgedrückt:
Fritz **und** Franz sollen bitte die Bälle holen. – Fritz **oder** Franz soll bitte die Bälle holen.
Die Aneinanderreihung kann aber auch einfach eine Aufzählung sein und im Schriftbild dann durch Kommas signalisiert werden. Wenn es nur zwei Wörter sind, wird man allerdings meist das aufzählende und verwenden.

Nun zu den Mustern:

- Aufzählung **innerhalb eines nominalen Satzgliedes**, auch mit Attributen. Bei den Attributen kann es ebenfalls zu Koordinationen kommen:
  Die dunklen, heraufziehenden Wolken, der böige Wind aus Westen und das ferne Donnergrollen warnten vor dem Gewitter.

- Aufzählung von **Verben** im Prädikat:
  Alles **rennet, rettet, flüchtet.** (Schiller, Die Glocke)

- Aufzählung von **Prädikaten** mit dazugehörigen Objekten und nicht weglassbaren adverbialen Bestimmungen:
  Die Kinder **sammelten die Bälle ein, holten ihre Sporttaschen, zogen ihre Kleider an und rannten in die Turnhalle.**

- Aufzählungen von **adverbialen Bestimmungen**. Hier muss man unterscheiden: In einem Satz kann es mehrere adverbiale Bestimmungen mit unterschiedlichen Bedeutungen geben:
  Heute Nachmittag gehen wir ganz bestimmt *in den Zoo*.
  Es kann aber auch Aufzählungen in einer der Positionen geben:
  Heute Nachmittag gehen wir *erst in den Zoo und dann noch ins Schwimmbad.*

- **Satzreihen**, also Aufzählungen von vollständigen Hauptsätzen oder Nebensätzen/Gliedsätzen:
  Erst gehen wir in den Zoo, dann fahren wir noch ins Schwimmbad, und abends grillen wir bei uns auf der Terrasse.
  Wenn wir die Robbenfütterung im Zoo gesehen haben und wenn wir dann noch eine Stunde im Schwimmbad waren, gehen wir zu uns nach Hause grillen.

- Aufzählungen von **Satzgefügen**. Hier kann man gut ein Semikolon einsetzen:
  Nachdem wir im Zoo gewesen waren, sind wir noch ins Schwimmbad gegangen; dann haben wir auf der Terrasse gegrillt, weil mein Vater Geburtstag hatte.

4.4.2 Die Satzbaupläne (Satzmuster)

Die Satzbaupläne werden anhand von Aussagesätzen mit Beispielen im Indikativ vorgestellt.

Kurzsätze

Wie wir oben gesehen haben, kommen in Texten nicht selten Sätze vor, die im grammatischen Sinn unvollständig sind. Das ist oft dann der Fall, wenn direkte Rede schriftlich notiert wird:
„Komm mal her!" – „Wer? Ich?" – „Ja, du." – „Jetzt sofort?"

Im grammatischen Sinn handelt es sich dann um Kurzsätze, die auch in Prosatexten als Stilmittel eingesetzt werden:
Morgens Schule, nachmittags Schneemann bauen, dann Hausaufgaben machen und einen Berg Nudeln essen. Timo war völlig fertig.

Die Aufzählungsteile im ersten Satz sind Kurzsätze, syntaktisch nicht vollständig, aber deshalb nicht falsch.

Einfache Sätze

Einfache Sätze enthalten **nur notwendige Satzglieder**, also mit wenigen Ausnahmen keine adverbialen Bestimmungen und gar keine Attribute. Ob und welche Objekte es gibt, hängt von den Verben des Prädikats ab. Alle grammatisch vollständigen Sätze enthalten als Satzglieder ein Subjekt und ein Prädikat.[40] In den Satzgliedern kann es Aufzählungen geben, aber im Satzbauplan gibt es nur eine Position. Das gilt auch für die Objekte und das Prädikativ.

- **Subjekt** + Prädikat
  Es hat geschneit. – **Ramona** lachte. – **Timo** flog und flog.

- **Subjekt** + Prädikat + *Akkusativobjekt*
  Wir bauen *einen Schneemann.* – *Einen Schneemann* bauen **wir**.

- **Subjekt** + Prädikat + Dativobjekt
  Timo hilft seinem Vater. – Seinem Vater hilft **Timo**.

- **Subjekt** + Prädikat + Dativobjekt + *Akkusativobjekt*
  Timo holt dem Vater *einen Hammer.* – Dem Vater holt **Timo** *einen Hammer.* – *Einen Hammer* holt **Timo** dem Vater.

---

[40] *Einzige Ausnahme ist ein Passivsatz vom Typ Hier wird nicht geraucht. Jetzt wird gearbeitet.*

Nicht: **Timo** holt *einen Hammer* dem Vater.
Nicht: Dem Vater holt *einen Hammer* **Timo**.
Bei diesem Muster gibt es ganz feste Stellungsregeln, wenn Pronomen verwendet werden:
Timo holt ihm *einen Hammer*.
Timo holt *ihn* dem Vater.
Timo holt *ihn* ihm.

- **Subjekt** + Prädikat + Präpositionalobjekt
  Timo wartet auf Ramona. – Auf Ramona wartet **Timo**.
  Sie freuen sich über die Schneemann-Möhrennase.
  Über die Schneemann-Möhrennase freuen **sie** sich.

- **Subjekt** + Prädikat + Genitivobjekt, dieses kommt nur noch selten vor und wird meistens durch ein Präpositionalobjekt ersetzt, vergleiche:
  Sie brüsteten sich ihrer Heldentaten. – Ihrer Heldentaten brüsteten **sie** sich. – **Sie** brüsteten sich mit ihren Heldentaten.

- **Subjekt** + Prädikat + Prädikativ
  Sätze mit dem Verb sein, werden, bleiben usw. als Prädikat:
  Timo ist fertig. – **Herr Zacharias** ist Deutschlehrer.
  Die Kinder sind in der Schule. – In der Schule sind **die Kinder**.
  Es ist vier Uhr. – Vier Uhr ist **es**.

- **Subjekt** + Prädikat + *Akkusativobjekt* + Gleichsetzungsakkusativ;
  Sätze mit Gleichsetzungsakkusativ, nur bei wenigen Verben:
  Vater nennt *Timo* einen Traumtänzer. – Einen Traumtänzer nennt **Vater** *Timo*.
  Die Kinder taufen *den Schneemann* Toni. – *Den Schneemann* taufen **die Kinder** Toni. – Toni taufen **die Kinder** *den Schneemann*.

- **Subjekt** + Prädikat + *Akkusativobjekt* + Präpositionalobjekt
  Vater beglückwünscht *die Kinder* zum Schneemann.
  Zum Schneemann beglückwünscht **Vater** *die Kinder*.
  Sie stellen *die Taschen* auf den Tisch. – Auf den Tisch stellen **sie** *die Taschen*. – *Die Taschen* stellen **sie** auf den Tisch.

- **Subjekt** + Prädikat + Dativobjekt + Präpositionalobjekt
  Ramona und Timo danken Barış für die Schneemann-Nasenmöhre.
  Für die Schneemann-Nasenmöhre danken **Ramona und Timo** Barış.
  Barış danken **Ramona und Timo** für die Schneemann-Nasenmöhre.
  Diese Stellung klappt nur, weil Timo und Ramona Plural ist und das Verb auch entsprechend 3. Pers. Plural.

- Sätze mit notwendigen adverbialen Bestimmungen; sie kommen nur bei einigen Verben und bei einigen Adjektiven vor:
  Wir wohnen in Essen. – In Essen wohnen **wir**. – **Wir** sind wohnhaft in Essen.
  Das Spiel dauerte zwei Stunden. – Zwei Stunden dauerte **das Spiel**.
  Die Kinder stellten sich geschickt an.

  Hier eine Liste von Verben, die eine solche Ergänzung fordern, darunter sind mehrere reflexive Verben mit sich als Teil des Verbkomplexes[41]:
  sich abspielen, sich ansiedeln, sich aufhalten, sich befinden, sich begeben, dauern, sich einquartieren, sich einnisten, sich erstrecken, fahren, fliegen, gehen, geraten, hausen, kriechen, kommen, leben, liegen, parken, schweben, sein (= existieren), siedeln, sitzen, sprießen, springen, stehen, übernachten, verweilen, währen, wohnen.

  In manchen Grammatiken werden diese Satzglieder nicht als notwendige Adverbiale, sondern als **Raumergänzung, Zeitergänzung** und **Modalergänzung (Ergänzung der Art und Weise)** geführt. Das ist für die Systematik ein Problem, nicht für den Sprachgebrauch. Wahrscheinlich eignen sich diese Begriffe eher für die Schule, aber in der Grundschule wird man diese Satzmuster sowieso kaum systematisch analysieren, sondern eher mit Hilfsfragen **Wann? Wie lange? Wohin? Wie?** usw. arbeiten.

- Sätze mit Objekten und notwenigen Ergänzungen kommen öfters vor.
  Subjekt + Prädikat + Dativobjekt + Ergänzung
  Timo hilft Ramona beim Schneeballrollen.

- **Subjekt** + Prädikat + Dativobjekt + *Akkusativobjekt* + Ergänzung
  Barış steckt dem Schneemann *eine Möhre* ins Gesicht.

- Weiter gibt es noch Verben, die zwei Ergänzungen (zwei notwendige adverbiale Bestimmungen) verlangen.
  Subjekt + Prädikat + Dativobjekt + zwei Ergänzungen
  Timo stößt Barış mit den Stöcken in den Rücken.

Sätze bauen

[41] *Liste vgl. Eichler/Bünting (1976), S. 164.*

Adjektive mit Ergänzungen und Kasusrektion

Es gibt eine ganze Reihe von Adjektiven, die im Prädikativ eine Ergänzung fordern oder haben können und dabei den Kasus bestimmen. Sie werden hier als Liste aufgeführt, jeweils mit einem Beispielsatz, wobei die Listen nicht vollständig sind. Es ist nicht alles unbedingt der Wortschatz der Kinder, aber eine ganze Menge der Wörter eben doch.

- eine Ergänzung im Akkusativ:
  Timo ist elf Jahre alt.
  alt, breit, dick, gewöhnt, groß, hoch, lang, schwer, stark, weit, überdrüssig (in hoher Stillage auch mit Genitiv)

- eine Ergänzung im Dativ:
  Isabel ist ihrer Mutter ähnlich. Auch: Das sieht ihm ähnlich.
  ähnlich, angeboren, angemessen, angenehm, bange, begreiflich, behilflich, bekannt, bequem, beschwerlich, böse, dankbar, egal, einerlei, erklärlich, erwünscht, fremd, gefährlich, gehorsam, geläufig, gemeinsam, gewachsen, gleichgültig, günstig, heilsam, klar, lästig, lieb, möglich, nahe, nützlich peinlich, recht[42], schädlich, treu, überlegen, verhasst, verständlich, verwandt, wert (im Sinne von lieb), wichtig, …

- eine Ergänzung im Genitiv:
  Sie waren sich ihrer Sache sicher.
  bedürftig, bewusst, fähig, gewahr, gewiss, kundig, ledig, schuldig, sicher, überdrüssig (auch mit Akkusativ), verdächtig, voll, wert, würdig

Oft stehen Adjektive mit einer präpositionalen Ergänzung und dann einem Folgekasus.

- an mit Akkusativ: Ich bin an ihn gewöhnt.
  gebunden, gewöhnt

- an mit Dativ: Wir sind interessiert an der deutschen Grammatik.
  arm, interessiert, reich

- auf mit Akkusativ: Die Kinder sind stolz auf den Schneemann.
  angewiesen, aufmerksam, begierig, böse, eifersüchtig, eingebildet, gefasst, gespannt, neidisch, stolz, wütend, zornig

- auf mit Dativ: Timos Hund war lahm auf einem Bein.
  blind, lahm, taub

- aus mit Dativ: Barış ist gebürtig aus der Türkei.

- bei mit Dativ: Ramona ist Timo bei den Hausaufgaben behilflich.
  behilflich, beliebt, verhasst

---

[42] *Kann auch Recht geschrieben werden; der Duden schlägt Kleinschreibung recht vor.*

- durch mit Akkusativ (siehe auch von): Die Kinder waren müde durch das Schneemannbauen.
  ergriffen, ermattet, erschöpft, frei, krank, müde
- für mit Akkusativ: Mathematik ist interessant für Timo.
  bedeutungslos, bezeichnend, charakteristisch, empfänglich, geeignet, genug, interessant, nachteilig, nötig, notwendig, passend, schmerzlich, verderblich, vorteilhaft wesentlich, zuständig
- gegen mit Akkusativ: Mit den Hausaufgaben ist Timo nicht gerade streng gegen sich selbst.
  empfindlich, freigiebig, gefühllos, gleichgültig, grausam, hart, misstrauisch, nachsichtig, streng, taub
- in mit Akkusativ: Peter ist verliebt in Petra.
- in mit Dativ: Ramona ist geschickt in den kniffeligsten Dingen.
  bewandert, erfahren, geschickt, geübt, gewandt, tüchtig, wohnhaft
- mit mit Dativ: Timo ist befreundet mit Barış.
  befreundet, bekannt, einverstanden, fertig, vergleichbar, verheiratet, verlobt, verwandt, zufrieden
- nach mit Dativ: Mancher ist ehrgeizig nach Ruhm.
  ehrgeizig, gierig
- über mit Akkusativ: Timo ist glücklich über seine Träume.
  ärgerlich, aufgebracht, beschämt, bestürzt, betroffen, betrübt, entrüstet, entsetzt, erbittert, erfreut, erstaunt, froh, glücklich, traurig, ungeduldig, verstimmt, zornig
- um mit Akkusativ: Vater ist besorgt um den fiebrigen Timo.
  besorgt, bemüht, gestiegen
- von mit Dativ: Die Kinder sind erschöpft vom Spielen.
  abhängig, ergriffen, ermattet, erschöpft, frei, krank, müde, schläfrig, überzeugt, verschieden, voll
- vor mit Dativ: Sie waren stumm vor Schreck.
  bange, blass, bleich, geschützt, sicher, starr, stumm
- zu mit Dativ: Der Mann ist freundlich zu Timo.
  bereit, entschlossen, fähig, frech, freundlich, geeignet, gehässig, geschaffen, grob, gut, lieb, niederträchtig

4.4.3 Erweiterte Sätze

Erweiterte Sätze sind solche mit nicht vom Verb verlangten Satzgliedern. Das sind Attribute und adverbiale Bestimmungen. In **Kap. 4.3.4** und **4.3.5** wurde gezeigt, wie reichhaltig die Formen dieser beiden Satzglieder sind. Auch die **Relativsätze** und die **Parenthesen** (formale Kennzeichnung), die ja der Funktion nach **Attributsätze** sind, wurden in diesem Kapitel behandelt. Das soll hier nicht wiederholt werden.

Attribute

Die vielfältigen Erscheinungsformen der Attribute sind in **Kap. 4.3.4** dargestellt. Hier geht es darum, wie sie in Sätze eingebaut werden. Da Attribute ein Nomen/Substantiv oder Pronomen näher bestimmen, sind sie an das Satzglied ihres Bezugswortes gebunden. Sie sind somit **Satzglieder zweiter Ordnung**.

Hier soll vorgestellt werden, wie man die Stellungsmöglichkeiten vor oder nach dem Bezugswort nutzen kann, um viele Attribute in einen Satz einzubringen, ohne ihn zu kompliziert zu machen. Ein Problem ist auch hier die **deutsche Klammer**. Bei vorangestellten Attributen gibt es dann eine Klammerstellung, wenn das Nomen/Substantiv ein Begleitwort hat, also einen Artikel oder ein begleitendes Pronomen.

Der *abends von Schule, Spielen und Hausaufgaben müde, mit dem Buch unter dem Kopfkissen eingeschlafene* Timo träumte.

Das kann man auflösen:

Der *abends von Schule, Spielen und Hausaufgaben müde* **Timo**, *der mit dem Buch unter dem Kopfkissen eingeschlafen war,* träumte.

Das Beispiel ist ein wenig extrem, um die Möglichkeiten der Umformung zu demonstrieren. Die Umformung in einen Relativsatz bietet sich immer dann an, wenn ein Verbaladjektiv (Partizip) vorangestellt ist, denn dieses bringt oft zusätzliche Wortgruppen, die sich im Relativsatz in Satzglieder umwandeln lassen.

Adverbiale Bestimmungen

Auch bei den adverbialen Bestimmungen ist der Formenreichtum in **Kap. 4.3.5** ausführlich dargestellt einschließlich der konjunktionalen Nebensätze/Gliedsätze und der nicht eingeleiteten Nebensätze/Gliedsätze. Dort ist im Abschnitt **Bedeutungsbezug und Stellung** auch bereits behandelt, wie sie in Sätze eingebunden werden können bzw. sollten. Das wird hier nicht noch einmal wiederholt. Wir behandeln jetzt noch eine deutsche Besonderheit, auf die schon mehrmals hingewiesen wurde: die verbale Satzklammer, und wenden uns dann den Bauformen komplexer Sätze zu, bei denen in den Satzgefügen die adverbialen Bestimmungen eine zentrale Rolle spielen.

Die verbale Satzklammer

Die drei Klammertypen seien kurz wiederholt (s. Kap. 3.4.2).

- **Verbformen mit Hilfsverben:**

  Columbus **ist** im Oktober 1492 mit einer Flotte von drei Schiffen über den Atlantik **gesegelt**.

- **Sätze mit Modalverben:**

  Er **wollte** auf dem Weg nach Westen die Erde umrunden und auf diese Weise nach Indien **segeln**.

- **Verbformen mit trennbaren Präfixen:**

  Am 10.12.1492 **legte** er mit seiner Flotte an einer Insel **an**.

Bei den Attributen wurde gezeigt, wie man eine lange Klammer zwischen Begleitwort, und Nomen/Substantiv auflösen kann. Das geht auch bei verbalen Satzklammern:
Er **hatte** doch mit seinen Berechnungen und seinem Glauben, dass die Erde eine Kugel sei, **Recht gehabt**.
Er **hatte** doch **Recht gehabt** mit seinen Berechnungen und seinem Glauben, dass die Erde eine Kugel sei.

Verbstellung in Nebensätzen/Gliedsätzen

Eine weitere Klammerstellung haben wir im Deutschen in Nebensätzen/Gliedsätzen, denn hier rückt die Personalform des Verbs ans Ende, **sodass** zwischen der einleitenden Konjunktion oder dem einleitenden Relativpronomen und dem Verb eine Klammer **entsteht**.

Dieser erklärende Satz enthält eine solche Klammer. Und so kann man sie verkürzen:
… , **sodass** eine Klammer **entsteht** zwischen der einleitenden Konjunktion oder dem einleitenden Relativpronomen und dem Verb.

Hier gibt es bei Hilfsverben die folgenden Stellungen:

- Columbus war glücklich, **dass** er mit seinen Berechungen **Recht gehabt hatte**.

- Bei Modalverben gibt es noch eine andere Reihenfolge, denn das Modalverb rückt ans Ende, auch wenn es nicht die Personalform bildet:
  Die Mannschaft der Schiffe hatte am 6. November einen Landgang machen wollen. Er ließ die Männer vor Hispaniola, dem heutigen Haiti, an Land gehen, **weil** sie nach der langen Zeit auf See immer mal wieder einen Landgang **hatten machen wollen**.

Für Grundschulkinder sind diese Satzmuster zu kompliziert. Aber dass diese Muster Ausländern und Migranten Probleme bereiten, erklärt sich von selbst. Deshalb werden sie hier kurz vorgestellt.

4.4.4 Bauformern komplexer Sätze

Komplexe Sätze enthalten mehrere Teilsätze. Es gibt zwei Grundmuster:

- Die **Satzreihe**; sie macht wenig Probleme.

  Die Männer gingen an Land(,) und dort machten sie eine interessante Entdeckung.

  Das Komma vor und kann stehen, muss aber nicht.

- Anders ist es bei **Satzgefügen**, weil wir hier ein hierarchisches Verhältnis haben. Der hierarchisch oberste Satz ist zunächst der Hauptsatz. Eines oder mehrere seiner möglichen Satzglieder wird bzw. werden durch einen Nebensatz/Gliedsatz ersetzt. Aber auch in untergeordneten Sätzen können wieder Satzglieder durch weitere Nebensätze/Gliedsätze ersetzt werden. Deshalb empfiehlt es sich, bei solchen Mustern mit dem Begriff **Trägersatz** zu arbeiten. Dabei gibt es drei Grundformen, die hier als Treppen dargestellt werden.

■ Treppauf, treppab: Satzmuster

Eine Treppe heruntergehen ist nicht schwer, man kann leicht mehrere Treppen gehen. Ähnlich ist das auch bei komplexen Sätzen:

♦ **„Treppe runter"**:

Hauptsatz,
        Gliedsatz,
                Gliedsatz.

Sie hatten an Land einen Brauch der Indianer beobachtet, die sich gerollte Pflanzenblätter in den Mund steckten, welche sie dann anzündeten.

♦ **Treppe rauf und wieder runter:**

        Hauptsatz,
Gliedsatz,
                Gliedsatz.

Als sie an Land waren, hatten sie einen seltsamen Brauch der Indianer beobachtet, die sich gerollte Blätter in den Mund steckten.

Man sollte nach Möglichkeit nicht zu oft in Sätzen eine „Treppe rauf" (Gliedsatz vor Trägersatz) oder „Treppe runter und wieder rauf" (Einbettung des Trägersatzes in Gliedsätze) konstruieren, man kommt aus der Puste und der Leser auch.

♦ **Einbettung**

Haupt, satz.

Glied, satz,

Gliedsatz,

Sie hatten an Land einen Brauch der Indianer, die sich gerollte Pflanzenblätter, welche sie anzündeten, in den Mund steckten, beobachtet.

Es folgt nun ein Beispiel für einen komplexen Satz, der sich aber gut lesen lässt. Der Hauptsatz ist als Träger ganz vorn und oben und die Anschlüsse sind jeweils dicht bei den tragenden Elementen.

Medizinisch ist heute **gesichert, dass** das Rauchen, welches zusammen mit den Tabakpflanzen aus der Neuen über die ganze Welt verbreitet wurde, *nicht nur* ein Genuss ist, *sondern auch* ein Schaden für die Gesundheit vieler Menschen, die sich diesen alten Indianerbrauch in ihrer Jugend **angewöhnen**, ohne daran **zu denken**, **dass** sie damit ihr Krebsrisiko bedeutend erhöhen.

HS,

G ..., ... S, sondern ...,

GS, GS,

INFS,

GS.

5 Einige Hinweise auf andere Sprachen

In diesem Kapitel finden Sie Hinweise auf typische Merkmale anderer Sprachen. Diese Hinweise sollen helfen, zu verstehen, warum Kinder mit der entsprechenden Muttersprache (Erstsprache) in den skizzierten Bereichen mit der deutschen Sprache Probleme haben.

Drei allgemeine Bemerkungen vorweg:

- Kinder haben nicht nur das **Artikulieren**, sondern das **Hören** in der Muttersprache gelernt. Deshalb hören sie oft nicht ganz richtig, wie eine andere Sprache klingt.
- Oft werden Muster der Zweitsprache, also des Deutschen, durch Muster der Erstsprache überlagert. Diese Fehler nennt man **Interferenzen**.
- Wenn man etwas gelernt hat, neigt man dazu, es zu verallgemeinern. Solche **Übergeneralisierungen** finden beim Spracherwerb der Muttersprache ständig statt, und eben auch beim **Zweitspracherwerb**.

Am Ende der jeweiligen Kapitel finden Sie kurze (und keineswegs vollständige) Hinweise auf eventuelle Schwierigkeiten, die sich für Muttersprachler beim Gebrauch des Deutschen ergeben können.

Nun zu den anderen Sprachen. Zunächst wird Englisch genannt, weil es ja Schulfach für alle Kinder ist. Dann folgen Neugriechisch, Italienisch, Polnisch, Russisch und Türkisch.

5.1 Englisch

5.1.1 Laute

Die Reihenfolge der Laute in der folgenden Darstellung entspricht einer üblichen Konvention. Die Beispiele zeigen die Umsetzung in die englische Rechtschreibung; bei den Beispielen spielen die Unterschiede zwischen dem britischen und dem amerikanischen Englisch keine Rolle. An den Beispielen können Sie erkennen, wie kompliziert die Rechtschreibung im Vergleich zum Deutschen ist, weil sie sich in sprachgeschichtlich früherer Zeit herausgebildet hat. Man sieht das gut daran, dass bei den deutschen Beispielen öfter ein Fremdwort – oft ein englisches – angegeben wird oder auch gar keine Entsprechung zu finden ist. Die englische Rechtschreibung benutzt nur die 26 Buchstaben des internationalen lateinischen Alphabets, hat aber nicht wenige Buchstabenkombinationen. Die Liste ist recht lang, denn das Englische hat eine ausgesprochen komplexe Phonetik. Die Beispiele zeigen Anlaute, Inlaute und Auslaute.

Konsonanten

Laut	Beispiele	Deutsche Entsprechungen
/p/	pig, hope, happy, cup	Papier, Tipp
/b/	book, double, rabbit, web, knob, grab	Bäcker, loben (kein Auslaut, wegen der Auslautverhärtung)
/t/	take, late, little, night	Titel, Tat
/d/	dog, made, daddy, deed	Dach, Rede (kein Auslaut)
/k/	keep, school, cake, cock	Koch, Laken, Deckel, Speck
/g/	go, ghost, bigger, big, dog	gehen, biegen, Dogge (kein Auslaut)
/tʃ/	change, nature, watch	Fremdwort: Match
/dʒ/	job, judge, manage, soldier	Fremdwort: Job, Manager
/f/	fine, coffee, telephone, tough, deaf , stiff	fein, Phase, Kaffee, steif, Stoff
/v/	very, love, live, leave	Wasser, Vase, Gewässer, Lava (w-Laut!)
/θ/	think, mathematics, bath	---
/ð/	that, father, smooth	---
/s/	sun, city, master, miss	Meister, Masse, Fuß, Fass, Fremdwort: City
/z/	zero, lazy, rose, fuzz	so, Rose (kein Auslaut)
/ʃ/	sheep, sure, nation, cash	Schaf, waschen, frisch
/ʒ/	measure, invasion	Fremdwort: Garage
/h/	heat, who, behave	Haus, beheben
/m/	mouse, hammer, rum, lamb come	Maus, Hammer, Rum, lahm, Lamm
/n/	nose, knee, sunny, man	Nase, Knie, sonnig, Mann
/ŋ/	sing, think	Ding, denken
/l/	life, rally, whole, full	Leben, rollen, voll
/r/	real, sorry, arrive	--- r in bestimmten Dialekten

Halbvokale

Laut	Beispiele	Deutsche Entsprechungen
/j/	yes, usual, beauty, quite	Jahr, bejahen, Björn
/w/	water, one, which, quite	--- da mit den Lippen gebildet

Vokale

Laut	Beispiele	Deutsche Entsprechungen
/ɪ/	it, middle, kids	immer, Mitte, bimmeln
/e/	enter, bed, lesson	Eck, Bett, Lektion
/æ/	at, cat, match	Fremdwort: Match
/ɔ/	odd, hot, wash	offen, trotz (ungefähr)
/ʌ/	up, cup, love	ab, Natter (ungefähr)
/u/	put, look, good	Mutter (ungefähr)
/i:/	peace, piece, sheep, machine, see, sea	Frieden, Maschine, Fibel, Bibel, Miene, Mine
/eɪ/	race, say, steak	Ey!
/aɪ/	nice, high, die, try, buy	Eis, frei
/ɔɪ/	voice, boy, toy	Heu (ungefähr)
/u:/	root, too, two, you, true	gut, du, Schuh (ungefähr)
/əu/	boat, nose, no, low, show	Fremdwort: Show
/au/	south, now	Frau (ungefähr)
/ɪə/	here, hear, beer	---
/eə/	fare, fair, swear, various	---
/ɑ:/	father, party	Vater, Party
/ɔ:/	thought, raw, north, war	---
/uə/	cure, poor	---
/3:/	purse, firm, worse, earth	Hölle (lang gesprochen, aber nicht wie Höhle)

Vokale in unbetonter Stellung

Laut	Beispiele	Deutsche Entsprechungen
/i/	funny, meditation	Meditation
/ə/	above, common	behaupten, Gebete
/u/	situation	---
/ɪ/	intention, limerick	---
/u/	fabulous, stimulus	---

Silben und Rhythmus

Hier gleichen sich das Englische und das Deutsche: Es gibt betonte und unbetonte Silben, und so entsteht der Rhythmus.

Silent night, holy night,
All is calm, all is bright.
Round yon virgin mother and child,
Holy infant, so tender and mild,
Sleep in heavenly peace,
Sleep in heavenly peace.

Stille Nacht, heilige Nacht!
Alles schläft, einsam wacht
Nur das traute hoch heilige Paar.
Holder Knab' im lockigen Haar;
Schlafe in himmlischer Ruh!
Schlafe in himmlischer Ruh!

5.1.2 Wortschatz

Der englische Wortschatz ist sehr umfangreich. Das hat mehrere Gründe.

- Zunächst ist Englisch Landessprache in Großbritannien, also im engeren Sinne in England, Schottland, Wales und Nordirland sowie in Irland.

- England hat als Kolonialmacht seine Sprache in viele Länder exportiert, z.B. in die USA, nach Kanada, Australien, Südafrika, Neuseeland, Jamaika, Nigeria, Ghana. Englisch ist neben Urdu Amtssprache in Pakistan. In Indien wird es von Gebildeten als zweite Sprache gesprochen.

- Das aus dem Westgermanischen hervorgegangene Angelsächsische wurde durch die normannische Eroberung 1066 durch viele Wörter dieser romanischen Sprache ergänzt und ausdifferenziert. Nehmen wir als Beispiel Wörter für einige Fleischgerichte in der heutigen Sprache, in Klammern das französische Äquivalent: Der angelsächsische Bauer brachte das Fleisch der lebendigen Tiere (flesh) zu den normannischen Herrschern. Sie schlachteten die Tiere. Aus dem flesh wurde meat (mets, siehe auch Mettwurst), und zwar aus calves veal (veau), aus oxen beef (bœuf), aus sheep mutton (mouton), und aus swine porc (porc), sodass wir heute im Englischen die Tiere mit den germanischen Namen haben und das Fleisch als Fleischgericht mit den normannischen.

- Das Englische hat wie alle Sprachen des abendländischen Wissenschaftskreises die Fachbegriffe aus griechischen oder lateinischen Wörtern gebildet und hat auch die anderen internationalen Fachbegriffe aufgenommen (siehe **Kap. 3.2.4**).

Wortschatz und Wortbildung

Anders als im Deutschen werden im Englischen keine sehr langen Wörter vom Typ Fußballweltmeisterschaft gebildet, man stellt die Wörter einzeln hintereinander: Soccer World Cup. Das macht den englischen Wortschatz so griffig und trägt mit dazu bei, dass englische Wörter leicht zu internationalen Wörtern werden.

5.1.3 Grammatik

In der **Wortgrammatik** gibt es nicht viel hervorzuheben.

- **Verben** (Verbs)

  Das Englische hat die gleichen Tempora wie das Deutsche, führt aber in der Alltagssprache das modale und futurische durch die üblich Abkürzung I'll see you tomorrow (Ich werde/will dich morgen sehen) zusammen.
  Darüber hinaus gibt es die -ing-Form für das Präsens der aktuellen Gegenwart: What are you doing? I am reading a book. Im Deutschen haben wir das in regionalen Umgangssprachen: Ich bin am Lesen.
  In der Frage What are you doing? kam schon das wichtige Hilfsverb to do vor. Dieses Verb wird immer wieder als Signal verwendet, dass es um eine Tätigkeit, eine Handlung geht.
  Das Englische hat auch umschriebene Verbformen, bildet aber keine Verbklammer: I have been reading a book about English grammar und nicht Ich habe ein Buch über englische Grammatik gelesen.

- **Nomen/Substantive** (nouns)

  Englische Nomen haben im Grunde kein grammatisches Geschlecht außer Personen. Man greift mit it auf: the bus – it was ten minutes late – usw., aber Peter, he … und Mary, she … usw. Eine Ausnahme sind Schiffe: There she goes …
  Das bringt es mit sich, dass der Artikel nur die Funktion bestimmter Artikel (the) und unbestimmter (a bzw. an – a house, an animal) hat.
  In der Deklination gibt es zwar für den Satzbau die vier Fälle, aber der Genitiv wird gewöhnlich nach dem romanischen Muster (de la) mit of gebildet the garden of my mother, seltener der angelsächsische Genitiv my mother's garden.
  Der Dativ wird mit to gebildet: Give it to your sister. Gib es deiner Schwester. Endungen gibt es für die Fälle nicht.

Der Plural wird fast durchweg mit -s bzw. -es gebildet: cat – cats, house – houses, aber mouse – mice.

- Bei den Adjektiven gibt es keine Deklinationsendungen.

In der **Satzgrammatik** ist die Stellung der Satzglieder strikter an die SPO-Reihenfolge gebunden, weil die Fälle ja nicht durch Endungen und/oder Artikel gekennzeichnet sind. In Satzgefügen gibt es Attributsätze als Relativsätze oder Parenthesen und konjunktional eingeleitete Adverbialsätze wie im Deutschen.

5.1.4 Besondere Schwierigkeiten im Deutschen für englische Muttersprachler

- das grammatische Geschlecht der Nomen
- die Deklination besonders mit Adjektiven
- Klammern zwischen Artikel bzw. Pronomen und Substantiv
- Kasusrektion der Präpositionen
- die Verbklammer (Prädikatsklammer), besonders bei Verben mit trennbaren Präfixen
- Verbstellung am Ende in Nebensätzen
- die Wortbildung zu Langwörtern vom Typ Bundesausbildungsförderungsgesetz

5.2 Neugriechisch[43]

von Anastasia Moraitis

5.2.1. Allgemeine Bemerkung

Der Forschung folgend, ist die griechische Sprache aus einem indogermanischen Dialekt entstanden und gilt als eine der ältesten Sprachen der Welt. Organisch hat sich das Neugriechische aus dem Altgriechischen entwickelt, das in der Antike in vielen altgriechischen Dialekten (Sprachen der Polisstaaten) gesprochen wurde. Auf Grund politischer Machtentwicklungen und der kulturellen Positionierung Athens setzte sich der attische Dialekt (5. Jh. v. Chr.) vor allen anderen Dialekten durch. In der Zeit des Hellenismus sollte die so genannte *Koine* (Gemeingriechisch) das verbindende Element eines Weltreiches unter Alexander dem Großen werden. Das Byzantinische Reich (ca. 395–1453 n. Chr.) wurde über Jahrhunderte durch zahlreiche Eroberungszüge erschüttert, die von unterschiedlichen Völkern ausgingen. Zu diesen zählten beispielsweise die

[43] *Literatur: Ruge (1997); Tzermias (1969).*

Araber, Osmanen und die Venezianer, sodass heute Elemente dieser Sprachen im Griechischen zu finden sind. Die Sprache als identitätsstiftender Faktor erfuhr in diesen politisch unruhigen Zeiten eine innere Spaltung, was zur Diglossie führte: Während das einfache Volk die volkstümliche Koine sprach, übernahmen die Gelehrten das attizistische Griechisch, dessen Einfluss die Katharewusa (Reinsprache) prägte, die mit der Gründung des griechischen Staates im 19. Jahrhundert offiziell gesprochen wurde. Bald war der Sprachenstreit entfacht, der insbesondere durch Literaten geschürt wurde, da sie sich weigerten in dieser gekünstelten Sprache zu schreiben. Parallel wurde die Dhimotiki (Volkssprache) gesprochen, die nach dem Fall der Diktatur seit 1976 Gültigkeit besitzt. Während der Zeit der Diktatur wurde ausschließlich die Katharewusa unterrichtet. Die aus der Problematik der Diglossie resultierenden Schwierigkeiten hatten zur Folge, dass die Schülerinnen und Schüler wie Lehrerinnen und Lehrer überfordert wurden, und über Jahrzehnte kein kontinuierlicher Lehrplan für die Muttersprache Griechisch entwickelt werden konnte. Weltweit sprechen heute fast zwölf Millionen Menschen Neugriechisch (Dhimotiki) als Muttersprache. Neugriechisch ist Amtssprache in Griechenland und auf Zypern (Südzypern) und hat innerhalb der Europäischen Union einen offiziellen Status. Ferner wird Neugriechisch in Albanien, Mazedonien, Türkei, Bulgarien gesprochen sowie in isolierten Sprachinseln in Süditalien (Kalabrien und Apulien) und überall dort, wohin Griechen oder Zyprer ausgewandert sind (USA, Australien, Großbritannien, Deutschland usw.).

5.2.2. Das Alphabet – die Vokale – die Konsonanten

Das griechische Alphabet besteht aus 24 Buchstaben.

Buchstaben		**Phonem-Beispiele mit API-Transkription**	
Gr.,	Dt.		
Α, α	A, a	/a/	ο αστερίας, o asterías, der Seestern
Β, β	W, w (Vase)	/v/	το βαπόρι, to wapóri, das Boot
Γ, γ	γ wird vor e und i als j ausgesprochen, vor a, o und u als weiches g	/j/ /γ/	η γιαγιά, i jajá, die Oma ο γάτος, o ghátos, der Kater
Δ, δ	dh/Engl. <u>th</u>e	/ð/	ο δάσκαλος, i dháskalos, der Lehrer

Ε, ε	E, e (offenes e wie in *Äpfel*)	/ɛ/	το έλατο, to élato, die Tanne
Ζ, ζ	S, s (stimmhaftes s wie in *Sonne*)	/z/	το ζάρι, to sári, der Würfel
Η, η	I, i	/i/	ο ήλιος, o ílios, die Sonne
Θ, θ	th/Engl. *think*	/θ/	η θάλασσα, i thálassa, das Meer
Ι, ι	I, i	/i/	η ιστορία, i istoría, die Geschichte
Κ, κ	K, k	/k/	η κούκλα, i kúkla, die Puppe
Λ, λ	L, l	/l/	το λεμόνι, to lemóni, die Zitrone
Μ, μ	M, m	/m/	το μήλο, to mílo, der Apfel
Ν, ν	N, n	/n/	το νησί, to nisí, die Insel
Ξ, ξ	ks (*Keks*), x (*Hexe*)	/ks/	το ξύλο, to ksílo, das Holz
Ο, ο	O, o	/o/	η ομπρέλα, i ombréla, der Schirm
Π, π	P, p	/p/	ο Πέτρος, o Pétros, Petros
Ρ, ρ	R, r	/r/	η ρόδα, i ródha, das Rad
Σ, σ, ς	S, s, ß (stimmloses s wie in *Service*)	/s/	η Σοφία, i Sofia, Sofia
Τ, τ	T, t	/t/	το τρένο, to tréno, der Zug
Υ, υ	I, i	/i/	το υποβρίχιο, to ipowríchio, das U-Boot
Φ, φ	F, f	/f/	η φωτία, i fotiá, das Feuer
Χ, χ	χ wird vor e und i als *ich*-Laut ausgesprochen, vor a, o und u als *ach*-Laut	ich /ç/ ach /x/	η χελόνα, i chelóna, die Schildkröte ο Χάρις, o Cháris, Charis (m)
Ψ, ψ	Ps, ps (*Psalm*)	/ps/	το ψαλίδι, to psalídhi, die Schere
Ω, ω	O, o	/o/	η ώρα, i óra, die Zeit, die Stunde

Die Konsonanten

Nach ihrer Artikulation werden stimmlose wie stimmhafte Konsonanten unterschieden, ferner Labiale (Lippenlaute), Dentale (Zahnlaute), Gutturale (Gaumenlaute) und Laute, die an den Zahnfächern gebildet werden.

Laut	Beispiele	Deutsche Entsprechungen
/v/	**β**ιβλίο, wiwlío	das Buch
/j/	vor hellem Vokal ο **γι**ατρός, o jatrós	der Arzt
/γ/	vor allen anderen Lauten η **γλ**ώσσα, i ghlóssa	die Zunge, die Sprache
/ð/	**δ**έκα (engl. that), dhéka	zehn
/θ/	η **θ**άλασσα (engl. the), i thálassa	das Meer
/k/	το **κ**έρι, to kerí	die Kerze
/l/	το **λ**άθος, to láthos	der Fehler
/m/	το **μ**άθημα, to máthima	die Lektion, der Unterricht
/n/	η **ν**ίκη, i níki	der Sieg
/ks/	**ξ**ανθός, ksanthós	blond (m)
/p/	**π**αίζω pézo	spielen
/r/	ο **ρ**άφτης, o ráftis	der Schneider
/s/	το **σ**πίτι, to spíti	das Haus
/t/	η **τ**άξη, i táksi	die Ordnung, Schulklasse, soziale Schicht
/f/	το **φ**αγητό, to faghitó	das Essen
/ç/	vor hellem Vokal το **χ**έρι, to chéri	die Hand
/x/	vor allen anderen Lauten η **χα**ρά, i chará	die Freude
/ps/	ο **ψ**αράς, o psarás	der Fischer

Zusätzlich sind folgende Konsonantenkombinationen zu nennen, die es in der deutschen Sprache nicht gibt: γγ = ng, γκ = ng, μπ = mb, ντ = nd, d nur am Wortanfang, τζ = ds (im Wortinneren), τσ = ts

Die deutschen Buchstaben c, q, y, b, ß, g, h (Dehnung), z und sch finden im Griechischen keine Entsprechung. Lediglich der Buchstabe q wird mit den Buchstaben κου umgesetzt.

Als Schlusskonsonanten dienen die Buchstaben ν und ς (ς nur in der Kleinschreibung), die es im Deutschen nicht gibt.

Die Buchstabenverbindung αυ und ευ

Neben den lautlichen Kombinationen αβ = aw, εβ = ew, αφ = af, εφ = ef existieren folgende Vokalkombinationen:

- αυ = aw: vor Vokalen und stimmhaften Konsonanten
- αυ = af: vor stimmlosen Konsonanten
- ευ = ew: vor Vokalen und stimmhaften Konsonanten
- ευ = ef: vor stimmlosen Konsonanten

Laut	Beispiele	Deutsche Entsprechungen
aw	αν**άβ**ω, anáwo	ich zünde an
ew	κλ**έβ**ω, kléwo	ich stehle
af	γρ**άφ**ω, gráfo	ich schreibe
ef	**έφ**ημερίδα, i efimerídha	die Zeitung
aw	π**άυ**ω, páwo	ich höre auf
af	**αυ**τός, aftós	er, dieser
ew	δουλ**έυ**ω, duléwo	ich arbeite
ef	**ευ**χαριστώ, efcharisto	ich danke

Im Unterschied zum Deutschen existieren im Griechischen keine Umlaute.

Vokale

Laut	Beispiele	Deutsche Entsprechungen
/a/	η **ά**δεια, i ádhia	die Erlaubnis, der Urlaub
/e/	το **έ**θνος, to éthnos	die Nation
/i/	η **ι**στορία, i istoría	die Geschichte
/ó/	το **ό**νειρο, to óniro/ η **ώ**ρα, i óra	der Traum die Stunde/die Zeit
/u/	ο **ου**ρανός[44], o uranós	der Himmel

Die fünf einfachen Vokallaute werden kurz und geschlossen gesprochen. Zur Phonem-Graphem-Korrespondenz ist Folgendes zu bemerken: Nicht jeder Laut wird durch ein einziges Schriftzeichen ausgedrückt.

- η, ι, υ, οι, ει, υι (selten) entsprechen dem deutschen Phonem i. Im Griechischen handelt es sich ebenfalls um einen i-Laut.

Laut	Beispiele	Deutsche Entsprechungen
/i/	το ε**ί**δος, to ídos	die Art
	η **οι**κογένεια, i ikojénia	die Familie
	ο **ή**λιος, o ílios	die Sonne
	η **ι**οτορία, i istoría	die Geschichte
	η **υ**πόθεση, i ipóthesi	die Angelegenheit
	υιοθετώ, iothetó	adoptieren

- αι, ε, entsprechen dem deutschen Phonem e, ebenso im Griechischen.

Laut	Beispiele	Deutsche Entsprechungen
/e/	το **αί**μα, to éma	das Blut
	το **έ**θνος, to éthnos	die Nation

[44] *Ou=Halbvokal. S. Tzermias (1969), S. 10.*

- ο, ω entsprechen dem deutschen Phonem o, ebenso im Griechischen.

Laut	Beispiele	Deutsche Entsprechungen
/o/	το **ό**νειρο, to óniro	der Traum
	η **ώ**ρα, i óra	die Zeit, die Stunde

Lautveränderungen in mündlicher Rede[45]

Bei bestimmten Buchstabenkonstellationen kommt es in der Mündlichkeit zu Kontaktassimilationen an Wortgrenzen.

Beispiele:

- s → z vor stimmhaften Konsonanten:
  ο γιός μου → [ɔjɔzmu] (mein Sohn); της δείχνω → [tizð̲ixnɔ] (ich zeige ihr)

- n + p → mb:
  τον πατέρα → [tɔmbatera] (den Vater)

- n + nd → nd:
  την τάξη → [tindáksi] (die Klasse)

- Wenn zwei Vokale zusammenfallen, sei es an der Wortgrenze oder im Wortinneren, dann kann ein Vokal wegfallen: τα άλλα > [tála]

Die Akzente

Die Akzentuierung erfolgt durch entsprechende Zeichen. Wird der betreffende Vokal einer Silbe stark betont, dann wird dieser durch den Akut (z.B. ά), markiert. Des Weiteren gibt es das Trema, welches die phonetische Einheit trennt, z.B. aï = ai lesen und nicht e. Die Akzente erscheinen nur in der Kleinschreibung. In der Großschreibung wird der Akzent ausschließlich links neben dem ersten Buchstaben (Vokal) des Wortes angebracht, wenn es dort betont werden soll. Die griechischen Wörter können nur auf der letzten, der vorletzten oder der drittletzten Silbe betont werden. Eine falsche Akzentuierung führt zu Bedeutungsunterschieden: πότε = wann? ποτέ = nie.

Die Satzzeichen

Am Schluss des Satzes kann ein Punkt (.), ein Komma (,), ein Doppelpunkt (:) oder ein Ausrufezeichen (!) stehen. Ebenso ein Fragezeichen, das seiner Form nach dem deutschen Semikolon entspricht (;), das Semikolon hingegen wird durch einen Hochpunkt (˙) markiert.

---

[45] *Zitiert nach Ruge (1997), S. 24.*

5.2.3 Grammatik

Die flektierbaren Wortarten[46]

Folgende Wortarten kennt das Griechische:

♦ Artikel

Wie im Deutschen gibt es den bestimmten und den unbestimmten Artikel. Der Artikel markiert das Genus (maskulin, feminin, neutrum) und den Numerus (Singular, Plural). Das Griechische kennt drei Kasus: Nominativ, Genitiv und Akkusativ.

♦ Substantiv

Das Substantiv hat wie im Deutschen drei Genera, das Maskulinum, das Femininum und das Neutrum, und bildet neben dem Singular in der Regel auch den Plural. Die neugriechische Deklination kennt keinen Dativ mehr, sondern verfügt über einen Nominativ, Genitiv, Akkusativ und über einen Vokativ. Die Deklination der männlichen und der weiblichen Substantive kennt sieben Klassen, die sächlichen Substantive sechs Klassen. Die Einteilung basiert auf den Endungen der Worte, die besonders im Plural deutlich werden. Es gibt auch Ausnahmen, nämlich dann, wenn das Substantiv nichtgriechischen Ursprungs ist (z.B. πλάζ, aus dem franz. *plage*). Die Nomen werden in der Regel kleingeschrieben; mit großen Anfangsbuchstaben beginnen Eigennamen, religiöse und kirchliche Bezeichnungen, Titel oder Ämter, personifizierte oder hervorgehobene Begriffe.

Deklination der Maskulina (sieben Klassen)

Endungen	Singular (Nominativ)	PL.-Endungen + Plural (Nominativ)
1. -ας	ο άνδρας, o ándras der Mann	-ες, οι άνδρες, i ándres
2. -ης	ο μαθητής, o mathitís der Schüler	-ες, οι μαθητές, i mathités
3. -ος	ο δρόμος, o dhrómos der Weg	-οι, οι δρόμοι, i dhrómi
4. -ας	ο μπαμπάς, o bambás der Vater	-αδες, οι μπαμπάδες, i bambádhes
5. -ης	ο φούρναρης, o fúrnaris der Bäcker	-ηδες, οι φουρνάρηδες, i furnárides
6. -ες	ο καφές, o kafés der Kaffee	-δες, οι καφέδες, i kafédhes
7. -ους	ο παππούς, o pappus der Großvater	-δες, οι παππούδες, i pappúdhes

[46] *Die unflektierbaren Wortarten (z.B. Adverb, Präposition, Konjunktion) werden in diesem kurzen Überblick nicht aufgeführt.*

Zu beachten ist: Alle Klassen bilden den Genitiv, den Akkusativ und den Vokativ Singular, indem der letzte Buchstabe -ς wegfällt. Im Plural endet der Genitiv bei allen Klassen auf -ων, der Akkusativ und der Vokativ enden auf -ες. Eine Ausnahme bildet die dritte Klasse: ο δρόμος, οι δρόμοι.

Deklination der Feminina (sieben Klassen)

Endungen	Singular (Nominativ)	Pl.-Endung + Plural (Nominativ)
1. -α	η μητέρα, i mitéra die Mutter	-ες, οι μητέρες, i mitéres
2. -η	η αδελφή, i adhelfí die Schwester	-ες, οι αδελφές, i adhelfés
3. -η	η λέξη, i léksi das Wort	-εις, οι λέξεις, i léksis
4. -ος	η οδός, i odhós die Straße	-οι, οι οδοί, i odhí
5. -ω	η ηχώ, i ichó das Echo	-------------
6. -α	η γιαγιά, i jajá die Großmutter	-αδες, οι γιαγιάδες, i jajádhes
7. -ου	η αλεπού, i alepú der Fuchs	-δες, οι αλεπούδες, i alepúdes

Zu beachten ist: Alle Klassen enden auf einem Vokal und bleiben im Akkusativ und Vokativ unverändert. Sie bekommen im Genitiv Singular das -ς, im Plural endet der Genitiv bei allen Klassen auf -ων, der Akkusativ und der Vokativ im Plural enden auf -ες. Ausnahmen bilden die dritte Klasse: η λέξη und die vierte Klasse η οδός, οι οδοί.

Deklination der Neutra (sechs Klassen)

Endungen	Singular (Nominativ)	Plural (Nominativ)
1. -ο	το αυγό, to awghó, das Ei	-α, τα αυγά, ta awghá
2. -ι	το παιδί, to pedí, das Kind	-ια, τα παιδιά, ta pediá
3. -ος	το κράτος, to krátos, der Staat	-η, τα κράτη, ta kráti
4. -μα	γράμμα, grámma, der Brief, der Buchstabe	-ατα, τα γράμματα, ta grámmata
5. -σιμο	το κλείσιμο (-ψιμο, -ξιμο), to klísimo, das Schließen	- σιμο, τα κλεισίματα, ta klisímata
6. -ως	το φώς, to fós, das Licht	-τα, τα φώτα, ta fóta

Zu beachten ist: Der Genitiv endet bei allen Klassen im Plural auf -ων. Die Fälle sind bei allen Klassen im Nominativ, Akkusativ und Vokativ Singular identisch, auch sind sie im Nominativ, Akkusativ und Vokativ Plural identisch. Ausnahmen bilden die dritte Klasse το κράτος, τα κράτη und die vierte Klasse: το γράμμα, τα γράμματα.

Akzentverschiebung: Es ist zu beachten, dass die Betonung im Genitiv Plural auf der letzten Silbe liegen kann!

♦ Das Adjektiv

Es wird zwischen den gleichsilbigen (keine Silbenerweiterung im Plural) und den ungleichsilbigen (Silbenerweiterung im Plural) Adjektiven unterschieden. Zudem zeichnen sie sich durch neun unterschiedliche Klassen aus, die durch die Endung klassifiziert werden und mit dem dazugehörigen Substantiv übereinstimmen. Das Adjektiv steht wie im Deutschen in attributiver oder prädikativer Stellung. Bei der Deklination der Adjektive findet keine Akzentverschiebung statt. Neben den einfachen Adjektiven gibt es die von Verben, Nomen oder Adverbien abgeleiteten Adjektive und die zusammengesetzten Adjektive.

Es gibt neun Klassen, die anhand der Endungen unterschieden werden: Maskulinum, Femininum, Neutrum:

1. Klasse: -ος, -η, -ο
2. Klasse: -ος, -α, -ο
3. Klasse: -ός, -ιά, -ό
4. Klasse: -ύς, -ιά, -ύ
5. Klasse: -ής, -ιά, -ί
6. Klasse: -ης, -α, -ικο
7. Klasse: -ης, -ισσα, -ικο
8. Klasse: -ής, -ού, -ίδικο
9. Klasse: -άς, -ού, -άδικο

Daneben können aber auch Adjektive der Katharewusa (Reinsprache, s. Einführung) vorkommen, die dann auf folgende Weise enden können:
-ης, -ης, -ες; -ων, -ουσα, -ον; -ων -ων -ον.

Wie bei den Substantiven gelten hier auch Ausnahmen, nämlich dann, wenn das Adjektiv nichtgriechischen Ursprungs ist. Daneben gibt es auch unregelmäßige Adjektive, die auf ύς, ή, ύ enden. Die Bildung des Komparativs und des Superlativs bleibt hier unberücksichtigt.

♦ Das Numerale

Die Kardinalzahlen sind unflektierbar, allerdings gibt es folgende Ausnahme:

- alle Zahlen, die auf 1, 3 und 4 enden
- die Hunderter von 200 bis 900 und 1000
- die Tausender ab 2000

Die Ordinalzahlen flektieren wie die Adjektive auf -ος.
Zur Nummerierung existieren ferner noch die altgriechischen Zahlzeichen.
Dabei handelt es sich um Buchstaben mit Strich: z. B.: α'=1, ρβ'=102

♦ Das Personalpronomen[47]

Im Neugriechischen wird zwischen dem starken und dem schwachen Personalpronomen unterschieden. Das starke Personalpronomen wird bei Emphase, bei Kontrastierungen nach Präpositionen und in prädikatslosen Sätzen verwendet.

- Schwache Personalpronomen:
  Beispiel Nominativ Singular: εγώ (ich), εσύ (du), αυτός, αυτή, αυτό (er, sie, es)
  Beispiel Nominativ Plural: εμείς (wir), εσείς (ihr) αυτοί, αυτές, αυτά (sie)
- Starke Personalpronomen:
  Beispiel Akkusativ Singular: με (mich), σε (dich), τον (ihn), την (sie), το (es)
  Beispiel Akkusativ Plural: μας (uns), σας (euch), τους (sie, maskulin), τις (sie, weiblich), τα (sie, sächlich)

♦ Das Verb

Im Neugriechischen wird zwischen den stammbetonten und endbetonten Verben unterschieden. Ihre genaue Unterscheidung ist wichtig, wenn es darum geht, diese zu konjugieren. Verben haben eine aktive, passive oder reflexive (mediale) Bedeutung, die durch die Endung markiert wird. Daneben gibt es noch die Deponentien, also Verben, die nur in reflexiv-passiver Form vorliegen.

---

[47] *Hier nicht weiter besprochen werden die Possessivpronomen, die Reflexivpronomen, die Demonstrativpronomen, die Relativpronomen, die Interrogativpronomen und die Indefinitpronomen.*

Beispiel:

stammbetontes Verb (aktiv)	endbetontes Verb (aktiv)
γράφω[48], gráfo = ich schreibe	αγαπώ, aghapó = ich liebe
γράφεις, gráfis	αγαπάς, aghapás
γράφει, gráfi	αγαπάει, aghapái
γράφομε, gráfome	αγαπάμε, aghapáme
γράφετε, gráfete	αγαπάτε, aghapáte
γράφουν, gráfun	αγαπάνε, agapáne

Es wird unterschieden:

- Verben der I. Konjugation (stammbetonte Verben), aktive Form γράφω, gráfo (ich schreibe)
- Verben der I. Konjugation (stammbetonte Verben), reflexiv-passive Form ντύνομαι, dínome (ich kleide mich an)
- Verben der II. Konjugation (endbetonte Verben), aktive Form αγαπώ, aghapó (ich liebe)
- Verben der II. Konjugation (endbetonte Verben), reflexiv-passive Form αγαπιέμαι, aghapiéme (ich liebe mich/ich werde geliebt)
- Die Verben έχω, écho (haben) und είμαι íme (sein) sind Hilfsverben, können aber als selbstständige Verben fungieren. Modalverben gibt es nicht, ebenso wenig trennbare Verben.

♦ Die Modi: Indikativ und Konjunktiv; der Aspekt

Wie im Deutschen gibt es im **Indikativ** das Präsens, das Futur (futurum continuum und einmaliges Futur, Futurum exactum), das Perfekt und das Plusquamperfekt. Daneben existieren der Paratatikos, die einer Vergangenheitsform entspricht, und der Aorist.

Im **Konjunktiv** gibt es das Präsens (Dauerkonjunktiv), den Aorist (einmaliger Konjunktiv), das Perfekt (Konjunktiv der Vollendung). Zu unterscheiden ist zwischen dem paratatischen und dem aoristischen Aspekt. Der paratatische Aspekt bringt die *Wiederholung* oder die Dauer eines Geschehens zum Ausdruck, der aoristische Aspekt hingegen die *Einmaligkeit* der Handlung.

- Ferner existieren der Imperativ, Konditionalis, Partizip und das so genannte απαρέμφατο, aparémfato. Dieses wird verwendet, um Formen des Perfektsystems zu bilden, z.B. έχω γράφει = ich habe geschrieben.

[48] *Einen Infinitiv wie im Deutschen gibt es nicht.*

5.2.4 Syntax

Ein vollständiger Satz kann aus einem einzigen Wort bestehen: χιονίζει, chionízi (es schneit), δουλεύουμε, duléwoume (wir arbeiten). Häufiger als im Deutschen kommen unvollständige Sätze durch das Weglassen der Kopula (Formen von sein) vor. Es kommen Nominalphrasen wie Verbalphrasen vor, ebenso eine Reihe von Nebensatzkonstruktionen, wie Kausalsätze, Konsekutivsätze, Konzessivsätze, Konditionalsätze oder Finalsätze. Im Vergleich zum Deutschen ist die Wortstellung (Subjekt – Prädikatsverb – Objekt) im Griechischen freier.

5.2.5 Einige weitere Besonderheiten im Neugriechischen

- **Die neugriechischen Partikel**

  Die Partikel stellen in der griechischen Sprache eine Besonderheit dar. Sie sind entweder proklitisch oder enklitisch. Das bedeutet, dass es eine phonetische Einheit mit dem folgenden oder dem vorangehenden Wort bildet.

- **Die Entsprechung von dass im Neugriechischen**

  In Neugriechischen erscheint entweder eine Konjunktion, die einen Behauptungssatz einleitet (ότι, πως, που), oder eine Konjunktion, die einen Begehrenssatz (mit να) einleitet.

- **Verkleinerungs- und Vergrößerungsformen**

  Im Griechischen gibt es zahlreiche Suffixe (Verkleinerungssuffixe), mit deren Hilfe eine Diminuierung stattfinden kann:
  Männlich: -άκης, -άκος; sächlich -άκι Bsp.: παιδί, pedí (Kind) – παιδάκι pedháki (Kindlein)
  Männlich: -ούλης; weiblich: -ούλα; sächlich: -ούλι
  Weiblich: -ούδα; sächlich: ούδι, -ουδάκι
  Die Verkleinerungsformen finden besonders dann Anwendung, wenn es darum geht, eine höfliche Bitte zu äußern, aber auch wenn eine zärtliche oder aber auch eine negative Bemerkung gemacht wird.
  Vergrößerungsformen finden insbesondere dann Anwendung, wenn die Bemerkung einen eher ironischen Unterton trägt:
  Männlich -αρος; weiblich –άρα, Bsp.: ο μύταρος, o mítaros, η μυτάρα, i mitára (die große Nase)

5.2.6 Besondere Schwierigkeiten im Deutschen für griechische Muttersprachler

- Unterscheidung zwischen Verben mit untrennbaren, unbetonten Vorsilben und Verben mit trennbaren, betonten Vorsilben

- Modalverben

- Funktionsverbgefüge (z.B. um Erlaubnis bitten, die Erlaubnis erteilen)
- Verbstellung am Ende in Nebensätzen
- Präpositionen mit der Kasusrektion
- Unterscheidung zwischen den Fällen Akkusativ und Dativ
- Aussprache von Umlauten

5.3 Italienisch

von Lampros Tsoutsas

5.3.1 Allgemeine Informationen zur italienischen Sprache

Die italienische Sprache gehört zu der Gruppe der romanischen Sprachen, die u.a. auch das Französische, das Spanische, das Portugiesische und Rumänische umfasst. Das Italienische sowie alle anderen romanischen Sprache haben sich aus dem gesprochenen Latein gebildet. Die romanischen Sprachen gehören ihrerseits zu der großen indoeuropäischen Sprachfamilie, zu der u.a. auch das Deutsche, das Englische, das Griechische, die slawischen Sprachen und das Iranische gehören.

Unter „Italienisch" verstehen wir heutzutage die ursprüngliche Variante des „Toskanischen", die als Standardsprache des modernen Italien gilt. Das Italienische ist eine Gemeinsprache mit rund 60 Millionen muttersprachlichen Sprechern, sie steht an 12. Stelle in der Rangliste der meistgesprochenen Sprachen der Welt.

Italienisch wird in folgenden Ländern und Regionen gesprochen:

- in der Republik Italien
- im Staat Vatikanstadt
- in der Republik San Marino (südwestlich von Rimini)
- in der Schweiz (im Kanton Tessin und in vier Tälern im Kanton Graubünden), wo das Italienische eine der drei Amtssprachen ist
- auf französischem Territorium (auf Korsika, im Umkreis von Nizza)
- im Fürstentum Monaco
- in den wichtigsten Städten an der dalmatinischen Küste (Zadar „Zara", Split „Spalato")
- in bestimmten Regionen der USA und in Südamerika (in Rio de la Plata, in Argentinien und in Brasilien)
- auf der Insel Malta (Italienisch gilt traditionell als Bildungssprache)

- in Industrieländern Europas (z.B. in Deutschland, Holland durch die italienischen „Gastarbeiter")
- in ehemaligen italienischen Kolonien in Afrika

5.3.2 Dialekte und Wortschatz des Italienischen

Auf Grund der geografischen Lage, der langen Geschichte und der historischen Ereignisse existieren im italienischen Sprachraum nicht nur eine Standardsprache, sondern auch eine Reihe von lokalen Dialekten, die sehr stark die lokalen Unterschiede ausprägen. Unter Dialekten wird hier eine sprachliche Variation in einem bestimmten Sprachraum verstanden. Im Allgemeinen kann man sagen, dass sich die italienischen Dialekte in drei große Dialektgruppen einteilen lassen:
I. Ober- oder norditalienische Dialekte
II. Mittel- und süditalienische Dialekte
III. Toskanische Dialekte

Auf Grund seiner Geschichte ist Italien ein Vielsprachenstaat. 2,5–3 Millionen Menschen in Italien sprechen als Muttersprache eine nichtitalienische Sprache. Sie sind die so genannten Minderheiten, die zu der Sprach- und Kulturgemeinschaft Italiens gehören. Es existiert im Norden des Landes eine deutsche Minderheit mit 295 000 Sprechern, an der italienischen Staatsgrenze zum ehemaligen Jugoslawien eine slowenische und serbokroatische mit rund 130 000 Sprechern und im Süden des Landes sowie auf Sizilien eine albanische und griechische Minderheit, die sich mit rund 135 000 Sprechern in mehrere Gemeinden erstreckt. Die griechische Minderheit wird auch als historische Minderheit bezeichnet, weil das Griechische, welches in Süditalien gesprochen wird, klassische (griechisch-attische) und byzantinische Elemente aufweist. Dadurch, dass die italienische Sprache eine lange Geschichte hat, besteht das heutige italienische Vokabular aus lateinischen (66,8 %), griechischen (10,9 %), französischen (7,8 %), spanischen (1,8 %), deutschen (1,0 %) und arabischen (1,0 %) Wörtern. Daher stellen die Latinismen und die Gräzismen den wichtigsten Bestandteil des italienischen Wortschatzes dar.

5.3.3 Vom gesprochenen Latein zum Italienischen

Das **Vulgärlatein** ist die Grundlage aller romanischen Sprachen. Das Italienische kann auch als heutige lebende Varietät des gesprochenen Lateins verstanden werden.
Das Vulgärlatein ist die gesprochene Form des Lateinischen in Rom und im Römischen Reich. Es existierten zwei Lateinformen, nämlich das geschriebene, also das literarische Latein und das gesprochene Latein, dessen auch die unteren Volksschichten mächtig waren. Aus der zweiten Form hat sich das heutige Italienisch gebildet.

Die Bildung der italienischen Sprache aus dem Vulgärlatein:

Die spektakulärste Neuerung der italienischen Sprache (auch der anderen romanischen

Sprachen) ist die Schaffung des bestimmten Artikels, welchen es im klassischen Latein nicht gibt. Der bestimmte Artikel wird aus dem lateinischen Demonstrativpronomen ille gebildet.

- Eine Besonderheit des Vulgärlateins gegenüber der schriftlichen Form ist das Ersetzen von Wörtern durch völlig neue Wörter, die ihrerseits das Italienische beeinflusst haben:
  - ignis wird ersetzt durch focus (Feuerstelle): it. fuoco
  - loqui wird ersetzt durch parabolare (Gleichnisse erzählen): it. parlare
  - pulcher wird ersetzt durch bellus (hübsch): it. bello
- Im Vulgärlatein hat auch der heutige italienische Satzbau seinen Ursprung, z.B. die direkte Satzordnung Subjekt – Prädikat – Objekt:
  Vulgärlatein: Miles negat hostem, vgl. Italienisch: Il soldato uccide il nemico (Der Soldat tötet den Feind).

5.3.4 Laute

Die italienische Rechtschreibung benutzt das internationale lateinische Alphabet und besteht somit aus 26 Buchstaben. Hinzu kommen ein paar Buchstabenkombinationen bzw. Konsonantenkombinationen. Auf Grund der häufigen Verwendung von Vokalen gibt es eine Harmonie in der italienischen Aussprache, die auch in anderen Mittelmeersprachen existiert (z.B. Spanisch, Griechisch). Eine auffällige Besonderheit der italienischen Sprache ist, dass fast alle Wörter in einem Vokal enden.

Die Konsonanten

Laut	Beispiele	Deutsche Entsprechungen
/p/	**p**alla, **p**asta, **p**ranzo	Puppe
/b/	**b**ello, **B**erlino, **b**asta	Ball, Berlin
/m/	**m**are, **M**ilano, **m**iracolo	Mutter
/t/	**t**rattore, **t**oro, **t**orta	Tasse, treten (ungefähr)
/d/	**d**onna, **d**uro, o**d**ore	Dach, drei
/n/	**n**ero, **n**ave, **n**auta	nicht, Nacht
/ɲ/	le**gn**o, **gn**occhi, **gn**omo	Anja
/k/	**c**asa, **ch**ilo, **q**uadro	Kilo, klein
/g/	**g**atto, **g**amba, **g**allo	Garten
/ts/	ta**zz**a	Ziel
/dz/	**z**ero, **z**io, **z**ucchero	---
/tʃ/	**c**era, **c**ercare,**c**ena	Kutsche (ungefähr)
/dʒ/	**g**iro, **G**ina, **g**elato	Dschungel

Laut	Beispiele	Deutsche Entsprechungen
/f/	**f**are, **f**inire, **F**rancesco	fahren
/v/	**v**edo, **v**ernice, **V**erona	Vase, Wagen
/s/	**s**era, **s**ano, **s**ale	nass, Straße
/z/	**s**montare, **s**mettere, **s**mania	Sonne
/ʃ/	**sc**ena, **sc**iare, palco**sc**enico	Schnee, schenken (ungefähr)
/r/	**r**ana, **r**e, **r**egina	gerolltes Zungen-r: Ratte
/l/	**l**una, **l**oro, **l**avoro	lang, Licht
/ʎ/	ta**gl**io, ma**gl**ia, fo**gl**io	Taille

Die Vokale

Laut	Beispiele	Deutsche Entsprechungen
/a/	It**a**li**a**, **a**gnello, L**a**ur**a**	Last
/ɛ/	bella, però	**E**nte, Scheck
/e/	m**e**la, p**e**sca, p**e**ra	**E**lefant, Beet
/i/	**i**sola, famos**i**, molt**i**	Insel, zwischen
/ɔ/	r**o**sa, m**o**lto	kosten (ungefähr)
/o/	s**o**tt**o**, gi**o**rn**o**	Ofen
/u/	f**u**ga, **u**no	Unruhe

5.3.5 Grammatik

Das Verb

Die italienischen Verben sind entweder transitiv oder intransitiv. Mit den transitiven Verben wird das Hilfsverb avere (dt. haben) benutzt und mit den intransitiven das Hilfsverb essere (dt. sein).

Es wird zwischen drei Konjugationstypen unterschieden, nämlich: auf -are (lavorare, arbeiten), auf -ere (sapere, wissen) und auf -ire (capire, verstehen).
Für das Partizip Perfekt gelten die folgenden Endungen:

- für die Verben in -are, wird -ato angehängt.
- für die Verben in -ere, wird -uto angehängt.
- für die Verben in -re, wird -ito angehängt.

Der Artikel

Es gibt zwei Geschlechter im Italienischen, nämlich Maskulinum und Femininum und somit die Formen il (Mask.) und la (Fem.). Hinzu kommen die Formen lo, l´ (Mask.)

und l´ (Fem.) im Singular und i, gli (Mask.) le (Fem.) im Plural. Die Wahl der entsprechenden Form des Artikels hängt vom Buchstaben des nächsten Wortes ab.

- Die Form **il** (Mask., Sing.) ist obligatorisch vor Konsonant:
  il disco, il filo, il mito, il suono, …
- Die Form **lo** (Mask., Sing) erscheint vor s + Konsonant:
  vor sp-, st- (lo specchio, lo straniero), vor sce-, sci- (z.B. lo scellerato, lo sciopero), vor z- (z.B. lo zucchero), vor gn- (z.B. lo gnomo, …)
- Die Form **l'** (Mask., Sing.) tritt vor Vokal auf:
  l'amico, l'esito, l'inganno, l'oro, l'urto, …
- Die Form **la** (Fem., Sing.) erscheint vor jedem Konsonanten:
  la piazza, la spiaggia, la scelta, la zona, …
- Die Form **l'** (Fem., Sing.) tritt auf vor Vokal:
  l'amica, l'edizione, l'impazienza, l'opera, l'unione, …
- Die Form **i** (Mask., Plur.) wird unter denselben Bedingungen gebraucht wie il im Singular:
  i dischi, i fili, i miti, i suoni, …
- Die Form **gli** (Mask., Plur.) entspricht den Singularformen lo und l':
  gli specchi, gli stranieri, gli scellerati, gli gnomi, gli amici, gli urti, …
- Die Form **le** (Fem., Plur.) erscheint vor Konsonant und vor Vokal:
  le piazze, le spiagge, le zone, le amiche, le unioni, le erbe, …

Das Nomen

♦ Genus

Die Nomen können entweder Maskulinum oder Femininum sein. Vielfach kann man sich an der vokalischen Endung des Nomens orientieren. Die Nomen mit der Endung

- -**o** sind fast alle Maskulina: l´albero, il libro, l´ombrello, l´orologio, l´uomo, il lavoro, il sorriso, il negozio, lo schermo, il tramonto, …
- -**a** sind fast alle Feminina: la casa, la bambola, la cintura, la chiesa, la penna, la bandiera, la spazzola, la foglia, la barca, …
- -**e** sind Maskulina oder Feminina: il padre, il fiore, il giornale, lo stivale, il cane, lo stupore, …; la madre, la chiave, la lezione, la mente , …
- -**i** sind fast alle Feminina: la sintesi, la crisi, la metropoli, la sintassi, …
- -**u** sind Maskulina (z.B. lo gnu) oder Feminina (z.B. la gru).
- -**ò** sind Maskulina: il paltò, il comò, il rondò, …

- -**à** sind fast alle Feminina: la società, la realtà, la facoltà, la verità, …
- -**è** sind fast alle Maskulina: il caffè, il tè, il canapè, …
- -**ì** sind fast alle Maskulina: il lunedì, il colibrì, il venerdì, il mercoledì, …
- -**ù** sind Maskulina oder Feminina: il tabù, il bambù, lo sovrappiù, il caucciù, …; la virtù, la gioventù, la tribù, la schiavitù, la servitù, …

♦ Numerus

Die Nomen ändern in der Pluralform ihre Endung. Diese richtet sich wie bei der Singularform nach der vokalischen Endung:

- Alle Maskulina, die im Singular auf -o enden, enden im Plural auf -i.
- Alle Feminina, die im Singular auf -a enden, enden im Plural auf -e.
- Alle Nomen, die im Singular auf -e enden, enden im Plural auf -i.
- Alle Maskulina, die im Singular auf -a enden, enden im Plural auf -i.
- Alle Feminina, die im Singular auf -ca und -ga enden, enden im Plural auf -che und -ghe.
- Alle Maskulina, die im Singular auf -ca und -ga enden, enden im Plural auf -chi und -ghi.
- Alle Maskulina, die im Singular auf -co und -go enden, enden im Plural auf -chi und -ghi, aber auch selten auf -ci und -gi.

Das Adjektiv

Es gibt drei Typen von Adjektiven:

- Maskulinum Singular auf -**o**, endet im Plural auf -**i**; Femininum Singular auf -**a** endet im Plural auf -**e**
- Maskulinum und Femininum, Singular auf -**e**, endet im Plural auf -**i**
- Adjektive, die eine gleiche Endung für Maskulinum und Femininum, für Singular und Plural haben

5.3.6 Besondere Schwierigkeiten im Deutschen für italienische Muttersprachler

- Zwei **Genera** im Italienischen: Italienische Muttersprachler richten sich nach der vokalischen Endung des Substantivs, welche das Genus bestimmt. Im Deutschen ist das Genus aber nur in bestimmten Fällen anhand einer Substantivendung bestimmbar.

- Die **Tempora**: Im Italienischen gibt es deutlich mehr Tempora als im Deutschen, denen nach klaren Regeln gefolgt werden muss. Daher kann es zu Unklarheiten kommen, vor allem wenn es um Übersetzungen geht, z.B.: *passato prossimo, passato remoto* und Präteritum, Perfekt.
- Die **Syntax**: In der italienischen Syntax stehen die Verben an erster Stelle. Der Satz ist meistens etwas kürzer als der deutsche, denn er wird nicht so oft durch Nebensätze erweitert. Daher kann es zu Schwierigkeiten kommen, wenn das deutsche Verb in einem Nebensatz an die letzte Stelle gesetzt wird.
- Der italienische **Konjunktiv**: Hier gilt auch eine strenge Regel, die auf bestimmte Verbkategorien ausgerichtet ist. Beispiel: „Credo, che tu stia bene." Im Deutschen „Ich hoffe, es geht dir gut". Im Italienischen wird Futur gebraucht: Das Verb credere deutet auf den Konjunktiv I., denn es handelt sich um eine Situation oder einen Wunsch, von der/dem man nicht weiß, ob sie/er real ist.

5.4 Polnisch

von Zofia Bilut-Homplewicz, Universität Rzeszów

Polnisch ist eine westslawische Sprache, die mit dem lateinischen Alphabet geschrieben wird. Es hat folgende Sonderzeichen:
Ą, ą – Ę, ę – Ć, ć – Ł, ł – Ń, ń – Ó, ó – Ś, ś – Ź, ź – Ż, ż.

5.4.1 Laute

Da die Lautbildung des Polnischen sehr komplex ist, wird in diesem Zusammenhang nur auf die wichtigsten Charakteristika kurz hingewiesen.

Im Polnischen gibt es keine Unterscheidung zwischen langen und kurzen Vokalen. Alle Vokale sind mittellang. Doppelkonsonanten werden auch als Doppellaut gesprochen.

Es gibt nasale Laute ähnlich wie im Französischen.

Es gibt keine Umlaute und keine Reduzierung im Auslaut wie beispielsweise bei den deutschen Infinitiven mit dem unbetonten /ə/ wie in Gebete.

Dafür kommt die Kombination von Konsonanten, wie /sz/, /cz/ (so genannte Zischlaute), vor.

Die Aussprache von manchen unterschiedlich geschriebenen Lauten ist gleich.
Beispiele: u und ó; ż und rz.

5.4.2 Wortschatz

Neben dem polnischen Stammwortschatz gibt es Entlehnungen aus vielen Sprachen, vor allem aus dem Lateinischen (Religion und Wissenschaft), Französischen (Kosmetikbezeichnungen), Deutschen (Handwerk, Handel) und z.Zt. in erster Linie viele aus dem Englischen (Technik, Alltag). Der Gebrauch von Anglizismen ist aber nicht so verbreitet wie im Deutschen.

5.4.3 Wortbildung

Anders als im Deutschen kommen viel seltener zusammengesetzte Wörter (Komposita) vor, sondern substantivische Wortgruppen. Beispielsweise entspricht dem deutschen Kompositum Sportschuhe die polnische Wortgruppe buty sportowe.

5.4.4 Grammatik

Verben

Polnische **Tempora** sind synthetische Tempora (einfache Formen), bis auf das imperfektive Futur (Futur einer Handlung in der Zukunft, die nicht abgeschlossen ist). Das polnische Plusquamperfekt ist ein archaisches Tempus, das völlig außer Gebrauch ist.

Alle Tempora des Polnischen finden sowohl im schriftlichen als auch im mündlichen Kommunikationsbereich unabhängig von der jeweiligen Textsorte Verwendung.

Das polnische Verb ist mit der Kategorie des **Aspekts** unzertrennlich verbunden: Die Handlung wird (bis auf die Präsensform) als vollzogen/abgeschlossen bzw. als nicht vollzogen/andauernd markiert. Diese Opposition kann nur teilweise im Deutschen mit den Tempora Perfekt und Präteritum wiedergegeben werden: Ich **ging** (jeden Morgen) diesen Weg (andauernd) – Ich **bin** (an diesem Morgen) diesen Weg **gegangen** (abgeschlossen, einmalig).

Es gibt im Polnischen kein Tempus, das sich sowohl auf die Zeitstufe Vergangenheit als auch auf die Zukunft beziehen kann wie das deutsche Perfekt (z.B.: Morgen habe ich das erledigt.).

Im Polnischen gelangt kein spezielles Tempus zur Verwendung, das eine modale Funktion hat wie die deutschen Futura.

Im Falle mancher Tempusformen (bei Vergangenheits- und Zukunftstempora) haben wir es im Polnischen mit einer Genusdifferenzierung zu tun. Der deutschen Form: Er/sie/es hat es *gelesen* entsprechen drei nach Genus differenzierte Verbalformen: (On) przeczyta**ł**/(ona) przeczyta**ła**/(ono) przeczyta**ło**. Personalpronomen werden nur gebraucht, wenn man sie hervorheben will.

Den **relativen Tempusgebrauch** kennt das Polnische nicht. Zum Ausdruck der Vor- und Nachzeitigkeit dienen in erster Linie Temporalausdrücke.

Das so genannte Simultanpartizip ist nur eine scheinbare Entsprechung des deutschen Partizips I singend, schreibend (śpiewając, pisząc). Es zeigt als infinite Form viel stärkere Frequenz als im Deutschen, auch in zusammengesetzten Sätzen.

Der **Passivgebrauch** ist im Polnischen viel seltener als im Deutschen.

Das Polnische hat eine **doppelte Negation**. Dem deutschen Satz: Er hat **keinen** Brief bekommen entspricht der Satz mit doppelter Negation: **Nie** dostał **żadnego** listu. (**Nicht** er hat bekommen **keinen** Brief.)

Nomen und nominale Elemente

Polnisch ist eine **artikellose** Sprache. Den polnischen Mutterprachlern bereitet der deutsche Artikelgebrauch auf allen Niveaustufen große Schwierigkeiten.

Das **Genus** mancher polnischer Substantive fällt nicht mit dem der entsprechenden deutschen Wörter zusammen.

Das Polnische hat eine stark entwickelte **Deklination** mit sieben Kasus. Der letzte Kasus, der Vokativ, wird in der Umgangssprache immer seltener gebraucht.

Die **Deklination der Adjektive** folgt auch mehreren Typen.

Es lassen sich zudem viele Typen der **Pluralbildung** unterscheiden.

Im Polnischen werden **Personalpronomina** viel seltener als im Deutschen verwendet, eigentlich in erster Linie bei der Hervorhebung. Auch Possessivpronomina sind viel seltener im Gebrauch. Der deutsche Satz Er unterstützt seine Eltern. Wird meistens ohne pronominale Elemente wiedergegeben, wenn die Person aus dem Kontext und der Situation heraus bekannt ist: Pomaga rodzicom.

Satzgrammatik

Es gibt im Polnischen keine so fest ausgeprägten **Stellungstypen** wie im Deutschen. Die Stellung des finiten Verbs ist relativ frei. Dadurch, dass es analytische (zusammengesetzte) Tempora bis auf das Futur nicht gibt und Passivkonstruktionen viel seltener vorkommen, ist der Satzbau einfacher als im Deutschen. Auch komplexe Konjunktivformen (beispielsweise Hätte er das gewusst, hätte er sicher anders gehandelt.) entfallen, sie werden mit synthetischen (einfachen) Verbformen ausgedrückt.

5.4.5 Besondere Schwierigkeiten im Deutschen für polnische Muttersprachler[49]

- Unterschied zwischen **langen und kurzen Vokalen**: Polen sprechen Weg – weg, Beet – Bett, Höhle – Hölle zunächst gleich aus.
- **Artikelgebrauch** im Zusammenhang mit dem Genus: Polnisch hat auch drei Genera, aber oft andere. Diese werden ohne Artikel durch die Endung gekennzeichnet: der Schrank – szafa (fem.), der Stuhl – krzesło (neutr.), die Katze – kot (mask.).
- Unterschied zwischen **bestimmtem und unbestimmtem Artikel**
- Manche **Wörter** kommen im Polnischen nur im **Plural** vor: spodnie = die Hosen, drzwi = die Türen
- Bildung von **Komposita** mit der Stellung von Grund- und Bestimmungswort
- Polnisch hat die **doppelte Negation**: Nigdy go nie widzia?am → wörtlich: Nie habe ich ihn nicht gesehen.
- Satzbau: **Verbstellung, Verbklammer**

5.5 Russisch

von Nelly Schymiczek

Russisch gehört neben Ukrainisch und Weißrussisch zu den ostslawischen Sprachen. Mindestens 280 Millionen Menschen sprechen Russisch als Erst- oder Zweitsprache. In Deutschland wird die Zahl der Russischsprachigen auf ca. 3 Millionen geschätzt.

5.5.1 Schrift

Russisch ist eine der wenigen europäischen Sprachen, die nicht mit lateinischen Buchstaben geschrieben wird. Das Russische verwendet die kyrillische Schrift, die auf der Grundlage der griechischen Unzialschrift entstanden ist.
In der folgenden Tabelle werden 33 kyrillische Buchstaben ihren deutschen Entsprechungen gegenübergestellt.

Buchstabe im Russischen	Buchstabe/Laut im Deutschen
А, а	A, a
Б, б	B, b

[49] *Wir danken Ewelina Polak (Rzeszów) für die Hinweise.*

Buchstabe im Russischen	Buchstabe/Laut im Deutschen
В, в	W, w
Ґ, ґ	G, g
Д, д	D, d
Е, е	je (am Wortanfang), e
Ё, ё	jo
Ж, ж	sch (stimmhaft wie in Garage)
З, з	S, s (stimmhaft wie in Sonne)
И, и	I, i
Й, й	J, j
К, к	K, k
Л, л	L, l
М, м	M, m
Н, н	N, n
О, о	O, o
П, п	P, p
Р, р	R, r
С, с	s, ß, ss (stimmlos)
Т, т	T, t
У, у	U, u
Ф, ф	F, f
Х, х	ch (ach-Laut)
Ц, ц	Z, z
Ч, ч	tsch
Ш, ш	Sch, sch
Щ, щ	Keine Entsprechung, weicher als sch
Ъ, ъ	Härtezeichen, wird nicht ausgesprochen
Ы, ы	Keine Entsprechung (ähnlich wie Schwalaut)
Ь, ь	Weichheitszeichen, wird nicht ausgesprochen

Buchstabe im Russischen	Buchstabe/Laut im Deutschen
Э, э	Ä, ä
Ю, ю	ju
Я, я	ja

- Die Buchstaben А, Е, К, М, О, Т sind in der lateinischen Schrift ähnlich.
- Die Buchstaben В, Х, Р, С, У haben im Deutschen trotz gleicher Form einen anderen Lautwert.
- Die Buchstaben ъ und ь stehen nach dem Buchstaben, den sie erhärten bzw. erweichen sollen. Zusammen mit dem Buchstaben ы können sie somit nicht am Wortanfang stehen.

Die russische Schreibschrift unterscheidet sich beträchtlich von der Druckschrift:

5.5.2 Laute

Konsonanten

Im Russischen gibt es 36 eigenständige Konsonantenlaute, die durch 21 Konsonantenbuchstaben wiedergegeben werden. Außerdem gibt es im Russischen zwei Buchstaben, denen keine eigenständigen Laute entsprechen. Das sind das so genannte *harte Zeichen* ъ und das *weiche Zeichen* ь. Die beiden Buchstaben kennzeichnen in der Schrift, ob die vorangehenden Konsonanten entsprechend hart oder weich ausgesprochen werden.

Die meisten russischen Konsonanten bilden Paare: palataler (weicher) – nicht palataler (harter) Konsonant. Ob ein Konsonant weich oder hart ausgesprochen wird, hängt von seiner Position im Wort ab. Die palatalisierte Aussprache eines Konsonanten ergibt sich durch nachfolgende jotierte Vokale, den Vokalbuchstaben и sowie durch den Buchstaben ь. Die harten und weichen Aussprachevarianten russischer Konsonanten haben eine bedeutungsunterscheidende Funktion, z.B.:

- угол (die Ecke) – уголь (die Kohle)
- мел (die Kreide) – мель (die Untiefe)

Im Vergleich zum Deutschen kennt das Russische keine Aspiration, deshalb werden die Konsonanten к /k/, п /p/ und т /t/ nicht behaucht ausgesprochen.

Vokalbuchstaben

Das Russische hat fünf Vokale, die durch zehn Vokalbuchstaben wiedergegeben werden:

а – я [a – ja]
э – е [e – je]
ы – и [y – i]
о – ё [o – jo]
у – ю [u – ju]

In der Schrift zeigen russische Vokalbuchstaben an, ob es sich bei dem vorangehenden Konsonanten um einen *weichen* oder *harten* Laut handelt. Die jotierten Vokale я, е, ё, ю bezeichnen die Weichheit des vorangehenden Konsonanten. Deshalb lassen sich die Vokalbuchstaben in zwei entsprechende Gruppen aufteilen:

Russische Vokalbuchstaben [und ihre Verwendung]					
nach harten Konsonanten:	а	э	о	у	ы
nach weichen Konsonanten*:	я	е	ё	ю	и

* Auch im Wortanlaut, nach Vokalen und nach Härte- und Weichheitszeichen bezeichnen я, е, ё, ю den Lautwert j + а, э, о, у [ja, je, jo, ju]. Nur das ы kommt nie im Anlaut vor.

Im Vergleich zum Deutschen spielt die Länge der Vokale keine wesentliche Rolle im Russischen. Die betonten Vokale werden deutlicher und etwas länger als die unbetonten ausgesprochen. Die unbetonten Vokale unterscheiden sich häufig von den entsprechenden betonten Vokalen auch qualitativ. Die betonten Vokale im Russischen werden mit besonderem Nachdruck ausgesprochen, was zur Reduktion der unbetonten Vokale führt: die Vokale о und е werden in der unbetonten Position als [a] und [i] ausgesprochen.

Wortakzent

Der Wortakzent im Russischen ist frei und beweglich. Durch Verlegung der Wortbetonung können neue Wortformen gebildet werden, z.B.:

- окн**о** (das Fenster) – **о**кна (die Fenster).
- Die Wortbetonung kann im Russischen auch bedeutungsunterscheidend sein: м**о**ю (ich wasche) – мо**ю** (meine).

5.5.3 Wortschatz

Das Russische hat viele Entlehnungen aus anderen Sprachen, vor allem aus dem Französischen, Deutschen und Englischen.
Bei den Zahlwörtern werden zuerst die Zehnereinheiten und dann die Einereinheiten genannt.

5.5.4 Grammatik

Verb

Im Russischen gibt es lediglich drei **Zeitstufen**: das Präsens (die Gegenwart), das Präteritum (die Vergangenheit) und das Futur (die Zukunft). Die Vergangenheitsform wird durch Anhängen bestimmter Suffixe gebildet, wobei hier Genus und Numerus der handelnden Person berücksichtigt werden muss.

Um eine Handlung als abgeschlossen oder nicht abgeschlossen zu bezeichnen, haben russische Verben zwei unterschiedliche Formen **(Aspekt)**. Der vollendete Aspekt tritt nur in zwei Zeitformen auf: dem Präteritum und dem Futur. Der unvollendete Aspekt existiert in allen drei Zeitstufen. Fast jedes russische Verb bildet ein Aspektpaar, sodass einem deutschen Verb zwei russische Verben gegenüberstehen.

Das Russische unterscheidet bei Verben, die sich auf die Fortbewegung beziehen, ob diese Bewegung zielgerichtet oder nicht zielgerichtet verläuft. Ein deutsches Verb hat im Russischen zwei Entsprechungen:

- Я иду в школу. – Ich gehe zur Schule (jetzt).
- Я хожу в школу. – Ich gehe jeden Tag zur Schule.

Im Gegensatz zum Deutschen, wird im Russischen im Präsens das Verb sein nicht verwendet. Satzglieder, die im Deutschen mit einer konjugierten Form von sein verbunden werden, stehen im Russischen in der Gegenwart stets ohne ein Hilfsverb nebeneinander. Auch haben wird im Russischen selten gebraucht.
Wie im Deutschen ist die Präfigierung eine verbreitete Wortbildungsmethode, wobei das Russische keine trennbaren Präfixe kennt.

Substantive

Russische Substantive haben keinen Artikel. Sie verändern ihre Form nach Numerus, Genus, Kasus.

Im Russischen gibt es **drei Genera**:

- maskulin (m)
- feminin (f)
- neutrum (n)

Das Geschlecht erkennt man meistens an der Endung des russischen Substantivs in seiner Grundform (Nominativ Singular):

- maskulinum: null
- feminininum: -а, -я, -ь
- neutrum: -о, -е

Wie das Deutsche unterscheidet das Russische zwei **Numeri**: Singular und Plural. Im Russischen wird der Numerus durch unterschiedliche Kasusendungen gekennzeichnet. Mit einigen Ausnahmen haben im Nominativ Plural

- die meisten Maskulina die Endungen -и, -ы: стол – стол-ы
- die meisten Feminina die Endungen -и, -а, -ы, -и: ламп-ы, бан-и, степ-и
- die meisten Neutra die Endung -а: мест-а

Im Russischen gibt es **sechs grammatische Fälle** (Kasus): Nominativ, Genitiv, Dativ, Akkusativ, Instrumental, Präpositiv.

- Instrumental zeigt das Instrument, womit etwas getan wird. Dies kann ein Gegenstand oder auch eine Person sein.
- Präpositiv tritt immer in Verbindung mit einer Präposition auf.

Substantive werden im Russischen auch nach **Belebtheit/Unbelebtheit** unterschieden: Menschen und Tiere gelten grundsätzlich als belebt, Pflanzen, Gegenstände und Kollektiva als unbelebt.
Substantive werden im Russischen kleingeschrieben.

Syntax

Die russischen Sätze zeichnen sich durch freie Wortstellung aus. Die Satzgliedfolge in Nebensätzen ist dieselbe wie in Hauptsätzen.

5.5.5 Besondere Schwierigkeiten im Deutschen für russische Muttersprachler

- Länge/Kürze der Vokale wird nicht unterschieden
- der Glottisschlag im Deutschen, also der Knacklaut, der in der Stimmritze gebildet wird, z.B. bei Spiegel/ei
- Wortakzent, der im Russischen bedeutungsunterscheidend sein kann
- Genus der Substantive
- Deklination der Adjektive

- Rektion der Verben
- Verbklammern
- Verbstellung im Haupt- und Nebensatz

5.6 Türkisch

von Erkan Gürsoy

5.6.1 Laute und Vokalharmonie

Anders als im Deutschen und Englischen gibt es im Türkischen eine **Vokalharmonie**. In der **ersten Vokalharmonie** gilt die Regel, dass nach vorne ausgesprochenen Vokalen (e, i, ö, ü) in der letzen Silbe des Stamms bzw. der vorhergehenden Endung in der darauffolgenden Endung ein e folgt. Nach hinten ausgesprochenen Vokalen (a, ı, o, u) folgt das a. Der Plural in Substantiven wird z.B. mit der ersten Vokalharmonie durch die Pluralendungen -lar und -ler realisiert:

Nach vorderen Vokalen (e, i, ö, ü): **e**	**Nach hinteren Vokalen** (a, ı, o, u): **a**
döner-ler (die Döner) inci-ler (die Perlen) profesör-ler (die Professoren) ütü-ler (die Bügeleisen)	kebap-lar (die Kebabs) halı-lar (die Teppiche) balkon-lar (die Balkone, Balkons) okul-lar (die Schulen)

Die **zweite Vokalharmonie** ist etwas komplexer, da neben der Unterscheidung vorne – hinten auch die Zweiteilung gerundet (ü, ö, u, o) – ungerundet (i, e, ı, a), d.h. die Lippenstellung, eine Rolle spielt.

Nach i und e → i
Nach ı und a → ı
Nach ü und ö → ü
Nach u und o → u

vorne ungerundet	**hinten ungerundet**	**vorne gerundet**	**hinten gerundet**
döner-i (den Döner) inci-y-i[50] (die Perle)	kebab-ı (den Kebab) halı-y-ı (den Teppich)	ütü-y-ü (das Bügeleisen) profesör-ü (den Professor)	okul-u (die Schule) balkon-u (den Balkon)

[50] *Da im Türkischen im Allgemeinen zwei Vokale nicht nebeneinander vorkommen, wird hier ein y (in anderen Fällen auch ein s) als Gleitlaut eingesetzt.*

Im Vergleich zum Deutschen ist die türkische Rechtschreibung weniger kompliziert, da sie sich nicht sprachgeschichtlich entwickelt hat, sondern in der Sprachreform von 1928 mit dem Übergang von der arabischen zur lateinischen Schrift festgelegt wurde. Buchstabenkombinationen kommen nicht vor, wie z.B. <sch> oder <tsch> im Deutschen, dafür werden die Buchstaben <ş> bzw. <ç> verwendet. Insgesamt sind im türkischen Alphabet 29 Buchstaben enthalten.

Konsonanten

Laut	Beispiele	Deutsche Entsprechungen
/p/	pantolon, papağan, kalp	Papier, Tipp
/b/	beton, duble (kein Auslaut)	Bäcker, loben (kein Auslaut, wegen der Auslautverhärtung)
/t/	tempo, tatil, asfalt	Titel, Tat
/d/	domates, kedi (kein Auslaut)	Dach, Rede (kein Auslaut)
/k/	kedi, lokum, yok	Koch, Laken, Deckel, Speck
/g/	gol, Ege, (kein Auslaut)	gehen, biegen, Dogge (kein Auslaut)
/tʃ/	çay, keçi, taç	Fremdwort: Match
/dʒ/	cacık (kein Auslaut)	Fremdwort: Job, Manager
/f/	fantazi, ofsayt, laf	fein, Phase, Kaffee, steif, Stoff
/v/	ve, eve, ev (Auslaut!)	Wasser, Vase, Gewässer, Lava (w-Laut!)
/s/	susam, sos	Meister, Masse, Fuß, Fass, Fremdwort: City
/z/	zebra, ezel, az (Auslaut!)	so, Rose (kein Auslaut)
/ʃ/	şut, şişe, fiş	Schaf, waschen, frisch
/ʒ/	Jale, ejderha	Fremdwort: Garage
/h/	hasta, tezgah	Haus, beheben
/m/	masa, semt, yem	Maus, Hammer, Rum, lahm, Lamm
/n/	ne, sene, sen	Nase, Kanne
/ŋ/	sanki	Ding, denken
/l/	lale, el	Leben, rollen, voll
/r/	realite, Erkan, er	---

Halbvokale

Laut	Beispiele	Deutsche Entsprechungen
/j/	yedi, eylem, şey	Jahr, bejahen, Björn

Vokale

Laut	Beispiele	Deutsche Entsprechungen
/ı/	İzmir, İstanbul	immer, Mitte, bimmeln
/e/	telefon	Ecke, Bett, Lektion
/æ/	ben, sel, ter, yem	Fremdwort: Match
/ɔ/	ofsayt, gol, protesto	offen, trotz (ungefähr)
/a/	asfalt, para	ab, Natter (ungefähr)
/u/	Urfa, şut, Ulu	Mutter (ungefähr)
/ï/	Irak, ıslık, ıslıklı	Sache (Schwalaut, ungefähr)
/ø/	Ölüdeniz, göl	röcheln, Götter
/y/	ütü, süs	Lücke
/i:/	iğne (ğ = Dehnungs-h)	Frieden, Maschine, Fibel
/u:/	tuğra	gut, du, Schuh
/ɑ:/	dağ, fare, saat	Vater, Party
/o:/	oğlan	Ohnmacht, Tor
/ï:/	Iğdır	--- (ein gedehnter, langer Schwalaut, ungefähr)
/ø:/	öğlen	Vögel
/y:/	düğme	Tür

Silben

Hier gleichen sich das Türkische und das Deutsche: Es gibt betonte und unbetonte Silben, die die Bedeutung eines Wortes bestimmen können.

gelin	Betonung der 1. Silbe = Kommt!
	Betonung der 2. Silbe = die Braut

dövme	Betonung der 1. Silbe = Schlag nicht!
	Betonung der 2. Silbe = der Tattoo

5.6.2 Wortschatz

Im Vergleich zum Englischen und Deutschen ist der türkische Wortschatz weniger umfangreich. Das liegt daran, dass Türkisch eine agglutinierende Sprache ist, die viele Endungen enthält. So gibt es Endungen für die Verneinung von Verben (-me, -ma), für das Passiv (-il, -ıl, -ul, -ül, -n) und für viele weitere Bereiche, die im Deutschen durch Wörter (nicht, wird … ge…t usw.) ausgedrückt werden. Für die Übersetzung des türkischen Satzes(!) „Avrupalılaştıramadıklarımızdanmışsınız." ins Deutsche benötigt man acht Wörter (= Ihr seid wohl diejenigen, die wir nicht europäisieren konnten.) Ein geringerer Wortschatz im Vergleich zum Deutschen heißt also nicht, dass Übersetzungen vom Deutschen ins Türkische unmöglich sind, zumal der türkische Beispielsatz elf Endungen hat, die nicht alle äquivalent ins Deutsche übersetzt werden können.

Im Osmanischen Reich wurde neben dem Osmanischen das Türkische vom Arabischen, Französischen und Persischen stark beeinflusst. In den letzten Jahren hat der Gebrauch von Anglizismen enorm zugenommen.

Wortbildung

Anders als im Deutschen werden im Türkischen zwei Arten der Wortbildung differenziert. Bestimmt das Bestimmungswort das Grundwort hinsichtlich seiner **Beschaffenheit** (Bleischere = Schere aus Blei), werden die beiden Nomen wie im Deutschen ohne eine Endung realisiert. Erfüllt das Bestimmungswort eine **Funktion** (Bleischere = Schere für Blei), erhält das Grundwort die besitzanzeigende Endung -i, -ı, -u oder -ü. (buz dolap = Eisschrank, aber buz dolab**ı** = Kühlschrank oder: çoban salatas**ı** = Hirtensalat, aber çoban salata = ?!).

5.6.3 Grammatik

In der **Wortgrammatik** gibt es viele wichtige Unterschiede zum Deutschen.

Verben

Im Türkischen werden **Verbstämme** im Gegensatz zum Deutschen nie verändert.

Für **Tempora** gibt es spezifische Endungen, die sich nach der ersten oder zweiten Vokalharmonie richten.

Präsens -(I)yor:[51] yapıyor = er/sie/es macht
Perfekt -DI:[52] yaptı = er/sie/es hat gemacht
Futur I -EcEK:[53] yapacak = er/sie/es wird machen

Wie im Deutschen kann das Präsens durchaus in die Zukunft verweisen. Darüber hinaus kann das Perfekt je nach Kontext ebenso in die Zukunft verweisen (Bunu yapt mı bisiklet alacak. = Sobald er das gemacht hat, wird er (ihm) ein Fahrrad kaufen.).

Darüber hinaus gibt es die -mEktE-Endung für das Präsens der aktuellen Gegenwart: Ne yapmakta? Döner yapmakta. Im Deutschen haben wir das in regionalen Umgangssprachen in der Form Ich bin am Lesen.

Hilfsverben gibt es im Türkischen nicht, somit auch keine Verbklammer. Für das Passiv und für die Verneinung braucht man, wie erwähnt, lediglich jeweils eine Endung. Dies gilt auch für Modalität, die durch Modalendungen und nicht durch Modalverben ausgedrückt wird: er kann machen = yapabiliyor oder: ich kann machen = yap|abil|iyor|um.

Die Reihenfolge der Endungen ist fest. Personalendungen stehen immer ganz hinten. Personalpronomen können auf Grund der Personenendungen weggelassen werden.

Nomen/Substantive

Türkische Nomen, die wie die türkischen Verben den Stamm nie verändern, haben kein grammatisches Geschlecht und keinen bestimmten Artikel. Der unbestimmte Artikel wird durch bir ausgedrückt, der aber weder dekliniert wird, noch das Genus differenziert.

In der **Deklination** gibt es fünf Fälle, der Genitiv wird aber lediglich als Attribut gebraucht. Gebildet wird der **Dativ** mit den Endungen -e oder -a[54] (dönere = dem Döner), der **Akkusativ** mit den Endungen -i, -ı, -u oder -ü[55] (döneri = den Döner). Als weiteren Kasus gibt es den **Lokativ** (-DE: -de, -te, -da oder -ta), womit lokale Angaben realisiert werden können: dönerde = im Döner. Der **Ablativ** (-DEn: -den, -ten, -dan oder -tan) wird ins Deutsche meist mit den Präpositionen von oder aus übersetzt: dönerden = aus dem Döner.

---

51 *Um umständliche Schreibweisen zu vermeiden, wird für die 2. Vokalharmonie ein großes I, für die 1. Vokalharmonie ein großes E verwendet.*

52 *Das große D in der Vergangenheitsendung zeigt, dass aus dem D ein t werden kann, wenn der Verbstamm wie das t stimmlos ist. Nach stimmhaften Konsonanten bleibt das stimmhafte d erhalten.*

53 *Erhält die Tempusendung eine Personenendung, verliert der Laut k seine Konsonantenqualität. In der Schriftsprache drückt man dies mit dem Buchstaben ğ aus. In der 3. Person bleibt das k im Singular erhalten.*

54 *Erste Vokalharmonie (-E)*

55 *Zweite Vokalharmonie (-I)*

Der **Plural** wird durchweg mit -ler bzw. -lar (1. Vokalharmonie!) gebildet: döner – dönerler, salata – salatalar.

Bei den **Adjektiven** gibt es wie im Englischen keine Deklinationsendungen.

Satzgrammatik

In der **Satzgrammatik** ist die Stellung der Satzglieder relativ frei, weil die Fälle durch Endungen gekennzeichnet sind. Die Grundstruktur eines türkischen Satzes ist eine Subjekt-Objekt-Prädikat-Reihenfolge. Attribute (Adjektive, Genitivattribute) und Attributsätze (Relativsätze) sind stets nach links ausgerichtet, soll heißen, dass das Bezugswort immer am Ende einer Phrase steht und alle Ergänzungen links vor das Bezugswort gesetzt werden. Im Deutschen sind Relativsätze dagegen nach rechts ausgerichtet. Während im Deutschen ein Relativpronomen nach seinem Bezugswort steht und den Relativsatz einleitet, wird im Türkischen eine Endung benutzt, die vor dem Bezugswort steht und den Relativsatz markiert.

Auch Temporal- und Bedingungssätze werden durch Endungen an Verbstämme realisiert. Deutsche wenn-Sätze werden entweder mit der Endung -DIĞImdE (1. Person) bzw. -DIĞIndE (2. und 3. Person) nach dem Verbstamm als Temporalsätze[56] oder mit -sE (if) als Bedingungssätze (Konditionalsätze) gebildet:

Yaptığında = When he makes … (Zeit), aber Yapıyorsa = If he makes … (Bedingung).

5.6.4 Besondere Schwierigkeiten im Deutschen für türkische Muttersprachler

- Deklination der Nomen und Artikelwörter im Hinblick auf Kasus, Numerus und Genus
- Adjektivdeklination
- komplexe Wortbildungen
- Konjugation starker Verben
- Unterscheidung trennbarer und nicht trennbarer Verben
- Funktionsverbgefüge (z.B. um Erlaubnis bitten, die Erlaubnis erteilen)
- Präpositionen und deren Kasusrektion
- Pronomen und Satzadverbien als Textverknüpfungsmittel, um Bezüge in Texten herzustellen

---

[56] *Für die Realisierung eines Temporalsatzes gibt es noch weitere Endungen, auf die hier nicht eingegangen wird.*

6 Grammatik von A bis Z – Ein kleines Grammatiklexikon

In diesem kleinen Grammatiklexikon kann man sich schnell orientieren. Die systematischen Zusammenhänge findet man in den größeren Kapiteln.

A

ABC: ➧ Alphabet

abgeleitetes Wort: ein Wort, das mit Wortbildungsverfahren von einem anderen Wort abgeleitet worden ist; häufig werden dazu Präfixe und Suffixe benutzt:
sprechen, absprechen, Absprache, besprechen, Besprechung, sprechbar, unaussprechlich, Sprache, sprachlich, …
➧ Wortbildung

Ablaut: manche Verben bilden ihre Zeitformen, indem sie den Stammvokal ändern. Diese Änderung nennt man Ablaut:
f**i**nden – f**a**nd – gef**u**nden; l**e**sen – l**a**s – gel**e**sen; l**a**ssen – l**ie**ß – gel**a**ssen; h**e**ben – h**o**b – geh**o**ben; l**au**fen – l**ie**f – gel**au**fen; …
Der Ablaut ist nicht zu verwechseln mit dem Umlaut a zu ä, o zu ö, u zu ü und au zu äu.

Adjektiv: deutsch **Eigenschaftswort** oder **Wiewort**, eine Wortart; gibt Eigenschaften von Dingen, Lebewesen und Vorgängen an:
groß, klein, gelb, intelligent, folgerichtig, dankbar, bedenklich, golden, …
Adjektive werden dekliniert (gebeugt) und gesteigert:
groß, das große (Haus), des großen (Hauses), dem großen (Haus), das große (Haus); die großen (Häuser); groß – größer – größte – am größten
Mit Adjektiven kann man genau beschreiben (blonde Haare – helle Haare) und bewerten. Oft werden Gegensätze gebildet: klug – dumm, schön – hässlich.
Adjektive können wie Adverbien gebraucht werden: Sie haben leise geflüstert.

Adverb: deutsch **Umstandswort**, eine Wortart; wird nicht flektiert (gebeugt). Adverbien (auch Adverben genannt) bestimmen die Umstände eines Geschehens näher.
Man unterscheidet:

- **Lokaladverben**, die Umstände eines Raumes (WO?) und der Richtung (WOHIN? WOHER?) angeben: hier, da, dort; hierher, dahin, rückwärts, …
- **Temporaladverben**, die den Zeitpunkt (WANN?) oder die Zeitdauer (WIE LANGE?) angeben: jetzt, demnächst, damals; lange, zeitlebens, immer, …
- **Modaladverben**, die Umstände der Art und Weise angeben (WIE? WOMIT? WODURCH?): so, sehr, gern, anders, möglicherweise, …

- Kausaladverben, die Bedingungen, Gründe und Ursachen angeben (WARUM? WESHALB? WIESO? WOZU?): auch, darum, daher, deshalb, folglich, trotzdem, …

adverbiale Bestimmung: deutsch **Umstandsbestimmung** (auch **Adverbial** oder **adverbielle Bestimmung**); ein Satzglied, das Umstände des Geschehens angibt und in vielen Formen vorkommen kann.

Gestern abend	hat Lea	vergeblich	eine ganze Stunde	vor dem Kino	auf Leon gewartet.
adv. Best. des Zeit-punktes		adv. Best. d. Art und Weise	adv. Best. der Zeit-dauer	adv. Best. d. Ortes	

Adverbialsatz: ein Gliedsatz (Nebensatz), der an Stelle einer adverbialen Bestimmung steht. Er wird durch eine Konjunktion eingeleitet, durch die er sehr verschiedenartige Bedeutung erhalten kann.

Wenn Leon nicht endlich,	Bedingung: Konditionalsatz
wie sein Bruder das längst getan hat,	Vergleich: Komparativsatz
sein Auto in Ordnung bringt,	Fortsetzung des wenn-Satzes
während Lea verreist ist,	Zeit: Temporalsatz
damit er nicht dauernd an dem Wagen herumbasteln muss,	Zweck, Ziel: Finalsatz
wird sie ihm die Freundschaft kündigen,	Hauptsatz
obwohl sie ihn sehr mag,	Einschränkung: Konzessivsatz
weil sie nicht immer auf Leon warten will,	Grund, Begründung: Kausalsatz
wie sie das leider oft tun muss,	Umstände: Modalsatz
sodass sie nicht selten zu spät kommen,	Folge: Konsekutivsatz
anstatt dass sie pünktlich sind.	Gegensatz: Adversativsatz

adversativ/Adversativsatz ➧ Adverbialsatz

Akkusativ: deutsch **Wen-Fall, 4. Fall,** ein Kasus der Deklination, wird erfragt mit WEN? oder WAS?: den Bruder, die Freundin, das Auto, …

Akkusativobjekt: deutsch **Ergänzung im 4. Fall**, ein Satzglied, das im Akkusativ steht und ausdrückt, wer von einer Handlung oder einem Geschehen in direkter Weise betroffen ist.
Die Sekretärin schreibt **den Brief**. → WEN?/WAS? – den Brief
Leon möchte **Lea** besuchen, aber heute muss er **das Auto** reparieren.
→ WEN?/WAS? – Lea, das Auto

Aktiv: deutsch **Tätigkeitsform**, eine Form des Verbs, die ausdrückt, dass die Handlung vom Handelnden, vom Täter, vom Geschehen her gesehen wird, im Gegensatz zum ➧ Passiv.
Er repariert das Auto. (Aktiv) – Das Auto wird von ihm repariert. (Passiv)

Alphabet: die Buchstaben einer Sprache. Man schreibt große und kleine Buchstaben. Das Deutsche kennt 26 Buchstaben von A/a bis Z/z, hinzu kommen die Umlautbuchstaben Ä/ä, Ö/ö, Ü/ü und das nur klein geschriebene ß. Man nennt das Alphabet auch **ABC/Abc**.

Antonym: deutsch **Gegenwort**; Wörter mit gegensätzlicher Bedeutung nennt man Antonyme:
groß – klein, Tugend – Laster, lieben – hassen, oben – unten, …

Apposition: deutsch **Beistellung** im gleichen Fall
Karl **der Große** – das Auto, **eine alte Rostlaube,** – Berlin, **die Hauptstadt,** und auch **die Hauptstadt** Berlin – **meine Tante** Christina

Artikel: deutsch **Geschlechtswort**; zeigt an, welches Genus (grammatisches Geschlecht) ein Nomen/Substantiv hat. Man unterscheidet:

- den **bestimmten Artikel** der, die, das (Sg.), die (Pl.)
- und den **unbestimmten Artikel** ein, eine, ein (Sg.)

Der Artikel hilft, in der Beugung den ➧ Kasus und den ➧ Numerus anzuzeigen:
der Mann, des Mannes – die Männer, der Männer.
Näheres ➧ Deklination

Attribut: deutsch **Beifügung**; das Attribut drückt aus, wie oder wessen eine Person, ein Lebewesen, ein Ding, ein Gedanke ist:
eine **anhängliche** Katze – Kartoffeln **mit Ei** – **Leas lustige** Einfälle
Deshalb ist das Attribut immer auf ein Nomen/Substantiv bezogen, sein Bezugsnomen. Und deshalb ist das Attribut selbst ein Satzglied 2. Ordnung, denn es ist immer an das Satzglied angegliedert, in dem dieses Bezugsnomen steht. Nach dem Attribut fragt man am besten mit WAS FÜR EINE/R? Oder mit WESSEN? VON WEM?
Attribute gibt es in sehr vielen Erscheinungsformen:

die/eine **schwarze** Wolke/**schwarze** Wolken, der **(hastig) aufgespannte** Regenschirm	vorangestelltes, gebeugtes Adjektiv oder Partizip; kann selbst näher bestimmt sein
zwei bis drei Stunden, das **zweite** Mal	vorangestelltes ungebeugtes oder gebeugtes Zahlwort
die Wettervorhersage **des Tages, Leas** Regenschirm	nachgestellter oder (seltener) vorangestellter Genitiv, das Genitivattribut
das Mädchen **mit der roten Mütze, mit der roten Mütze** das Mädchen (meine ich)	nachgestelltes, selten vorangestelltes Satzglied mit Präposition
den Wind, **einen kalten Nordwind,** …	nachgestelltes Satzglied im gleichen Fall, die Apposition
der Hüttenwirt **selbst**, er **selbst**	nachgestelltes Pronomen *selbst*, umgangssprachlich auch *selber*
der Nordwind, **kalt und beißend,** …	nachgestelltes, ungebeugtes Adjektiv oder Partizip
die Schutzhütte **dort drüben**	nachgestelltes Adverb
Die Wetterfahne, **die sich immer nach dem Wind richtet,** dreht sich bei diesen Böen in alle Richtungen.	nachgestellter, durch ein Relativpronomen eingeleiteter Gliedsatz, der Relativsatz
Die Wetterfahne – **sie richtet sich immer nach dem Wind** – dreht sich in alle Richtungen.	nachgestellter Hauptsatz, gewöhnlich in Gedankenstriche eingeschlossen, die Parenthese

Attribute werden oft selbst näher bestimmt. Im folgenden Beispiel sind Attribute fett gedruckt, Attribute zu den Attributen zusätzlich unterstrichen:
der **<u>sehr</u> <u>hastig</u> aufgespannte** Regenschirm: aufgespannte ist durch hastig näher bestimmt und hastig selbst wiederum durch sehr; grammatisch: Partizip, Adjektiv und Adverb

Attributsatz ➧ Attribute (Erscheinungsformen)

Aufforderungssatz: eine Satzart, in der aufgefordert wird; die Verbform ist der Imperativ; der Satz wird durch ein Ausrufezeichen abgeschlossen, wenn er nachdrücklich gemeint ist:
Komm bitte mit. Komm mit! Kommt bitte mit! Ruf doch mal an!
In Lehrbüchern werden die Arbeitsaufträge gewöhnlich durch einen Punkt abgeschlossen, nicht durch ein Ausrufezeichen.
Näheres ➧ Satzart ➧ Redeabsicht

Aussagesatz: eine Satzart, in der etwas ausgesagt, festgestellt oder mitgeteilt wird; der Aussagesatz wird durch einen Punkt abgeschlossen:
Leas Papagei und Leons Wellensittich vertragen sich gut.
➧ Satzart

B

Bedingungssatz ➧ Adverbialsatz

Befehlsform ➧ Aufforderungssatz, ➧ Redeabsicht

Begründungssatz ➧ Adverbialsatz

Beifügung ➧ Attribut

Beistellung ➧ Apposition, ➧ Attribut

besitzanzeigendes Fürwort ➧ Pronomen

Bestimmungswort: in zusammengesetzten Wörtern das voranstehende, welches das am Ende stehende Grundwort näher bestimmt:
Topfblume, aber **Blumen**topf; **Fenster**glas, aber **Glas**fenster, ...
➧ Wortbildung

Beugung ➧ Flexion, ➧ Deklination, ➧ Konjugation

Beziehungsfürwort ➧ Pronomen, ➧ Relativsatz

Bindewort ➧ Konjunktion

D

Dativ: deutsch **WEM-Fall**, **3. Fall**, ein Kasus der Deklination, wird erfragt mit WEM?:
dem Bruder, der Freundin, dem Auto, ...
➧ Deklination

Dativobjekt: deutsch **Ergänzung im 3. Fall**, ein Satzglied, das im Dativ steht und ausdrückt, wer von einer Handlung oder einem Geschehen in indirekter Weise betroffen ist.
Leon bringt Lea Blumen mit. → WEM? – Lea
Lea dankt ihm und gibt den Blumen Wasser. → WEM? – ihm, den Blumen

Deklination: Beugung der nominalen Wörter in die vier Kasus (Fälle) in Singular (Einzahl) und Plural (Mehrzahl).

Singular (Einzahl)

Nominativ (WER/ WAS-Fall, 1. Fall)	der Mann ein Mann	die Frau eine Frau	das Kind ein Kind
Genitiv (WES-Fall, 2. Fall)	des Mannes eines Mannes	der Frau einer Frau	des Kindes eines Kindes
Dativ (WEM-Fall, 3. Fall)	dem Mann(e) einem Mann(e)	der Frau einer Frau	dem Kind(e) einem Kind(e)
Akkusativ (WEN-/ WAS-Fall, 4. Fall)	den Mann einen Mann	die Frau eine Frau	das Kind ein Kind

Plural (Mehrzahl)

Nominativ (WER/ WAS-Fall, 1. Fall)	die Männer viele Männer	die Frauen viele Frauen	die Kinder viele Kinder
Genitiv (WES-Fall, 2. Fall)	der Männer vieler Männer	der Frauen vieler Frauen	der Kinder vieler Kinder
Dativ (WEM-Fall, 3. Fall)	den Männern vielen Männern	den Frauen vielen Frauen	den Kindern vielen Kindern
Akkusativ (WEN-/ WAS-Fall, 4. Fall)	die Männer viele Männer	die Frauen viele Frauen	die Kinder viele Kinder

Demonstrativpronomen: deutsch **hinweisendes Fürwort**; ein Pronomen, das besonders deutlich auf jemanden oder etwas hinweist.

- Es kann an der Stelle eines Substantives stehen:
  Der da war es. Denjenigen müsst ihr fragen.
- Es kann ein Nomen/Substantiv begleiten:
  jener Mann, dasjenige Schiff, dieselbe Aktentasche

Die Demonstrativpronomen sind:

- der, die, das, wenn sie betont gesprochen werden
- dieser, diese, dieses – jener, jene, jenes – derjenige, diejenige, dasjenige – derselbe, dieselbe, dasselbe – selbst, solche, solches

➧ Pronomen

Denotation: deutsch **Grundbedeutung der Wörter**, die anzeigt, was ein Wort grundsätzlich bedeutet. Hinzu kommen oft Nebenbedeutungen (➧ Konnotationen), die Stimmungen und Gefühle ausdrücken und die in manchen Wörtern stärker, in anderen weniger stark enthalten sind.

Dialog: die **Wechselrede**, häufig in unvollständigen Kurzsätzen:
„Wo bist du gewesen?" – „Draußen." – „Was hast du getan?" – „Nichts."

Dingwort ➧ Substantiv

direkte Rede, auch **wörtliche Rede** genannt: Eine Form, in der wörtlich wiedergegeben wird, was jemand gesagt hat: Lea fragte: „Kommst du morgen?"
Anders die indirekte Rede: Lea fragte Leon, ob er morgen komme.
➧ Konjunktiv

E

Eigenname: eine Untergruppe der Nomen/Substantive, die Personen, manchmal Tiere und erdkundliche Größen, wie Länder, Städte, Straßennamen, Flüsse, Berge usw., kennzeichnen: Franz, Schmidt, Leipzig, Rheinstraße, Elbe, Sachsen, Stiller Ozean, Zugspitze, Karpaten, ...
Bei Eigennamen für Personen ist zu unterscheiden zwischen

- Vornamen/Rufnamen/Taufnamen: Lea, Leon, ...
- Nachnamen/Familiennamen: Meier, Müller, Klosterkötter, ...
- Spitznamen/Kosenamen: Schmidtchen Schleicher, der Lange, ...
- Schimpfwörtern: Heulsuse, Senfdackel, Zimperliese, ...

Eigenschaftswort: ➧ Adjektiv

einfacher Satz: Sätze, die nur notwendige Satzglieder enthalten,

- entweder nur Subjekt und Prädikat: Max schnarcht. Es regnet.
- oder Subjekt, Prädikat und Objekte: Eine Fliege umkreist Leon.
  Leon gibt dem Fliegentier einen Klaps.

Einzahl: ➧ Singular

Ellipse: deutsch **Kurzsatz**; verkürzte Sätze, die in Texten stehen können, weil sie aus dem Zusammenhang verständlich sind: Was ist? Alles vorbei.

Endung: so nennt man die grammatischen Endungen, die bei der ➧ Beugung hinten angefügt werden:
Die beide**n** Auswechselspiel**er** kam**en** zu**m** Aufwärm**en** früh**er** aus den Kabine**n**.

Entscheidungsfrage: ein Typ des Fragesatzes, bei dem als Antwort Ja oder Nein erwartet wird: Kommst du mit? Fährt dieser Bus zum Hafen?
Als Antwort kann auch ein ausweichendes Vielleicht oder eine Gegenfrage Warum? u.Ä. folgen.
➧ Satzart

Ergänzung ➧ Objekt

Ergänzungsfrage: ein Typ des Fragesatzes; auch **W-Frage** genannt, weil er durch ein Fragewort mit W eingeleitet wird und als Antwort die Frage nur ergänzt wird: **Wer** kommt mit? **Wohin** fährt der Bus? **Wann** fährt er?
➧ Satzart

erweiterter Infinitiv: auch **Infinitivkonstruktion**, er wird durch Komma vom Satz abgetrennt: An verkaufsoffenen Samstagen ist es gescheit, **mit öffentlichen Verkehrsmitteln in die City zu fahren**.

F

Fall: ➧ Kasus

Femininum: ein grammatisches Geschlecht, deutsch meist mit dem Adjektiv „weiblich" benannt; es darf nicht mit dem natürlichen Geschlecht von Lebewesen verwechselt werden. Zwar heißt es die Frau, aber auch das Fräulein, das Mädchen, und andererseits die Tür, die Freiheit, …
Näheres ➧ Genus (grammatisches Geschlecht)

Finalsatz ➧ Adverbialsatz

finite Verbform: die gebeugte (konjugierte) Form des Tätigkeitswortes:
warten – ich warte, du wartest, sie wartet, …
Umschriebene Formen bestehen aus einer finiten Form (Personalform des Hilfsverb) und infinitiven Formen (Infinitiv oder Partizip des Vollverbs):
Wir **werden warten**. – Ich **habe** genug **gewartet**. – Der Bus **wird aufgehalten worden sein**.

Flexion: die Beugung der Wörter in Sätzen, man unterscheidet:
- die ➧ **Konjugation** des Verbs: ich warte/wartete/habe gewartet, du wartest, er/sie/es wartet usw.
- die ➧ **Deklination** der nominalen Wörter: das rote Auto, dieser dritten Ampel, diesen vielen Menschen, ein Tausender, …

Fragefürwort: ➧ Interrogativpronomen

Fragesatz: eine Satzart, mit der man Fragen stellt. Es gibt zwei Typen, die ➧ Entscheidungsfrage (Kommst du mit?) und die ➧ Ergänzungsfrage (Wohin willst du fahren?) Fragesätze werden durch Fragezeichen abgeschlossen. Mit der grammatischen Form „Fragesatz" kann man auch andere Redeabsichten neben „Fragen" ausdrücken:
- Aufforderung: Kommst du bitte mit?

- Unterstellung: Seit wann hast du aufgehört, zu trinken?
- Rhetorische Frage, die nicht ernst gemeint ist: Habe ich es nicht gleich gesagt?

➧ Satzart

Fremdwort: ein Wort, das aus einer anderen Sprache ins Deutsche gekommen ist; es behält die fremde Schreibweise teilweise oder ganz bei und wird auch häufig ungewöhnlich betont:
Chaussee, Pizza, Jazz, Jeans, Physik, Kakao, …

Fugenlaut (auch **Infix** genannt): ein eingeschobener Laut bei Zusammensetzungen:
Sonne**n**tag, Geburt**s**tag, Amt**s**gericht, kind**er**leicht, …
➧ Wortbildung

Fürwort ➧ Pronomen

Futur I und Futur II: deutsch **Einfache Zukunft** und **Vollendete Zukunft**; zwei Tempusformen (Zeitformen) des Verbs.

- Futur I: Ich **werde** kommen.
- Futur II: Morgen **werde** ich den Wagen **repariert haben**.

➧ Tempus, ➧ Konjugation

G

Ganzsatz: ein Begriff, der in den Amtlichen Regeln zur deutschen Rechtschreibung neu gebildet ist. Er meint jeden Satz, der durch ein Satzschlusszeichen abgeschlossen wird. Darunter fallen ➧ Kurzsätze, ➧ einfache Sätze, ➧ Satzgefüge, ➧ Satzreihen und ➧ komplexe Sätze.
➧ Satz

Gegenwart ➧ Präsens

Genitiv: deutsch **WES-Fall, 2. Fall**; ein Kasus der Deklination, wird erfragt mit WES? oder WESSEN?; zeigt Zugehörigkeit und Besitz an und ist besonders häufig im Genitivattribut zu finden.
Großmutters Gurkentopf – das Buch der Bücher – meines Vaters Pferde
➧ Flexion, ➧ Attribut

Genitivobjekt: deutsch **Ergänzung im 2. Fall**: Sie erinnerte sich **des Vorfalls**. Kommt nur noch selten vor, wird oft ersetzt durch eine präpositionale Gruppe:
Sie erinnerte sich **an den Vorfall**.

Genus: deutsch **grammatisches Geschlecht**; jedes Nomen/Substantiv hat ein Genus, das durch den Artikel der, die, das angezeigt wird: **der** Mann, **die** Frau, **das** Kind.

Das Genus (grammatische Geschlecht) der Wörter darf nicht mit dem natürlichen Geschlecht von Personen und Lebewesen verwechselt werden. Es heißt z.B. das Männlein, das Mädchen. Andererseits heißt es der Löffel, die Gabel, das Messer.
Das Genus wird auch von den Personalpronomen angezeigt: er, sie, es.
Manchmal hat man Probleme, wenn man ein Nomen/Substantiv durch ein Pronomen ersetzt:
Das Mädchen geht zur Schule. Heißt es nun: **Es** hat einen weiten Weg oder **Sie** hat einen weiten Weg?
Normalerweise richtet sich das Pronomen dann nach dem grammatischen Geschlecht, im Beispiel also es. Wenn es aber in einem Folgesatz weiter entfernt steht, kann es sich auch nach dem natürlichen Geschlecht richten:
Das Mädchen geht zur Schule. Wegen des schlechten Wetters hatte die Mutter **ihr** einen Regenschirm mitgegeben.

Geschlechtswort ➧ Artikel

Gliedsatz, auch **Nebensatz**: ein untergeordneter Satz, der von einem Hauptsatz abhängt. Er nimmt die Stelle eines Satzgliedes ein, daher der Name: Gliedsatz. Außer dem Prädikat kann jedes Satzglied durch einen Gliedsatz ersetzt werden, wie die folgenden Beispiele zeigen:

Subjekt Subjektsatz	**Dein dauerndes Zuspätkommen** stört mich. **Dass du dauernd zu spät kommst,** stört mich.
Objekt Objektsatz	Ich erwarte **dein pünktliches Erscheinen.** Ich erwarte, **dass du pünktlich erscheinst.**
Prädikativ Prädikativsatz	**Das Schlimme** sind deine ständigen Ausreden. **Das Schlimme ist,** dass du ständig Ausreden hast.
Adverb Adverbialsatz	Ich verzeihe dir, aber nicht **wegen deiner treuen Augen.** Ich verzeihe dir, aber nicht, **weil du so treue Augen hast.**
Attribut Attributsatz	Der **ziemlich zerknirschte** Leon gelobte Besserung. Leon, der **ziemlich zerknirscht** war, gelobte Besserung.

➧ Adverbialsatz, ➧ Satz

grammatisches Geschlecht ➧ Genus

Grundbedeutung ➧ Denotation

Grundform: die Form, in der ein Wort im Wörterbuch steht.
- Beim Verb der ➧ Infinitiv: arbeiten, denken, feiern, sich freuen (notiert als freuen, sich), ...

- Beim Substantiv der ➧ Nominativ Singular: Buch, Gitarre, Baum, …
- Beim Adjektiv die ungebeugte Form: rot, weiß, böse, heiß, lebhaft, …

Grundstufe ➧ Komparation

Grundzahl ➧ Kardinalzahl

H

Hauptsatz: der übergeordnete, tragende Teil eines Satzgefüges, dem ein ➧ Gliedsatz (Nebensatz) oder mehrere angefügt sind.
Weil Leon unbedingt pünktlich sein wollte, **ärgerte er sich maßlos,** dass er den Bus wegen der geschlossenen Schranke verpasste.
➧ Satz

Hauptwort ➧ Substantiv

Hilfsverben: die Verben sein, haben und werden in den umschriebenen Formen der Beugung (➧ Konjugation):
Ich **bin** gekommen. Er **hat** angerufen. Wir **werden** um fünf Uhr abgeholt.

hinweisendes Fürwort ➧ Demonstrativpronomen

Höchststufe ➧ Komparation

Homonym: wörtlich „gleichnamig"; so nennt man Wörter, die gleich klingen oder gleich geschrieben werden, die aber zwei verschiedene Wörter mit verschiedener Bedeutung sind:
der Tor – das Tor, der Ball (Spielgerät) – der Ball (Tanzfest), das Band – der Band (Buch) und, mit anderer Aussprache, die Band (Musikgruppe), ...
Häufig werden Homonyme in der Schreibung unterschieden:
mehr – das Meer, das Lied – das Lid, die Saite – die Seite

Hypotaxe: so nennt man in Texten Satzmuster mit vielen untergeordneten Gliedsätzen: Es hatte ein Mann einen Esel, der schon lange Jahre die Säcke unverdrossen zu Mühle getragen hatte, dessen Kräfte aber nun zu Ende gingen, sodass er zur Arbeit immer untauglicher ward.
Der Gegensatz ist die Parataxe; ➧ Gliedsatz

I

Ich-Jetzt-Hier-Origo: Origo bedeutet „Ursprung". Jede mündliche oder schriftliche Äußerung ist 3-fach mit der realen Welt verknüpft:

- Sie wird von einem ICH oder auch von einem WIR verfasst.
- Sie wird zu einem bestimmten Zeitpunkt verfasst, und wir ordnen ihn zeitlich auch auf dieses JETZT hin (➧ dazu Tempus).
- Sie wird an dem Ort verfasst, wo sich dieses ICH befindet; der Ort ist das HIER.

Das klingt zunächst sehr abstrakt, hilft aber durchaus, die zeitliche und örtlich-räumliche Einbettung einer Äußerung, auch im Verhältnis zur Situation des Hörenden/ Lesenden, zu verstehen.

Indefinitpronomen: deutsch **unbestimmtes Fürwort**; es gibt eine Reihe von Indefinitpronomen: alle, viele, wenige, manche, etliche, einige, nichts, etwas, irgendwer, irgendjemand, keiner, niemand, …
Sie können an der Stelle eines Nomens/Substantivs stehen: **Viele** kamen, **alle** hatten zu trinken mitgebracht – **jeder** freute sich auf die Party.
Sie können Begleiter von Substantiven sein: **alle** Gäste, **viel** Lärm, …
➧ Pronomen

Indikativ: deutsch **Wirklichkeitsform**, eine der Aussageweisen in der Konjugation der Verben, die ausdrückt, dass etwas so ist:
Lea **borgt** Leon 10 Euro, damit er Benzin **tanken kann**.
➧ Konjugation

indirekte Rede: im Gegensatz zur direkten, wörtlichen Rede die Wiedergabe von etwas Gesagtem in indirekter Form; in der geschriebenen Standardsprache steht der Konjunktiv:
Er versicherte, dass er es gelesen **habe**. Er versicherte, er **habe** es gelesen.
Dagegen die direkte Rede: Er versicherte: „Ich habe es gelesen."

indirekter Fragesatz: ein ➧ Gliedsatz, bei dem auf indirekte Weise eine Frage gestellt wird; er wird z.B. durch ob, wie, was, warum eingeleitet:
Ich weiß nicht, **ob ich noch genug Benzin im Tank habe.**

infinite Verbformen: so nennt man den Infinitiv (die Grundform) und die Partizipien (Mittelwörter) der Verben, die nicht konjugiert sind: sprechen – sprechend – gesprochen, hören – hörend – gehört.
➧ Konjugation

Infix ➧ Fugenlaut, ➧ Wortbildung

Interjektion: deutsch **Ausrufewort**, eine Wortart; meist Empfindungswörter und Ausrufe wie Oh! Au! Ah! Oha!

Interjektionen können keine Verbindung mit anderen Satzgliedern eingehen, sondern werden zwischen Sätze oder sogar in den Satz eingeschoben und durch Komma oder Gedankenstriche abgetrennt; sie werden nicht flektiert (gebeugt):
Er hatte – **olala**! – wieder Glück gehabt. – **Ach**, er hatte es kaum verdient.

Interrogativpronomen: deutsch **Fragepronomen**; die Pronomen wer, wessen, wem, wen, was sowie welcher, welche, welches, welchem, welchen. Sie sind nicht zu verwechseln mit den Frageadverbien wo, wohin, wann, wie, wie lange, warum, wozu, weshalb usw.
Beide Gruppen zusammen sind die Fragewörter.
➧ Pronomen

Intonation: deutsch **Betonung**, die Satzmelodie verschiedener Satzmuster, vergleiche:

Du kommst morgen.	Stimme am Ende gesenkt, Aussage
Du kommst morgen?	Stimme am Ende gehoben, Frage
Du kommst morgen!	Besonderer Nachdruck auf einem der drei Wörter, das dadurch hervorgehoben wird, Aufforderung/Befehl

Ein weiteres typisches Intonationsmuster: Ich bin gespannt, ob der Briefträger heute einen Brief von dir bringt. Hinter gespannt, also vor dem Gliedsatz, wird die Stimme gehoben, zum Ende hin fällt sie nach unten ab.
➧ Satzarten

Inversion: die Stellung des Subjektes in Sätzen, in denen es nicht am Satzanfang steht; dadurch wird das Satzglied, das dann am Anfang des Satzes steht, besonders hevorgehoben:

- **Lea** bekommt heute eine SMS von Leon. (Normalstellung)
- Heute bekommt **Lea** eine SMS von Leon. (Inversionsstellung, dadurch Subjekt hinter dem Verb)
- Von Leon bekommt **Lea** heute eine SMS. (Inversionsstellung)
- Eine SMS bekommt **Lea** heute von Leon, aber keinen Anruf. (Inversionsstellung)

Irrealis: der ➧ **Konjunktiv II**, der das nicht Wirkliche, Irreale ausdrückt:
Hätten wir lieber das Geld vergraben, …
Er kann auch mit würde ausgedrückt werden:
Ich **würde** kommen, wenn ich **könnte**, aber …

ist-Prädikation: ein Satzmuster, das mit den Verben sein, werden und bleiben gebildet wird.
Lea **ist ärgerlich**. Wir **sind spät dran**. Leon **bleibt ein Bummelfrieder**.
➧ Prädikativ

K

Kardinalzahl: die Grundzahl der Zahlwörter (Numeralien); nicht gebeugt: eins, zwei, zehn, zwanzig, hundert, fünftausend, Million, Milliarde, …
➧ Numeral

Kasus: deutsch **Fall**, der Plural heißt Kasus mit langem **u**; Teil der Deklination (Beugung) der nominalen Wörter. Die vier Kasus sind:

- **Nominativ** (1. Fall, WER-/WAS-Fall)
- **Genitiv** (2. Fall, WES-Fall)
- **Dativ** (3. Fall, WEM-Fall)
- **Akkusativ** (4. Fall, WEN-/WAS-Fall)

Zur Bildung der Fälle ➧ Deklination

Kausalsatz ➧ Adverbialsatz

Komparation: die **Steigerung** des Adjektivs. Es gibt drei Stufen:

Grundstufe (Positiv)	groß, gut
Vergleichsstufe (Komparativ)	größer, besser
Höchststufe (Superlativ)	größte (Attribut), am größten (Adverb), beste (Attribut), am besten (Adverb)

Achtung beim Gebrauch: Es heißt so groß **wie** du, so gut **wie** du, aber größer **als** du, besser **als** ihr.

Komparativ: ➧ Komparation

komplexer Satz: komplexe Sätze hat man, wenn mehrere Sätze miteinander verbunden oder ineinandergefügt sind.

- Satzreihen von gleichberechtigten, aneinandergereihten Sätzen:
  Der Esel schrie, der Hund bellte, die Katze miaute, und der Hahn krähte.
- Satzgefüge von unter- und übergeordneten Sätzen:
  Als die Räuber, die sich zur Ruhe begeben hatten, das Geschrei hörten, suchten sie das Weite.
- Satzreihen und Satzgefüge können in komplexen Sätzen miteinander verbunden werden: Der Esel legte sich auf den Mist, der Hund kroch hinter die Tür, die Katze sprang auf den Herd, auf dem noch Asche glühte; und weil sie müde waren von allen Anstrengungen, schliefen sie bald ein.

Konditionalsatz ➧ Adverbialsatz

Kongruenz: die Übereinstimmung der Wortformen in der Flexion (Beugung). Es gibt mehrere Kongruenzen, die anzeigen, welche Wörter wie zusammengehören; sie betreffen in unterschiedlicher Weise Person, Numerus (Einzahl/Mehrzahl), Genus (grammatisches Geschlecht) und Kasus (Fall):

- Kongruenz zwischen Person und Numerus des Verbs im Prädikat und des Nomen/Substantivs oder Pronomens im Subjekt:
  Ich mal**e**. **Du** mal**st**. **Er** mal**t**. **Wir** mal**en**. **Ihr** mal**t**. **Sie** mal**en**.
- Kongruenz von Kasus und Numerus der Wörter (Artikel, Attribute, Pronomen) beim Substantiv in der Deklination:
  das schön**e** Wetter, mit mein**er** klein**en** Katze, bei **den** sanft**en**, warm**en**, herniederfallend**en** Regenschauer**n**, …
- Kongruenz zwischen dem Relativpronomen und dem Bezugsnomen in Numerus und Genus:
  der Mann, **der** herbeikommt, … **die Frau**, **die** herbeikommt, …
- Kongruenz in Numerus und Genus zwischen Personalpronomen und Bezugsnomen:
  der Mann – **er** kam aus dem Haus – …
- Kongruenz in Numerus und Genus in Sätzen mit den Verben sein, werden, bleiben:
  Mein Vater ist **Lehrer**. – **Meine Mutter** ist **Lehrerin**. – **Meine Eltern** sind **Lehrer**.
- Schließlich die Kongruenz im Kasus und Numerus zwischen Bezugsnomen und Nomen in einer ➧ Apposition (Beistellung):
  Karl **der** Große – Wir hören **dem** Leiter, ein**em** guten Redner, zu.

Konjugation: die Beugung der Verben (Tätigkeitswörter). Im Prädikat erscheinen die Verben in konjugierter Form:
ich schreibe – du schreibst – ich habe geschrieben – du wirst schreiben – sie wird geschrieben haben,
der Brief wird geschrieben – der Brief wird geschrieben werden
In der Konjugation werden folgende Angaben beim Verb gemacht:

1. **Person und Numerus** (sechs Personalformen, je drei in Singular und Plural):
   ich bin, du bist, er/sie/es/ist, wir sind, ihr seid, sie sind
2. **Modus** (Einschätzungen und Hinweise, wie es gemeint ist):
   - Wirklichkeit im Indikativ: wir sind, wir waren
   - Möglichkeit, Wunsch im Konjunktiv I: wir seien
   - Nicht-Wirklichkeit im Konjunktiv II (Irrealis): wir wären
   - Aufforderung im Imperativ: sei, seid; schreib, schreibt
3. **Tempus** (sechs Zeitstufen):
   - Präsens (Gegenwart) wir sind, wir schreiben
   - Präteritum (Einfache Vergangenheit) wir waren, wir schrieben
   - Perfekt (Vollendete Gegenwart) wir sind gewesen, wir haben geschrieben
   - Plusquamperfekt (Vollendete Vergangenheit) wir waren gewesen, wir hatten geschrieben

- Futur I (Einfache Zukunft) wir werden sein, wir werden schreiben
- Futur II (Vollendete Zukunft) wir werden gewesen sein, wir werden geschrieben haben

4. **Sichtweise des Geschehens** (die so genannten **Genus Verbi**)
   - vom Handelnden her im Aktiv: Sie schreibt den Brief. Er ruft sie an.
   - von der betroffenen Person oder Sache her im Passiv: Der Brief wird (von ihr) geschrieben. Sie wird (von ihm) angerufen.

Konjunktiv I und II: Aussageweisen des Verbs, die die Möglichkeit und Wünschbarkeit (Konjunktiv I oder II) oder die Nicht-Wirklichkeit (Konjunktiv II, Irrealis) ausdrücken:

- Wolle er doch kommen. O, käme er doch. (Wunsch und Möglichkeit, Konjunktiv I oder Konjunktiv II)
- Wenn ich ein Vöglein wär, … (ich bin kein Vogel, Konjunktiv II)

Der Konjunktiv I ist die Form der zitierten indirekten Rede:
Er hat versprochen, er komme pünktlich um 9 Uhr.
Wenn die Formen des Konjunktiv I und des Indikativ zusammenfallen, wird die Form des Konjunktiv II benutzt: ich komme wird also ersetzt durch ich käme:
Ich habe zugesagt, ich käme um 9 Uhr.
Dann wird als Irrealis eine Form mit würde gebildet:
Ich würde kommen, wenn ich könnte, aber ich kann nicht.

Konjunktion: deutsch **Bindewort**; Konjunktionen haben vielerlei verschiedene Bedeutungen; es gibt zwei Typen:

- gleichordnende, nebenordnende, koordinierende Konjunktionen:
  und, oder, sowohl …als auch, entweder …oder, aber, denn, sowie, …
  Sie verbinden gleichrangige Teile im Satz oder ganze Sätze.
  Leon **und** Lea beeilten sich, **denn** sie wollten heim.
- unterordnende, subordinierende Konjunktionen:
  als, dass, damit, da, weil, während, bevor, indem, obwohl, wenn, …
  Sie fügen untergeordnete Gliedsätze (Nebensätze) an den Hauptsatz oder an andere Gliedsätze an:
  Obwohl sie sich beeilten, ahnten sie, **dass** es nicht klappen würde.

Man kann Sätze in Satzreihen auch anders verknüpfen, z.B. durch Adverbien. Dann nehmen diese aber eine Position im Satz ein und das Subjekt rückt hinter das Verb (▸ Inversion): Leon und Lea beeilten sich mit dem Einkaufen, **dann** machten sie eine Radtour. Vergleiche dagegen die Konjunktion: …, **denn** sie wollten eine Radtour machen.

▸ Adverbialsatz

Konjunktionalsatz: Gliedsätze (Nebensätze), die durch Konjunktionen eingeleitet werden:
Falls das Schreiben heute noch fertig wird, sollte es abgeschickt werden, **weil** es gut wäre, **wenn** es morgen ankommt.
➧ Konjunktion, ➧ Adverbialsatz

Konnotation: deutsch **Nebenbedeutung**; die Wörter haben eine Grundbedeutung (➧ Denotation), die den eigentlichen Inhalt eines Wortes ausdrückt; zusätzlich kann man jedoch bei vielen Wörtern eine Meinung oder Sichtweise mit ausdrücken, z.B.:

- Abwertung: Trottel, Mistkerl, Köter, ...
- Wertschätzung/Vertraulichkeit: Engelchen, Schnucki, ...
- Fachwissenschaftlichkeit: Dermatologe
- Gewähltheit: transpirieren statt schwitzen, dinieren statt essen.

Konsekutivsatz ➧ Adverbialsatz

Kontext: der Zusammenhang, in dem ein Wort oder eine Äußerung steht.
Man unterscheidet:

1. situativer Kontext: dazu gehören
   - Gesprächspartner bzw. Schreiber und Adressat eines Schreibens und ihre gegenseitigen Beziehungen
   - private, halböffentliche (Bus), öffentliche (Schule, Geschäft, Markt, Behörde, Radio, Fernsehen) Situation
   - Medium (Telefon, Brief, Internet mit E-Mail, Chatroom, direktes Gespräch, Zeitung, Buch usw.)
   - zeitliche und räumliche Verhältnisse usw.
2. sprachlicher Kontext, der manchmal Kotext genannt wird und der die umgebenden Wörter und Sätze eines Textes meint.

Konzessivsatz ➧ Adverbialsatz

Kopula: deutsch **Verbindung**, meint die Formen des Verbs sein in Sätzen wie:
Das Wetter ist schön. Wo seid ihr? Wir waren in Hamburg.
➧ ist-Prädikation

Kurzsatz: auch **Ellipse** genannt, ein Satz, der im grammatischen Sinn unvollständig ist, aber im Textzusammenhang oder in der Sprechsituation gut verstanden wird:
Schönes Wetter draußen. Komm mit!

L

Laut: Klangeinheit; die Laute sind die Grundeinheiten der gesprochenen Sprache. Für die Lautumschrift existieren phonetische Zeichen. Hier werden sie in Buchstaben wiedergegeben und in ihren didaktisch wichtigen Kategorien gruppiert.
Man unterscheidet nach der Klangqualität:

- **Vokale** (Selbstlaute) a, e, i, o , u, jeweils lang und kurz; dazu gehören auch **Diphthonge** (Zwielaute) au, ei/ai, eu/äu und **Umlaute** ä, ö, ü/y, wiederum lang und kurz
- **Konsonanten** (Mitlaute) b, c, d, f/v, h, j, k, l, m, n, p, q, r, s, sch, t, w/v, x/ks/chs/…, z; dazu gehören auch der ich-Laut (di**ch**, Bü**ch**er) und der ach-Laut (Da**ch**, Bu**ch**) sowie der ng-Laut in Wörtern wie la**n**g, gi**n**gen.

Man unterscheidet nach der Stellung im Wort:

- **Anlaut** am Wortanfang: **T**itel, **Th**esen, **T**emperamente
- **Inlaut** im Wortinneren: rei**s**en – rei**ß**en, geri**ss**en
- **Auslaut** am Wortende: Ban**d** – gebann**t**, Apfelmu**s** – er mu**ss**

In der Konjugation (Beugung) gibt es **Ablaute**: schw**i**mmen – schw**a**mm – geschw**o**mmen, f**i**nden – f**a**nd – gef**u**nden, l**au**fen – l**ie**f – gel**au**fen

Lehnwort: Wörter, die in früherer Zeit aus anderen Sprachen übernommen wurden, die aber dem Deutschen so angepasst sind, dass man das nicht mehr merkt, nennt man Lehnwörter:
Mauer aus lateinisch murum, Fenster aus lateinisch fenestra …
Solche Übergänge finden permanent statt, heute z.B.: Frisör, Büro in angepasster Schreibweise, und nicht mehr: Friseur, Bureau, aber noch mit fremdartigem Akzent auf der 2. Silbe.

Leideform ➧ Passiv

M

männlich ➧ Maskulinum

Maskulinum: deutsch mit dem Adjektiv **männlich** bezeichnet; ein Genus (grammatisches Geschlecht), gekennzeichnet durch den Artikel der und das Personalpronomen er: der Mann, der Ofen, der Text.
➧ Genus

Mehrzahl ➧ Plural

Metapher: die **Bedeutungsübertragung**, die bewirkt, dass ein Wort in einem anderen Bedeutungsbereich gebraucht wird und eine andere Bedeutung (oft zur Veranschaulichung) annehmen kann.

Vergleiche: Birne als Frucht – Glühbirne, Boxbirne, Abrissbirne zum Abwracken von Gebäuden, Birne für den Kopf.
In Gedichten und Redensarten findet man häufig Metaphern.

Mitlaut ➧ Laut

Mittelwort ➧ Partizip Präsens, ➧ Partizip Perfekt

Modaladverb oder **Modalpartikel**: Wörter, die etwas über die Art und Weise aussagen, wie etwas geschieht:
so, gern, unbedingt, möglicherweise, glücklicherweise, …
Der Wortart nach sind sie ➧ Adverbien. Da sie ungebeugt sind, nennt man sie auch ➧ Partikel.
Zu diesen Wörtern gehören auch die so genannten **Abtönungspartikel**, die typisch für mündliche Rede sind. Es sind Einschübe wie halt, eben, mal …

Modalverben: dürfen, können, mögen/möchten, müssen, sollen, wollen sind Modalverben. Sie geben Einschätzungen über eigenes Vermögen, eigene Wünsche sowie über äußere Zwänge oder Wünsche eines anderen wieder:
Leon **darf/kann/mag/möchte/muss/soll/will** Lea besuchen.
Das Modalverb mögen hat nur Präsensformen (ich mag, wir mögen, …).
Präteritum und Partizip fallen mit dem von möchten, möchte, gemocht zusammen.

Modus: ein Teil der Konjugation; Aussageweisen des Verbs, die angeben, wie etwas gemeint ist. Dazu gehören folgende Typen
- Indikativ: er ist, er kommt, …
- Konjunktiv I: er sei, er komme, …
- Konjunktiv II: er wäre/würde sein, er käme/würde kommen, …
- Imperativ: sei, seid; komm, kommt, …

➧ Konjugation

N

Namenwort ➧ Substantiv

Nebenbedeutung ➧ Konnotation

Nebensatz ➧ Gliedsatz

- **Neutrum:** deutsch mit dem Adjektiv **sächlich** bezeichnet; ein Genus (grammatisches Geschlecht), gekennzeichnet durch den Artikel das und das Personalpronomen es: das Haus, das Schicksal, das Gefühl, …

➧ Genus

Nomen ➧ Substantiv

Nominalgruppe: auch **Substantivgruppe** genannt; Bezeichnung für ein Satzglied, das ein Nomen/Substantiv als Kern enthält, dem andere Wörter als Begleiter oder ➧ Attribute zugeordnet sind:
das **Haus** – das alte **Haus** – ein altes, vom Abriss bedrohtes **Haus** –ein altes, vom Abriss bedrohtes **Haus** in unserer Straße

Nominalisierung: Umwandlung von Wörtern anderer Wortarten in ein Nomen:
umleiten → Umleitung, wandern → Das Wandern ist des Müllers Lust.

Nominalstil: Von Nominalstil spricht man, wenn ein Text sehr viele Nominalisierungen enthält. Der Stil ist typisch für die Rechts- und Verwaltungssprache, weil hier Vorgänge auf Begriffe gebracht werden müssen:
Straßenverkehrsordnung, Bundesausbildungsförderungsgesetz, …

Nominativ: deutsch **Wer-/Was-Fall, 1. Fall,** ein Kasus der Deklination, wird erfragt mit WER oder WAS?: der Bruder, die Freundin, das Auto, ein Pflaumenbaum, …
Der Nominativ ist die Grundform, in der die Nomen/Substantive im Wörterbuch stehen. Er kennzeichnet das ➧ Subjekt eines Satzes:
Vor unserem Haus blüht ein Baum. → WER/WAS blüht? – ein Baum
➧ Deklination

Numeral: deutsch **Zahlwort**; als Zahlwörter fasst man Wörter zusammen, deren Bedeutung Zahlenwerte sind. Man unterscheidet:

- **Kardinalzahlen** (Grundzahlen): eins, zwei, drei, fünf, vierzig, hundert, tausend, Million, Milliarde, Billion usw.
  Die Kardinalzahlen werden im Regelfall nicht dekliniert (gebeugt).
- **Ordinalzahlen** (Ordnungszahlen): erste, zweite, zehnte usw.
  Die Ordnungszahlen werden dekliniert (gebeugt): der erste Tag, des ersten Tages usw.

Weitere Zahlwörter sind

- die **Bruchzahlen**: drittel, viertel, zehntel, …
- die **Vervielfältigungszahlen**: einfach, zweifach, tausendfach, …
- die **Wiederholungszahlen**: dreimal, neunmal, hundertmal, …
- die **Gattungszahlen**: dreierlei, fünferlei, hunderterlei, …
- die **unbestimmten Zahlwörter**, die den unbestimmten Fürwörtern gleichen: viele, manche, alle, wenige, kein(e), …

Näheres dazu ➧ Pronomen

Numerus: deutsch **Zahl**, die Bezeichnung für Singular (Einzahl) und Plural (Mehrzahl) in der Beugung.

Numerus in der Konjugation und bei den Personalpronomen.
- Singular: **ich** lauf**e**, **du** läuf**st**, **er/sie/es** läuf**t**
- Plural: **wir** lauf**en**, **ihr** lauf**t**, **sie** lauf**en**

Numerus in der Deklination
- Singular: der Tag, die Rose, das Fahrrad; derjenige; dieser, …
- Plural: die Tage, die Rosen, die Fahrräder; diejenigen; diese

Einige Nomen/Substantive bilden einen besonderen Plural, der eine Anzahl zu einer neuen Einheit zusammenfasst: Berg – Berge – Gebirge; Feder – Federn – Gefieder; Wasser – Gewässer, …

O

Oberbegriff: Bei der Bedeutung der Wörter gibt es oft Ober- und Unterbegriffe. Die Oberbegriffe fassen mehrere Unterbegriffe zusammen.
- Oberbegriff Pflanze – Unterbegriffe Baum, Strauch, Staude, Blume, …
- Oberbegriff Blume – Unterbegriffe Rose, Nelke, Tulpe, Lilie, …
- Oberbegriff Rose – Unterbegriffe Buschrose, Heckenrose, …

So entstehen ganze Pyramiden von Ober- und Unterbegriffen.
Ober- und Unterbegriffe hat man auch bei anderen Wortarten, z.B.:
- Oberbegriff sich fortbewegen – Unterbegriffe laufen, fahren, schwimmen, fliegen, kriechen
- Oberbegriff laufen – Unterbegriffe rennen, rasen, gehen, trippeln, schlendern, wandern, stolzieren, humpeln, hinken, hüpfen, marschieren, …

Objekt: deutsch **Satzergänzung**; die Objekte sind Satzglieder, die die Aussage des Satzes ergänzen. Im Bauplan des Satzes sind je nach Verb verschiedene Objekte möglich; sie werden durch einen Fall oder eine Präposition bestimmt. Beispiele für solche Satzmuster:
- Es schneit. → kein Objekt
- Wir bauen **einen Schneemann**. → Akkusativobjekt
- Der Schneemann ähnelt **unserem Vater**. → Dativobjekt
- Wir setzen **dem Schneemann** <u>einen Hut</u> auf. → Dativobjekt + Akkusativobjekt
- Wir bitten **den Vater** <u>um eine Mohrrübe</u>. → Akkusativobjekt + präpositionales Objekt
- Wir stecken **dem Schneemann** <u>eine Mohrrübe</u> ins Gesicht. → Dativobjekt + Akkusativobjekt (ins Gesicht = adverbiale Bestimmung: WOHIN?).

➧ Akkusativobjekt, ➧ Dativobjekt, ➧ Präpositionalobjekt

Objektsatz: deutsch **Ergänzungssatz**; an der Stelle von Objekten können Gliedsätze (Nebensätze) stehen:

- Vater verspricht, **dass er einen Schneemann baut**.
  Vergleiche: Vater verspricht **das Bauen eines Schneemannes**. (Akkusativobjekt mit Attribut)
  Vater bittet, **dass wir ihm helfen**.
  Vater bittet **um unsere Hilfe**. (präpositionales Obiekt)
- Häufig steht an der Stelle eines Objektsatzes auch ein ➧ erweiterter Infinitiv, der deshalb auch satzwertiger Infinitiv heißt:
  Vater verspricht, **einen Schneemann zu bauen**.

Ordinalzahl ➧ Numeral

P

Parenthese: deutsch wörtlich „Klammer" – ein Hauptsatz, der in einen anderen Hauptsatz eingeschoben wird. Die Parenthese wird gewöhnlich in Gedankenstriche eingeschlossen, kann aber auch in Klammern stehen:
Die Wetterfahne – **sie richtet sich immer nach dem Wind** – dreht sich bei diesen Böen in alle Richtungen.
Im Bauplan des Satzes ist die Parenthese eine Form des ➧ Attribut

Partikel: Wörter, die keine Wortformen bilden, also unflektiert (ungebeugt) sind. Nicht flektierende Wortarten sind:
- Adverbien (Umstandswörter): hier, heute, sehr, gern, so, …
- Präpositionen (Verhältniswörter): an, auf, über, vor, …
- Konjunktionen (Bindewörter): und, aber, oder; da, weil, dass, damit, …
- Interjektionen (Ausrufewörter): Au! Ho! Holla! …
- einige Pronomen (Fürwörter): man, etwas, …
- einige Zahlwörter (Numeralia): eins, zwei, drei, zehn, …

Partizipialsatz: auch **satzwertiges Partizip** genannt, steht an der Stelle eines Gliedsatzes.
➧ Partizip Präsens, ➧ Partizip Perfekt

Partizip Perfekt: deutsch **Mittelwort der Vergangenheit**, eine Form des Verbs: geschrieben, gelesen, …
Das Partizip Perfekt steht:
- in umschriebenen Verbformen der Konjugation:
  Wir sind **gekommen**, wir haben **gegessen**, der Tisch wird **abgeräumt**, …
- wie ein Adjektiv in verschiedenen Positionen:
  der **gedeckte** Tisch, die **gestiegenen** Kosten, die **verzauberte** Prinzessin, …

- in Partizipialkonstruktionen, die auch satzwertige Partizipien heißen:
  Außer Atem auf dem Bahnhof angekommen, sahen wir leider nur noch die Rücklichter des Zuges.

Achtung, das Partizip hat das gleiche Subjekt wie der übergeordnete Satz.

Partizip Präsens: deutsch **Mittelwort der Gegenwart**, es bildet keine Form in der Konjugation mehr, sondern wird gebraucht

- wie ein Adjektiv: die lächelnde Lea
  Vergleiche den Präsenssatz Lea lächelt.
- als satzwertiges Partizip:
  Eine Entschuldigung murmelnd, steigt Leon aus dem Auto.
  Vergleiche: Indem er eine Entschuldigung murmelt, steigt …

Passiv: deutsch die so genannte **Leideform**, zusammen mit dem Aktiv eine Möglichkeit, die Sichtweise eines Geschehens auszudrücken. Im Passiv wird das Geschehen vom Betroffenen und vom Ergebnis einer Handlung her gesehen: Das Manuskript **wird** (von ihr) **geschrieben**.

Im Gegensatz dazu das Aktiv: Sie schreibt das Manuskript.

Man unterscheidet beim Passiv:

- das **täterabgewandte Passiv**, hier wird noch gesagt, wer die Handlung ausgeführt hat: Der Brief wird von der Sekretärin geschrieben.
- das **täterlose Passiv**, hier wird nicht mehr gesagt, wer eine Handlung ausgeführt hat: Der Brief wird geschrieben.

Man unterscheidet weiter:

- das **Vorgangspassiv**, auch werden-Passiv genannt, in dem die Handlung als Vorgang gesehen wird:
  Der Brief **wird** geschrieben. Der Brief **ist** geschrieben **worden**.
- das **Zustandspassiv**, auch sein-Passiv genannt, in dem die Handlung bereits abgeschlossen ist:
  Der Brief **ist** geschrieben. Der Brief **war** geschrieben.

Perfekt: deutsch **vollendete Gegenwart**, eine der Tempusformen (Zeitformen) des Verbs: ich habe geschrieben, ich bin gekommen, …

➧ Konjugation, ➧ Tempus

Person: bei den Personalpronomen (persönlichen Fürwörtern) und in der Konjugation (Beugung) des Verbs hat man die Angabe der Person in Verbindung mit dem Hinweis, ob es sich um Singular (Einzahl) oder Plural (Mehrzahl) handelt. Die Verbform heißt deshalb auch **Personalform**.

1. Person Singular	ich lache
2. Person Singular	du lachst
3. Person Singular	er/sie/es lacht
1. Person Plural	wir lachen
2. Person Plural	ihr lacht
3. Person Plural	sie lachen

Die Personalpronomen verweisen auf den Ich-Ursprung des Sprechens: ich (Sprecher) – du (Angesprochener) – er/sie/es greift auf, worüber gesprochen wird.
➧ Ich-jetzt-hier-Origo.

Personalform ➧ Person

persönliches Fürwort, Personalpronomen ➧ Pronomen

Plural: deutsch **Mehrzahl**, ein Teil der Flexion (Beugung) sowohl in der Deklination als auch in der Konjugation der Verben:
Die Sterne funkeln. Wir hören euch zu.
➧ Numerus, ➧ Deklination, ➧ Konjugation

Plusquamperfekt: deutsch **vollendete Vergangenheit**, eine Zeitform der Konjugation (Beugung) des Verbs, die eigentlich nur in Satzgefügen gebraucht wird, um eine Zeitabstufung gegenüber dem Präteritum oder Perfekt herzustellen:
Nachdem es **aufgehört hatte,** zu regnen, brachen wir auf. Die letzten Wolken **waren verschwunden**, als wir auf dem Gipfel ankamen.
➧ Konjugation, ➧ Tempus

Possessivpronomen: deutsch **besitzanzeigendes Fürwort**, es drückt Besitz und Zugehörigkeit aus: **mein** Radiergummi, **dein** Lineal, **seine/ihre** Schultasche, **unsere** Hausaufgaben, **eure** Mitarbeit, …
➧ Pronomen,

Prädikat: deutsch **Satzkern** oder **Satzaussage**, Satzglied; einer der beiden Grundbestandteile in jedem Satz. Das Prädikat besteht aus dem gebeugten (finiten) Verb.
Ein Gewitter **zieht auf**. Es **blitzt** und **donnert**. Der Regen **platscht** gegen die Scheiben. Wir **haben** die Terrasse fluchtartig **verlassen**.
Bei reflexiven Verben zählt man das Reflexivpronomen mit zum Prädikat:
sich freuen – Ich freue **mich**.
Das sollte man nicht verwechseln mit Verben, die ein Objekt fordern, das dann auch rückbezüglich sein kann: Wir waschen **unser Auto**. Wir waschen **uns**.

Prädikativ: Prädikativ nennt man die Ergänzungen in Sätzen mit den Verben sein, werden, bleiben u.a. Die Ergänzungen zum Verb nennt man auch **Prädikatsnomen** oder **prädikative Ergänzungen**. Man spricht bei dieser Form des Satzes von einer ist-**Prädikation**. Es gibt drei Typen:

1. Sie ist **fleißig**. (ungebeugtes Adjektiv)
   Du wirst **immer besser**. (ungebeugtes, gesteigertes Adjektiv, näher bestimmt durch das Adverb immer)
2. Sie ist **eine hervorragende Sekretärin**. Sie bleibt **Chefsekretärin**. (Nomen/Substantiv mit Begleitern im Nominativ, Gleichsetzungsnominativ)
3. Sie waren **hier**. (Adverb)

Statt des Prädikativs kann auch ein ganzer Satz stehen, der Prädikativsatz:
Ein Vorteil ist, **dass wir eine Sicherheitskopie haben**.

Prädikativsatz ➧ Prädikativ

Prädikatsklammer ➧ Verbklammer

Präfix: ein Wortbildungselement, das vor dem Wortstamm steht und mit dem Ableitungen gebildet werden: **ab**fahren, **be**fahren, **mit**fahren, **ver**fahren, **Mit**gefühl, **Un**heil, **un**heilbar, **ur**komisch, …
Näheres zu festen und unfesten Präfixen der Verben ➧ Verb

Präposition: deutsch **Fügewort** oder **Verhältniswort**, wird nicht flektiert (gebeugt); diese Wörter fügen Satzglieder in den Satz ein und drücken dabei Verhältnisse des Raumes und Ortes, der Zeit und Dauer, der Art und Weise sowie der Begründungen aus:
in das Haus, **um** die Ecke, **vor** der Tür, **in** zwei Stunden, **um** acht Uhr, **vor** drei Tagen, **in** dieser Hinsicht, **um** Kopf und Kragen, **vor** allen Dingen, …
Präpositionen bestimmen auch den Kasus der nachfolgenden Nomen, wobei es zu Bedeutungsunterscheidungen kommen kann:

WOHIN? → Akkusativ		**WO? → Dativ**
Er lehnt das Fahrrad **an die** Wand.	**an**	Das Fahrrad lehnt **an der** Wand.
Sie stellt die Blumen **auf den** Tisch.	**auf**	Die Blumen stehen **auf dem** Tisch.
Die Katze kriecht **hinter das** Sofa.	**hinter**	Die Katze sitzt **hinter dem** Sofa.
Sie gehen **in den** Wald spazieren.	**in**	Sie gehen **im Wald** spazieren.

Sie legt die Buntstifte **neben das** Heft.	**neben**	Die Buntstifte liegen **neben dem** Heft.
Er hängt das Bild **über den** Schreibtisch.	**über**	Das Bild hängt **über dem** Schreibtisch.
Der Hund springt **unter den** Tisch.	**unter**	Der Hund liegt **unter dem** Tisch.
Sie setzen sich **vor den** Fernseher.	**vor**	Sie sitzen **vor dem** Fernseher.
Das Auto fährt **zwischen den** Bus und **den** LKW.	**zwischen**	Das Auto parkt **zwischen dem** Bus und **dem** LKW.

präpositionaler Ausdruck: so nennt man ein Satzglied, das eine Präposition enthält, Beispiele ➧ Präposition

Präpositionalgruppe ➧ präpositionaler Ausdruck

Präpositionalobjekt: Satzergänzung mit Verhältniswort, ein Objekt, das durch eine Präposition eingeleitet wird:
Lea wartet **auf Leon**. Leon bittet **um Nachsicht**.
Es gibt eine Reihe von Verben, die ein solches Objekt fordern:
bitten um, warten auf, sich freuen über/auf, denken an, nachdenken über, …
Das Präpositionalobjekt kann leicht mit adverbialen Bestimmungen verwechselt werden, vergleiche:

- Sie wartet **auf Leon**. AUF WEN? → Objekt
- Sie wartet **auf der Bank**. WO? → adverbiale Bestimmung

➧ Präposition

Präsens: deutsch **Gegenwart**, eine der Zeitformen des Verbs. Das Präsens kann verschiedenartige Zeitverhältnisse ausdrücken:

- **aktuelle Gegenwart:** Sie **schreibt** gerade einen Brief.
- **Zukünftiges**, wird genauso gebraucht und ist genauso richtig wie das Futur I: Sie **schreibt** den Brief erst morgen.
- **allgemeine Geltung** unabhängig von einer Zeitangabe, z.B. in Regeln, allgemeinen Aussagen, Sprichwörtern: Wasser **kocht** bei 180 °C. Der Mond **ist** ein Trabant der Erde. Morgenstund´ **hat** Gold im Mund.
- **Vergangenes** in Erzählungen, die dann besonders lebendig wirken; dabei kommt es häufig zu einem Wechsel aus dem Präteritum in das Präsens (Präteritum ist unterstrichen, Präsens hervorgehoben):

Hier zurückgeschlagen, flog dieser tapfere General nach einer anderen Seite, wo eine zweite feindliche Partei schon im Begriff war, die Werke zu ersteigen. Umsonst **ist** sein Widerstand; schon zu Anfang des Gefechts **strecken** die Kugeln ihn zu Boden. (Friedrich Schiller: Der dreißigjährige Krieg)

- **Vergangenes** in Geschichtsbüchern: Im Jahre 1914 **bricht** der Erste Weltkrieg **aus**.

Präteritum: deutsch **Vergangenheit**; eine Zeitform des Verbs, die auf Vergangenes hinweist und besonders für Berichte und Erzählungen vergangener Ereignisse benutzt wird:
Sie **schrieb** den Brief zu Ende, **steckte** ihn in einen Umschlag, **frankierte** den Umschlag und **wollte** die Adresse schreiben.
In mündlichen Berichten wird oft das Perfekt statt des Präteritums benutzt.

Pronomen: deutsch **Fürwort**; eine Wortart mit vielen Untergruppen.
Die Pronomen stehen für Nomen/Substantive, wie ihr Name sagt.

	Leon	hat	**Lea**	angerufen.
Personalpronomen (persönliches Fürwort)	**Er**	hat	**sie**	angerufen.
Demonstrativpronomen (hinweisendes Fürwort)	**Dieser**	hat	**jene**	angerufen.
Interrogativpronomen (Fragefürwort)	**Wer**	hat	**wen**	angerufen?
Indefinitpronomen (unbestimmtes Fürwort), zugleich unbestimmtes Zahlwort	**Jemand** **Keiner**	hat hat	**jemanden** **niemanden**	angerufen. angerufen.

Weitere Pronomentypen:

Possessivpronomen (besitzanzeigendes Fürwort)	Leon füttert **seine** Wellensittiche.
Reflexivpronomen (rückbezügliches Fürwort) im Gebrauch auch Formen des Personalpronomens	Der Hund kratzt **sich**. sich selbst, einander Du schadest nur **dir selbst**. Wir … **uns**; ihr … **euch**, …
Relativpronomen (Bezugsfürwort)	Der Hund, **der** sich kratzt, … Eine Katze, **welche** man …

Die meisten Pronomen können auch ein Nomen begleiten und es dabei näher bestimmen: mein Hund, dieser Hund, keine Katze, …

R

Redeabsicht: die Absicht, die jemand beim Sprechen oder beim Schreiben verfolgt: mitteilen und informieren, fragen, auffordern, sich entschuldigen, jemanden überreden, etwas zurückweisen usw.
Die Sprachwissenschaft nennt solche Redeabsichten auch Sprechakte oder sprachliche Handlungen.
Von der Redeabsicht zu unterscheiden sind die grammatischen Formen Aussagesatz, Aufforderungssatz, Fragesatz; diese können, müssen aber nicht unbedingt mit den gleich lautenden Redeabsichten übereinstimmen.
Folgende Äußerungen sind als Redeabsichten durchweg Aufforderungen, das Radio leiser zu drehen:

Dreh bitte das Radio leiser!	Aufforderungssatz/Befehlssatz
Drehst du mal das Radio leiser?	Fragesatz/Entscheidungsfrage
Wer soll den Krach aushalten?	Fragesatz/Ergänzungsfrage
Man könnte das Radio leiser drehen.	Aussagesatz
Radio aus!	Kurzsatz (Ellipse)
Radio leiser drehen, bitte.	Infinitiv

➧ Satzarten

Redeerklärung: auch **Redeeinleitung** genannt, bei wörtlicher, direkter Rede derjenige Teil, der das Zitat einleitet und damit näher erklärt.
Die Redeerklärung kann am Anfang, in der Mitte oder am Ende der wörtlichen Rede erscheinen. Hierzu gibt es Regeln der Zeichensetzung und der Rechtschreibung.
In dieser Redeerklärung kann ausgedrückt werden, wie und in welchem Zusammenhang etwas gesagt worden ist, wie es gemeint war:
Leon sagte/flüsterte/brüllte/antwortete/wandte ein/entschuldigte sich: „Ich habe verschlafen."
➧ direkte Rede

Relativsatz: ein Satz, der durch ein Relativpronomen eingeleitet wird; im Satz nimmt er die Stelle eines Attributs (einer Beifügung) ein; er wird deshalb auch Attributsatz genannt.
➧ Relativpronomen, ➧ Attribut

rückbezügliches Fürwort ➧ Reflexivpronomen

S

Sachfeld: In der Bedeutungslehre fasst man Wörter, die einen zusammenhängenden Ausschnitt der Welt benennen, zu einem Sachfeld zusammen.
Zu einem Sachfeld **Küche** gehören z.B.: Küchentisch, Essecke, Spülmaschine, Herd, Kühlschrank, Gewürze, Pfannen, Teller usw.
➧ Wortfeld

sächlich ➧ Neutrum

Satz: allgemeiner Oberbegriff für grammatische Einheiten im Text. Der Begriff Satz ist nicht genau definiert und wird als Sammelbegriff verwendet. Man unterscheidet zwischen grammatischen Mustern und ➧ Satzarten.
Grammatische Muster:

➧ Kurzsatz (Satzellipse)	Komm endlich! Sofort. Na endlich!
➧ einfacher Satz	Ich warte auf dich. Es ist spät. Bring bitte Bier mit.
➧ Satzgefüge	Ich denke, dass ich bald zurück bin.
➧ Satzreihe	Ich gehe zuerst in den Getränkemarkt, dann hole ich Briefmarken, und schließlich kaufe ich noch Butter.
➧ komplexer Satz (mit Satzgefüge und Satzreihe)	Wenn ich zuerst zum Getränkemarkt gehe, kann ich mein Auto auf dem Parkplatz lassen und noch zur Post gehen; nur zum Supermarkt fahre ich.
➧ Hauptsatz: übergeordneter, tragender Satz in einem Satzgefüge	**Ich denke**, dass ich bald zurück bin.
➧ Gliedsatz (Nebensatz): untergeordneter, Satz in einem Satzgefüge:	Ich denke, **dass ich bald zurück bin**. (➧ Konjunktionalsatz) Auf der Post, **<u>die</u> bis 12.30 Uhr geöffnet hat**, muss ich noch Briefmarken holen. (➧ Relativsatz)

Gliedsätze werden nach der grammatischen Funktion des Satzgliedes unterschieden, das sie im übergeordneten Satz ersetzen: ➧ Subjektsatz, ➧ Objektsatz, Prädikativsatz (➧ Prädikativ), ➧ Adverbialsatz, Attributsatz (➧ Attribut).
Schließlich unterscheidet man noch nach der Bedeutungsleistung, z.B. Temporalsatz, Kausalsatz, ➧ indirekter Fragesatz usw.
➧ Gliedsatz, ➧ Ganzsatz, ➧ Teilsatz

Satzakzent ➧ Intonation

Satzarten: nennt man grammatische Formen von Sätzen. Es gibt die folgenden Satzarten:

- ➧ **Aussagesatz**, auch Mitteilungssatz oder Feststellungssatz genannt:
  Lea wartet wieder einmal auf Leon.
- ➧ **Aufforderungssatz**, auch Befehls- oder Wunschsatz genannt:
  Warte auf mich, Lea! Schick deine Mails demnächst pünktlich ab!
- ➧ **Fragesatz** mit zwei Typen:
  - ➧ Entscheidungsfrage: Kommst du mit?
  - ➧ Ergänzungsfrage: Wer kommt mit? Wohin fahren wir?

Hier ein Überblick zur Kennzeichnung der Satzarten:

Satzart	Verbstellung	Fragewort	Satzschluss-zeichen
Aussagesatz	2. Stelle	nein	Punkt
Aufforderungssatz	1. Stelle	nein	Ausrufezeichen
Fragesatz Entscheidungs-frage Ergänzungsfrage	 1. Stelle 2. Stelle	 nein ja	Fragezeichen

Die Satzarten haben eine enge Verbindung zu den Redeabsichten, dürfen aber nicht mit ihnen verwechselt werden.
➧ Redeabsichten, ➧ Intonation

Satzgefüge: die Verbindung von einem Hauptsatz und einem oder mehreren Gliedsätzen (Nebensätzen): Obwohl Leon Lea wirklich mag, bringt er es immer wieder fertig, sie warten zu lassen, weil er mit seinem alten Auto, das er aber nicht missen möchte, andauernd Probleme hat.
➧ Gliedsatz, ➧ Untergeordneter Satz

Satzgegenstand ➧ Subjekt

Satzglied: Gewöhnlich denkt man, dass die Sätze aus Wörtern zusammengesetzt sind; das stimmt jedoch so nicht, denn Wörter sind häufig zu Wortgruppen zusammengefasst. Die Bausteine der Sätze sind die Satzglieder. Man kann die Satzglieder eines Satzes durch die Umstell- oder Verschiebeprobe finden:
Lea / wartet / seit einer halben Stunde / vor dem Kino / auf Leon.
Vor dem Kino / wartet / Lea / seit einer halben Stunde / auf Leon.
Seit einer halben Stunde / wartet / Lea / vor dem Kino / auf Leon.
Auf Leon / wartet / Lea / seit einer halben Stunde / vor dem Kino.

Nicht aber:
Vor Lea dem seit Leon Stunde Kino einer auf wartet halben.
Satzglieder werden in manchen Grammatiken auch **Satzteile** genannt.
Nach ihrer Funktion im Satz unterscheidet man die folgenden Satzglieder.

Subjekt	**Lea** wartet.
Prädikat	Lea **wartet**.
Objekte	Leon repariert **sein Auto**. Lea wartet **auf Leon**. Er schickt **ihr eine SMS**.
Prädikativ	Lea ist **ärgerlich**.
adverbiale Bestimmung	Lea wartet **vor dem Kino**.
Vokativ (Anrede)	**Lea**, wartest du schon lange?
Attribut	Die **verärgerte** Lea wartet auf Leon, **den alten Bummelfrieder**.

➧ Stichwörter der einzelnen Satzglieder

Satzlehre ➧ Syntax

Satzmelodie: Beim Sprechen erhält ein Satz eine ganz bestimmte Klanggestalt; man hebt oder senkt die Stimme, man betont einzelne Wörter besonders. Die Satzmelodie wird bestimmt von der grammatischen Form des Satzes und von dem, was man für besonders wichtig hält.

- Grammatische Form:
  - Bei Aussagesätzen wird die Stimme am Ende gesenkt:
    Sie schreibt einen Brief.
  - Bei Fragesätzen wird die Stimme am Ende gehoben:
    Sie schreibt einen Brief? Wer schreibt schnell den Brief?
  - Vor einem Komma wird die Stimme leicht gehoben:
    Sie schreibt, obwohl es schon spät ist, noch schnell den Brief.
- Sinnschritte
  Man teilt die Sätze beim Sprechen in so genannte Sinnschritte ein. Das können ganze Sätze sein, aber bei sehr langen Sätzen auch kürzere Abschnitte; in solch einem Abschnitt erhält das wichtigste Wort eine besondere Betonung, den Hauptakzent, ein weiteres wichtiges Wort kann den Nebenakzent bekommen. Was wichtig ist, hängt davon ab, was man sagen will, vergleiche:
  Sie schreibt einen Brief. (und nicht er)
  Sie **schreibt** einen Brief. (sie liest keinen, sondern schreibt)
  Sie schreibt **einen** Brief. (und nicht zwei oder mehrere)
  Sie schreibt einen **Brief**. (und nicht eine Postkarte)

Haupt- und Nebenakzent hat der folgende Satz:
Sie schreibt **endlich**, nach der **dritten** Ermahnung, einen Brief an die Stadtverwaltung.
➧ Intonation

Satzreihe: auch **Periode** genannt; mehrere grammatisch vollständige, aneinandergereihte Sätze, verbunden durch ein Bindewort (eine gleichordnende ➧ Konjunktion) oder getrennt durch Komma, Semikolon oder Doppelpunkt, ergeben eine Satzreihe: Die Ober räumten die Gartentische leer, die Gäste eilten in die Gaststube, ein Ausflugsbus fuhr auf den Parkplatz, und der Strom fiel aus: Das Durcheinander war kaum zu überbieten.

Selbstlaut ➧ Laut

Silbe: eine Sprecheinheit, die dem Sprechrhythmus zu Grunde liegt und bei der Silbentrennung der Wörter am Zeilenende eine Rolle spielt. Es gibt:
- einsilbige Wörter: Ei, an, da, Tür, Schwan, Strumpf, …
- mehrsilbige Wörter: Vater (Va-ter), Mutter (Mut-ter), Krokodil (Kro-ko-dil), seltsamerweise (selt-sa-mer-wei-se), …

Man unterscheidet weiterhin:
- Vorsilben: **ge**-hören, **ge**-sagt, **be**-halten, **un**-klug, …
- Nachsilben: lauf-**en**, bieg-**bar**, Klug-**heit**, …

Diese Bezeichnungen werden oft nicht ganz richtig für die Wortbausteine ➧ Präfix und ➧ Suffix verwendet, vergleiche:

Silben	Lei-tung, rich-tig, Bä-cker, Pä-da-go-ge, …
Wortbausteine	Leit/**ung**, richt/**ig**, Bäck/**er**, **Päd**/ago/ge (als alternative Trennung möglich), ...

Singular, deutsch **Einzahl:** der Mann, die Frau, das Kind; ich lese, du liest, er/sie/es liest.
Näheres ➧ Numerus, ➧ Deklination, ➧ Konjugation

Sprechabsicht ➧ Redeabsicht

Sprechsituation: Mit der Sprechsituation meint man die Umstände und Zusammenhänge, in denen etwas gesagt oder geschrieben wird; dazu gehören:
- die Gesprächspartner und welche sozialen und persönlichen Beziehungen zwischen ihnen bestehen
- die räumlichen Bedingungen, ob z.B. gute oder schlechte Akustik in einem Raum herrscht

- ob die Situation privat ist, halb öffentlich (wie in einem Omnibus und einem Geschäft), öffentlich mit Publikum (wie etwa in einer Fernsehdiskussion) oder formal bestimmt (wie auf einer Behörde, in einer Parlamentsdebatte oder einer anderen öffentlichen Sitzung, auch eines Vereins).

Die Sprechsituation wird Einfluss auf den Sprachgebrauch und die Wortwahl haben. Entsprechendes gilt für die Schreibsituation. Persönliche Briefe schreibt man in anderer Sprache als Geschäftsbriefe oder Briefe an Behörden. Durch die neuen Medien (Handy mit SMS und Computer mit E-Mail und Chatrooms) ändert sich derzeit der Schreibstil.

➧ Kontext

Stamm: auch **Wortstamm** genannt; der wichtigste Teil eines Wortes, der die Hauptbedeutung trägt: **hör**en – **hör**te – ge**hör**t, Zu**hör**er; ge**hör**en, Ange**hör**ige, Zuge**hör**igkeit, …

Näheres ➧ Wortbildung

Stammform: von Stammformen spricht man bei starken Verben, bei denen in den unterschiedlichen Zeitformen die Stammvokale in sehr verschiedener Weise wechseln: schreiben – schrieb – geschrieben; finden – fand – gefunden; liegen – lag – gelegen usw.

Eine Tabelle der meisten deutschen starken Verben mit den verschiedenen Stammformen finden Sie in **Kap. 7**.

Steigerung ➧ Komparation, ➧ Adjektiv

Stellvertreter: So nennt man Wörter, die stellvertretend für einen Teilsatz vorangestellt werden, z.B. das Wörtchen es:

Es ist nett von dir, dass du wartest.

Dass du wartest, ist nett von dir.

Auch Wörter wie etwas, eines können als Stellvertreter stehen:

Eines würde mich freuen, nämlich wenn du wartest.

Eine weitere Form der Stellverteter sind Wörter wie dafür, darum, …, wenn sie mit dass oder anderen Konjunktionen zusammen gebraucht werden, die sie ankündigen:

Dafür, dass du gewartet hast, bin ich dir sehr dankbar. – Ich habe es **darum** getan, **weil** wir unbedingt …

Subjekt: deutsch **Satzgegenstand**, ein ➧ Satzglied; jeder vollständige Satz enthält ein Subjekt und ein Prädikat. Das Subjekt drückt aus, wer oder was es ist, wer oder was es tut, was geschieht; das Subjekt wird mit WER? oder WAS? erfragt und steht im Nominativ (WER/WAS-Fall, 1. Fall).

Das Telefon klingelt. → WER oder WAS klingelt? – das Telefon

Ich nehme den Hörer ab. → WER oder WAS nimmt den Hörer ab? – Ich

Anmerkung zu Besonderheiten:

- Manche Aufforderungssätze scheinen kein Subjekt zu haben, z.B.: Schreib mal wieder! Hier ist das Subjekt in der Personalform des Verbs enthalten, vergleiche: Du, schreib mal wieder!
- Kein Subjekt haben Passivsätze wie Hier wird nicht geraucht.
- Bei einigen Verben erscheint als Subjekt immer es; man weiß nicht, wer etwas tut, und setzt als grammatisches Subjekt ein es ein. Typisch ist dies bei den so genannten Wetterverben: Es regnet, es blitzt, es donnert usw.

➧ Satzglied

Subjektsatz: ein Gliedsatz (Nebensatz), der an der Stelle des Subjektes (Satzgegenstandes) steht; er wird häufig durch ein dass eingeleitet und heißt dann auch dass-Satz:
Dass du mich anrufst, freut mich. → WER oder WAS freut mich? – Dass du mich anrufst
Der Subjektsatz kann auch durch ein stellvertretendes es angekündigt werden:
Es freut mich, **dass du mich anrufst.**

Substantiv: eine der Hauptwortarten des Deutschen; wird auch **Nomen** und auf deutsch **Hauptwort, Dingwort, Namenwort** und **Nennwort** genannt; Substantive haben ein grammatisches Geschlecht, das durch den ➧ Artikel (das Begleitwort) angezeigt wird:
der Frühling, die Sonne, das Kind, der Hund, die Freiheit, das Gehirn, ...
Substantive und Wörter, die wie Substantive gebraucht werden, schreibt man mit großem Anfangsbuchstaben.
Für das Umsteigen haben wir 10 Minuten Zeit.
➧ Deklination, ➧ Eigennamen ➧ Nominalisierung, ➧ Nominalstil

Substantivgruppe: nennt man eine Wortgruppe, die um ein Substantiv herum gebaut ist (sie heißt auch **Nominalgruppe**):
die hellen, durch die Sommerzeit verlängerten **Sommerabende**

Suffix: deutsch **Endung**; ein Wortbaustein, der an einen Wortstamm angefügt wird. Man unterscheidet zwei Typen:

- die Flexionsendungen: Wort – Wort**es** – Wört**er**; sprech**en** – sprech**e** – sprich**st** – sprich**t**, ...
- Wortbildungsendungen: -heit, -keit, -nis, -ung; -eln, -ern, -ieren, -igen; -bar, -ig, -lich, -sam; -weise usw.

  ➧ Deklination, ➧ Konjugation, ➧ Wortbildung

Superlativ ➧ Komparation

Synonym: Wörter, die die gleiche oder fast gleiche Bedeutung haben, nennt man Synonyme oder **sinnverwandte Wörter**:
Düsenflugzeug, Jet; klug, gescheit, intelligent, schlau, scharfsinnig, …

Syntax: deutsch **Satzlehre**; die Lehre vom Bau der Sätze und von den Satzarten. Der lateinische Fachausdruck bedeutet wörtlich „Anordnung".
➧ Satz, ➧ Satzarten

T

Tätigkeitswort ➧ Verb

Teilsatz: Sammelbegriff in den neuen Amtlichen Rechtschreibregeln für Hauptsätze und Gliedsätze (Nebensätze) in Satzgefügen, Satzreihen und komplexen Sätzen; der Begriff wird benötigt, um die Regeln der Zeichensetzung in komplexen Sätzen und Satzgefügen zu erläutern.

Tempus: die **Zeitform** der Verben; im Deutschen gibt es sechs verschiedene Zeitformen (Tempora):

Präsens (Gegenwart)	ich schreibe
Präteritum (Vergangenheit)	ich schrieb
Perfekt (vollendete Gegenwart)	ich habe geschrieben
Plusquamperfekt (vollendete Vergangenheit)	ich hatte geschrieben
Futur I (Zukunft)	ich werde schreiben
Futur II (vollendete Zukunft)	ich werde geschrieben haben

Die Tempusformen der Verben dürfen nicht verwechselt werden mit dem Verweis in verschiedene Zeitstufen. So kann z.B. mit einer Präsensform auf die Zukunft verwiesen werden: Ich schreibe dir morgen einen Brief. Und mit einer Perfektform kann die vollendete Zukunft ausgedrückt werden: Ich habe das Buch morgen Abend ausgelesen. Näheres zu Tempusformen und Zeitstufen ➧ Konjugation

Text: Eine in sich geschlossene Aussage, geschrieben oder gesprochen, nennt man einen Text. Er kann aus nur einem Wort oder nur einem Satz oder aus vielen Sätzen, Abschnitten und Kapiteln bestehen. Das Wort Text kommt aus dem lateinischen textus „Gewebe, Geflecht; Verbindung".

Tunwort/Tuwort ➧ Verb

U

übergeordneter Satz: in einem ➧ **Satzgefüge** der Satz, von dem ein ➧ Gliedsatz (Nebensatz) abhängt. Der oberste, höchste übergeordnete Satz im Satzgefüge ist immer ein ➧ Hauptsatz:

Der Brief wird zum Nachtbriefkasten gebracht, weil er morgen ankommen soll.

Ein Gliedsatz kann seinerseits übergeordneter Satz zu einem weiteren Gliedsatz sein usw.:

Der Brief wird zum Nachtbriefkasten gebracht, weil er morgen ankommen soll, *damit der Einspruchstermin,* der wahrgenommen werden muss, *nicht versäumt wird.*

Mit grammatischen Begriffen:

Der Brief … gebracht,	Hauptsatz
weil … soll,	Gliedsatz 1. Ordnung
damit … nicht versäumt wird	Gliedsatz 2. Ordnung
der … werden muss	Gliedsatz 3. Ordnung

Umstandsbestimmung ➧ adverbiale Bestimmung

Umstandswort ➧ Adverb

unbestimmtes Fürwort ➧ Indefinitpronomen, ➧ Pronomen

unbestimmtes Zahlwort ➧ Indefinitpronomen

unflektiert ➧ Grundform ➧ Partikel

unregelmäßig: unregelmäßige Konjugation gibt es bei einigen Verben ➧ Konjugation

untergeordneter Satz: in einem ➧ Satzgefüge der Teilsatz, der von einem anderen Teilsatz abhängt. Er ist ein ➧ Gliedsatz (Nebensatz) und ist entweder einem Hauptsatz oder einem anderen Gliedsatz untergeordnet.
➧ übergeordneter Satz

V

Verb: eine der Hauptwortarten; ohne Verb kann man keinen grammatisch vollständigen Satz bilden, weil Verben das Prädikat (den Satzkern) bilden. Das Verb bestimmt auch, wie viele und welche ➧ Objekte in einem Satz vorkommen. Vergleiche:

- Die Sonne scheint. (kein Objekt)
- Wir holen **unsere Badesachen.** (Akkusativobjekt)

- Die Kassiererin verkauft **den Badegästen** (Dativobjekt) **die Eintrittskarten.** (Akkusativobjekt)
- Der Bademeister achtet besonders **auf die Nichtschwimmer.** (präpositionales Objekt).

Die deutsche Bezeichnung **Zeitwort** weist darauf hin, dass mit den Verbformen Zeitangaben gemacht werden (➧ Tempus):
schwimme – schwamm – habe geschwommen – hatte geschwommen – werde schwimmen – werde geschwommen haben.
Das Verb heißt im Deutschen auch **Tätigkeitswort, Tunwort** oder **Tuwort**, weil mit den Verben häufig Tätigkeiten und Handlungen benannt werden; aber es gibt auch Verben, die Vorgänge und Zustände ausdrücken, vergleiche:

- Handlungen (jemand tut etwas):
  Wir spielen Federball. – Lea liest ein Buch. – Leon öffnet den Sonnenschirm. – Der Bademeister pfeift auf seiner Pfeife.
- Vorgänge (etwas geschieht, geht vor):
  Das Wasser verdampft. – Das Gras wächst schnell bei dem Regen. – Die Erdbeeren reifen in der Sonne. – Das Eis schmilzt dahin.
- Zustände (etwas ist so):
  Leon schläft. – Das Schwimmbad liegt am Waldrand. – Lea fühlt sich wohl.

Die Verben werden gebeugt. Die **Beugung** der Verben nennt man ➧ Konjugation.
In der Konjugation werden ausgedrückt:

- Person und Zahl: ich schwimme, wir schwimmen, …
- der Modus (Aussageweise), Indikativ, Konjunktiv oder Imperativ:
  wir schwimmen, wir schwämmen, wir würden schwimmen, …
  Schwimm schneller!
- Aktiv oder Passiv: Leon ruft Lea. – Lea wird von Leon gerufen.
- die verschiedenen Zeiten: wir schwimmen, wir schwammen, wir sind/haben geschwommen, wir waren/hatten geschwommen, wir werden schwimmen, wir werden geschwommen haben/sein, …

Hinzu kommt, dass im Konjunktiv komplexe Ersatzformen nötig sind und dass nicht alle Verben passivfähig sind.

Verbklammer, auch **verbale Satzklammer** und **Prädikatsklammer** genannt: umschriebene Verbformen treten im Satz auseinander und bilden eine Klammer.
Es gibt drei Typen:

1. umschriebene Verbform: Bennet **hat** seine Eisenbahn **aufgebaut**.
2. Sätze mit ➧ Modalverben: Bennet **will** seine Eisenbahn **aufbauen**.
3. Verben mit trennbaren ➧ Präfixen: Bennet **baut** seine Eisenbahn **auf**.

Vergangenheit ➧ Perfekt, ➧ Präteritum, ➧ Plusquamperfekt, ➧ Tempus

Vergleichsstufe ➧ Komparation

Verhältniswort ➧ Präposition

Vokal ➧ Laut

W

W-Frage ➧ Ergänzungsfrage, ➧ Satzart

weiblich ➧ Femininum

WEM-Fall ➧ Dativ

WEN-/WAS-Fall ➧ Akkusativ

WER-/WAS-FALL ➧ Nominativ

WES-FALL ➧ Genitiv

Wiewort ➧ Adjektiv

Wortarten: Die Wörter einer Sprache sind nach Wortarten geordnet.
Die Wortarten sind 3-fach bestimmt:
- nach Bedeutungen,
- nach den Aufgaben der Wörter im Satz,
- nach den verschiedenen Wortformen (Beugung, Flexionsformen).

Man unterscheidet die folgenden zehn Wortarten, hier bezeichnet mit den gängigen lateinischen sowie den didaktisch verwendeten Begriffen :
- **Nomen/Substantiv** (Dingwort, Namenwort, Hauptwort):
  Pflanze, Mensch, Freiheit, Traum, …
- **Verb** (Tätigkeitswort, Tunwort, Tuwort, Zeitwort):
  schreiben, schwimmen, nachdenken, existieren, …
- **Adjektiv** (Eigenschaftswort, Wiewort): groß, glücklich, eisern, …
- **Adverb** (Umstandswort): hier, heute, sehr, so, gern, vergebens, …
- **Artikel** (Begleitwort, Geschlechtswort): der, die, das, ein, eine, ein
- **Pronomen** (Fürwort) mit mehreren Untergruppen:
  ich, du; mein, dein; dies, jenes, derselbe; wer, was, welcher; der, die, das; manche, kein, niemand, irgendwer, …
- **Numeralia** (Zahlwörter): eins, zwei, drei, zehn; erste, zweite; drittel, viertel; einmal, zweimal; einfach, zweifach, …
- **Präposition** (Verhältniswort): an, auf, über, vor, …

- **Konjunktion** (Bindewort): und, aber, oder; da, weil, dass, damit, …
- **Interjektion** (Ausrufewort): Au! Ho! Holla! …

➧ Einzelheiten unter den Stichwörtern zum lateinischen Fachbegriff

Wortbildung: man kann auf verschiedene Weise neue Wörter bilden; die wichtigsten Wortbildungsmuster:

- **Zusammensetzung** (Kompositum): Blumentopf, Topfblume, Glückslos, Losglück, rotbraun, eisenhart, …
  - Dabei ist das letzte Wort in der Zusammensetzung das **Grundwort**, das sagt, was es ist; davorstehende sind **Bestimmungswörter**, die das Grundwort näher bestimmen: eine Topfblume ist eine Blume im Topf, ein Blumentopf ist ein Topf für Blumen.
    Es gibt mehrere Bedeutungstypen:
    Papierkorb = Korb für Papier – Papierserviette = Serviette aus Papier
    Holzlöffel = Löffel aus Holz – Kochlöffel = Löffel zum Kochen usw.
    Dieser Typ, bei dem das Grundwort durch das Bestimmungswort in seiner Bedeutung nach unterschiedlichen Gesichtspunkten beschränkt wird, wird auch **Determinativkompositum** genannt.
  - Als weiteres Muster gibt es die Zusammensetzungen, bei denen man nicht entscheiden kann, was das Grundwort und das Bestimmungswort ist: Hemdhose, Hosenrock. Bei diesen **Kopulativkomposita** hat sich irgandwann eine Benennung durchgesetzt.
  - Bei vielen Komposita gibt es einen **Fugenlaut** (auch Infix genannt): Sonne**n**blume, Geburt**s**tag, Amt**s**gericht, …
    Manchmal dient dieser Fugenlaut auch einer Unterscheidung:
    Ein Kind**er**kopf sitzt auf einem Kind**er**hals, aber ein Kind**s**kopf nicht.
- **Konversion** hat man, wenn das Wort unverändert in anderer syntaktischer Position verwendet wird und dabei die Wortart ändert: Das **Baden** ist hier nicht gestattet. Es nähert sind ein **Hoch** mit viel Sonne.
- **Ableitung**
  - mit ➧ Suffixen (Endungen): Kind**chen**, Bäck**er**, Bäck**erin**, Leit**ung**, glück**lich**, glücklich**erweise**, bieg**sam**, glas**ig**, gläs**ern**, transport**ieren**, …
    Die Suffixe bestimmen die Wortart und bei Nomen/Substantiven noch das Genus (grammatische Geschlecht): **das** Männ**chen**, **die** Umleit**ung**, **der** Bäck**er**, **die** Bäck**erin**, **die** Finster**nis**, **der** Früh**ling**, …
  - mit ➧ Präfixen (Vorsilben): **Un**glück, **Ur**gestein, **vor**laut, **un**schön, **ab**fahren, **aus**fahren, **be**fahren, **mit**fahren, **bemit**leiden, …
  - Die Mischung aus beiden Typen: **Um**leit**ungs**empfehl**ung**, **Be**stätig**ung**, **un**glück**licherweise**, **vor**sichts**halber**, …

Wortfamilie: Wörter, die im Laufe der Sprachgeschichte von einem Wortstamm her entstanden sind, bilden eine Wortfamilie; zur Wortfamilie von liegen – lag – gelegen gehören z.B. folgende Wörter:
daliegen, danebenliegen; Liege, Liegestütz; Lage, Lager, Lagerleben; Ablage, Auslagen, Belag, Umlage, ablegen, anlegen, belegen; Beleg, Verlegenheit, …

Wortfeld: zu einem Wortfeld gehören Wörter mit einem gemeinsamen inhaltlichen Bezug, z.B. Gewässer: Bach, Becken, Fluss, Graben, Kanal, Ozean, Pfütze, Quelle, See, Talsperre, Teich, Tümpel, Weiher, …
➧ Sachfeld

wörtliche Rede ➧ direkte Rede, ➧ Redeerklärung

Wortstellung: die Wörter stehen in Sätzen nicht beliebig hintereinander; sie sind zu ➧ Satzgliedern zusammengefasst. Die Satzglieder haben ebenfalls eine geordnete Reihenfolge mit einigen Freiheiten.

- Feste Stellung der Wörter in den Satzgliedern: der große Birnbaum – in unserem Garten – hat geblüht – in diesem Jahr – besonders schön
- Mehrere Möglichkeiten, aber keine völlige Freiheit bei der Stellung der Satzglieder: Der große, alte Birnbaum / in unserem Garten / hat … / dieses Jahr / besonders üppig / … geblüht. – Dieses Jahr / hat … / der große, alte Birnbaum / in unserem Garten / besonders üppig / … geblüht. usw.

Die Beispiele zeigen, dass das mehrteilige Prädikat hat geblüht eine Klammer bildet; man nennt sie Prädikats- oder ➧ Verbklammer.

- Bei der Verneinung mit nicht zeigt die Stellung, was verneint wird:
  Wir haben die Gartenstühle **nicht** weggeräumt.
  Stellung beim Verb = alles ist verneint, es sei denn, es folgt ein sondern: Wir haben die Gartenstühle nicht weggeräumt, sondern unter das Vordach gestellt.
  ➧ Satzart, ➧ Prädikat.

Z

Zahlwort ➧ Numeral

Zeitwort ➧ Verb

Zukunft ➧ Konjugation

Zusammensetzung ➧ Wortbildung

Zustandspassiv ➧ Passiv

Zwielaut: die Diphthonge au, ei/ai, äu/eu, auch mit abweichenden Schreibungen ay, ey, ou, ow usw. ➧ Laut

7 Stammformen der starken und unregelmäßigen Verben

Aufgenommen sind in diese Liste der meisten starken und unregelmäßigen Verben nur Grundformen wie fahren, aber keine Präfixableitungen wie abfahren, anfahren, ausfahren, befahren, …

Wenn sich im **Präsens** der Vokal in der 2. und 3. Person Singular ändert, ist die Form der 3. Person Singular in Klammern aufgeführt.

Ein Umlaut des Stammvokals im **Konjunktiv II** ist in Klammern hinter der Form des **Präteritums** aufgeführt.

Die Bildung des **Perfekts** mit haben oder sein ist vor dem Partizip Perfekt als (ist) oder (hat) aufgeführt. Wenn es beide Formen gibt, gilt die ist-Variante für das sprachgeschichtlich intransitive und die hat-Variante für das transitive Verb, vergleiche:
Der Arm ist gebrochen. – Er hat sich den Arm gebrochen.

Wenn in den Präsens-Formen Unterschiede auftreten, sind beide Varianten aufgenommen.

Wenn die starke, alte Form nur noch selten gebraucht wird bzw. nur noch in älteren Texten steht, ist sie in Klammern hinzugefügt.

Infinitiv (3. Pers. Sg.)	**Präteritum**	**Partizip Perfekt**
backen (bäckt)	backte (buk, ü)	gebacken
befehlen (befiehlt)	befahl (ö, ä)	befohlen
beginnen	begann (ö, ä)	begonnen
beißen	biss	gebissen
bergen (birgt)	barg	geborgen
bewegen	bewog (ö)/bewegte	bewogen/bewegt
biegen	bog (ö)	(ist, hat) gebogen
bieten	bot (ö)	geboten
binden	band (ä)	gebunden
bitten	bat	gebeten
blasen (bläst)	blies	geblasen
bleiben	blieb	(ist) geblieben
braten (brät)	briet	gebraten

brechen (bricht)	brach (ä)	(ist, hat) gebrochen
brennen	brannte	gebrannt
bringen	brachte (ä)	gebracht

denken	dachte (ä)	gedacht
dreschen (drischt)	drosch (ö)	gedroschen
dringen	drang (ä)	(ist, hat) gedrungen
dürfen (ich, er darf)	durfte (ü)	gedurft

empfangen (empfängt)	empfing	empfangen
empfehlen (empfiehlt)	empfahl (ä/ö)	empfohlen
erlöschen (erlischt)	erlosch (ö)	(ist) erloschen
erschrecken (erschrickt)	erschrak (ä)	(ist) erschrocken
erschrecken	erschreckte	(hat) erschreckt
essen (isst)	aß (ä)	gegessen

fahren (fährt)	fuhr (ü)	(ist, hat) gefahren
fallen (fällt)	fiel	(ist) gefallen
fangen (fängt)	fing	gefangen
fechten (ficht)	focht	gefochten
finden	fand (ä)	gefunden
flechten (flicht)	flocht (ö)	geflochten
fliegen	flog (ö)	(ist, hat) geflogen
fliehen	floh (ö)	(ist) geflohen
fließen	floss (ö)	(ist) geflossen
fressen (frisst)	fraß (ä)	gefressen
frieren	fror (ö)	(ist, hat) gefroren

gebären (gebiert)	gebar (ä)	geboren
geben (gibt)	gab (ä)	gegeben
gedeihen	gedieh	(ist) gediehen
gehen	ging	(ist) gegangen

gelingen (es gelingt)	gelang (ä)	(ist) gelungen
gelten (gilt)	galt (ö, ä)	gegolten
genießen	genoss (ö)	genossen
geraten (gerät)	geriet	(ist) geraten
geschehen (geschieht)	geschah (ä)	(ist) geschehen
gewinnen	gewann (ö, ä)	gewonnen
gießen	goss (ö)	gegossen
gleichen	glich	geglichen
gleiten	glitt	(ist) geglitten
graben (gräbt)	grub (ü)	gegraben
greifen	griff	gegriffen

haben (du hast, er hat)	hatte (ä)	gehabt
halten (hält)	hielt	gehalten
hängen	hing/hängte	gehangen/gehängt[57]
hauen	hieb/haute	gehauen
heben	hob (ö)	gehoben
heißen	hieß	geheißen
helfen (hilft)	half (ü, ä)	geholfen

kennen	kannte (e)	gekannt
klingen	klang (ä)	geklungen
kneifen	kniff	gekniffen
kommen	kam (ä)	(ist) gekommen
können (ich, er kann)	konnte (ö)	gekonnt
kriechen	kroch (ö)	(ist) gekrochen

laden (lädt)	lud (ü)	geladen
lassen (lässt)	ließ	gelassen
laufen (läuft)	lief	(ist, hat) gelaufen

[57] *Hier ist es etwas kompliziert: Sie hängte das Bild an die Wand. – Das Bild hing an der Wand. – Das Bild ist an die Wand gehängt worden. – Das Bild hat an der Wand gehangen.*

leiden	litt	gelitten
leihen	lieh	geliehen
lesen (liest)	las	gelesen
liegen	lag (ä)	(ist, hat) gelegen
lügen	log (ö)	gelogen

mahlen	mahlte	gemahlen
meiden	mied	gemieden
melken	molk (ö)/melkte	gemolken
messen (misst)	maß (ä)	gemessen
misslingen	misslang (ä)	(ist) misslungen
möchten	mochte (**auch**: wollte)	gemocht (**auch**: gewollt)
mögen (ich, er mag)	mochte (ö)	gemocht[58]
müssen (muss)	musste (ü)	gemusst

nehmen (nimmt)	nahm (ä)	genommen
nennen	nannte (e)	genannt

pfeifen	pfiff	gepfiffen
pflegen	pflegte/(pflog, ö)	gepflegt (gepflogen)

quellen (quillt)	quoll (ö)	(ist) gequollen

raten (rät)	riet	geraten
reiben	rieb	gerieben
reißen	riss	(ist, hat) gerissen
reiten	ritt	(ist, hat) geritten
rennen	rannte (e)	(ist) gerannt, aber hat umgerannt
riechen	roch (ö)	gerochen
ringen	rang (ä)	gerungen
rufen	rief	gerufen

[58] *Die Vergangenheitsformen von mögen fallen mit denen von möchten zusammen*

salzen	salzte	gesalzen
saufen (säuft)	soff (ö)	gesoffen
saugen	sog (ö)	gesogen
schaffen	schuf (ü)/schaffte	geschaffen/geschafft
scheinen	schien	geschienen
scheißen	schiss	geschissen
schießen	schoss (ö)	geschossen
schlafen (schläft)	schlief	geschlafen
schlagen (schlägt)	schlug (ü)	geschlagen
schleichen	schlich	(ist) geschlichen
schleifen	schliff/schleifte	geschliffen
schleißen	schliss/schleißte	geschlissen
schließen	schloss (ö)	geschlossen
schlingen	schlang (ä)	geschlungen
schmeißen	schmiss	geschmissen
schmelzen (schmilzt)	schmolz	(ist, hat) geschmolzen
schnauben	schnaubte/schnob (ö)	geschnaubt (geschnoben)
schneiden	schnitt	geschnitten
schreiben	schrieb	geschrieben
schreien	schrie	geschrien
schreiten	schritt	(ist) geschritten
schweigen	schwieg	geschwiegen
schwellen	schwoll (ö)	(ist) geschwollen
schwimmen	schwamm	(ist, hat) geschwommen
schwinden	schwand (ä)	(ist) geschwunden
schwingen	schwang (ä)	geschwungen
schwören	schwur (ü)/schwor (ö)	geschworen
sehen (sieht)	sah (ä)	gesehen

sein (bin, bist, ist, seid, sind; sei!)	war (ä)	(ist) gewesen
senden	sandte/sendete	gesandt/gesendet
singen	sang (ä)	gesungen
sinken	sank (ä)	(ist) gesunken
sitzen	saß (ä)	gesessen
sollen (soll)	sollte	gesollt
spalten	spaltete	gespalten
spinnen	spann (ä/ö)	gesponnen
sprechen (spricht)	sprach (ä)	gesprochen
sprießen	spross (ö)/sprießte	(ist) gesprossen/ gesprießt
springen	sprang (ä)	(ist) gesprungen
stechen (sticht)	stach	gestochen
stecken	stak (ä)/steckte	gesteckt
stehen	stand (ä, ü)	(ist, hat) gestanden
stehlen (stiehlt)	stahl (ä, ö)	gestohlen
steigen	stieg	(ist) gestiegen
sterben (stirbt)	starb (ü)	(ist) gestorben
stinken	stank (ä)	gestunken
stoßen (stößt)	stieß	(ist, hat) gestoßen
streichen	strich	(ist, hat) gestrichen
streiten	stritt	gestritten

tragen (trägt)	trug (ü)	getragen
treffen (trifft)	traf (ä)	getroffen
treiben	trieb	(ist, hat) getrieben
treten (tritt)	trat (ä)	(ist, hat) getreten
trinken	trank (ä)	getrunken

trügen	trog (ö)	getrogen
tun	tat (ä)	getan

verderben (verdirbt)	verdarb (ü)	(ist, hat) verdorben
vergeben (vergibt)	vergab (ä)	vergeben
vergessen (vergisst)	vergaß (ä)	vergessen
verlieren	verlor (ö)	verloren
verlöschen (verlischt)	verlosch (ö)	(ist) verloschen
verzeihen	verzieh	verziehen

wachsen (wächst)	wuchs (ü)	(ist) gewachsen
wägen	wog (ö)/wägte	gewogen
waschen (wäscht)	wusch (ü)	gewaschen
weben	wob (ö)	gewoben
weisen	wies	gewiesen
wenden	wandte/wendete	gewandt/gewendet
werben (wirbt)	warb (ü)	geworben
werden (er wird)	wurde (ü)	(ist) geworden
werfen (wirft)	warf (ü)	geworfen
wiegen	wog (ö)	gewogen
winden	wand (ä)	gewunden
wissen (weiß)	wusste (ü)	gewusst
wollen (will)	wollte	gewollt
wringen	wrang (ä)	gewrungen

ziehen	zog	gezogen
zwingen	zwang (ä)	gezwungen

8 Literatur

Bünting, Karl-Dieter; Bergenholtz, Henning:
Einführung in die Syntax. 3. Aufl.
Weinheim: Beltz Athenäum, 1995.

Bünting, Karl-Dieter; Eichler, Wolfgang:
Grammatiklexikon. 7. überarb. Aufl.
Berlin: Cornelsen Scriptor , 2006.

Bünting, Ingeborg und Karl-Dieter (Hg.):
Es war einmal ... mein großes Buch der Märchen.
Köln: Mohn Medien, 2003.

Conrady, Otto (Hg.):
Das große deutsche Gedichtbuch.
Kronberg/Ts.: Athenäum Verlag, 1977.

Dardano, Maurizio:
Nuovo Manualetto di linguistica italiana.
Bologna: Edizione Zanichelli, 2009.

Dardano, Maurizio; Trifone, Pietro:
La nuova grammatica della lingua italiana. Bologna: Edizione Zanichelli, 2010.

Duden, Konrad:
Orthografisches Wörterbuch der Deutschen Sprache.
Bibliographisches Institut: Leipzig, Wien, 1902.

Eichler, Wolfgang; Bünting, Karl-Dieter:
Deutsche Grammatik. Form, Leistung und Gebrauch der Gegenwartssprache.
Kronberg/Ts:. Scriptor, 1976.

Echtermeyer:
Deutsche Gedichte. Von den Anfängen bis zur Gegenwart.
Hg. von Elsbeth K. Paefgen und Peter Geist, 19. Aufl. 2. Druck.
Berlin: Cornelsen, 2006.

Geckeler, Horst; Kattenbusch, Dieter:
Einführung in die italienische Sprachwissenschaft.
Tübingen: Niemeyer, 1992.

Goethe, Johann Wolfgang:
Goethes Werke, Hamburger Ausgabe.
2. Aufl., 1. und 3. Band.
Hamburg 1954.

Gürsoy, Erkan:
Sprachbeschreibung Türkisch.
In: Kompetenzzentrum ProDaZ. 2010.
Abrufbar unter: www.uni-due.de/imperia/md/content/prodaz/trk.pdf. (Zugriff am 09.11.2011)

Ruge, Hans:
Grammatik des Neugriechischen.
Lautlehre, Formlehre, Syntax. 2. Aufl.
Köln: Romiosini Verlag, 1997.

Tzermias, Pavlos:
Neugriechische Grammatik.
Bern u. München: Francke Verlag 1969.

9 Materialien auf der CD-ROM

Die auf der CD-ROM enthaltenen Materialien liegen als Word-2003-Datei vor, jeweils als editierbare Kopiervorlage mit Lösungsblatt. Die Kopiervorlagen finden Sie zusätzlich als nicht veränderbare PDF-Version.

Kopiervorlagen mit Seitenbezug im Buch

- A, AA oder AH? (19)
- Andere Sprache – anderes Wort? (22/37/51)
- Verben in der Vergangenheit (23)
- Wortbedeutungen (36)
- Bildhafte Ausdrücke (37/38)
- Wörter bilden (37/56)
- Teekesselchen (39/78)
- Zusammengesetzte Wörter (41/79)
- Wo kommen die Vornamen her? (53)
- Wo kommen die Familiennamen her? (53)
- Wortfelder (57)
- Welche Wörter gehören hierher? (57)
- Ober- und Unterbegriffe (57)
- Wer ist am größten? (58/88)
- Redensarten und Sprichwörter vom Körper (59)
- Redensarten mit Tieren (59)
- Müssen, können, dürfen (65)
- Was wird getan (67)
- Der, die, das (77)
- Einzahl und Mehrzahl (80)
- Einzahl und Mehrzahl bei Tieren (80)
- Wo? Wohin? (105)
- Sätze bauen (138)